Das Einsteigerseminar

C#
Objektorientierte Programmierung

Dr. Thomas Erler
Dr. Michael Ricken

Das Einsteigerseminar

C#
Objektorientierte Programmierung

Die Informationen im vorliegenden Buch werden ohne Rücksicht auf einen eventuellen Patentschutz veröffentlicht. Warennamen werden ohne Gewährleistung der freien Verwendbarkeit benutzt.

Bei der Zusammenstellung von Texten und Abbildungen wurde mit größter Sorgfalt vorgegangen. Trotzdem können Fehler nicht vollständig ausgeschlossen werden. Verlag, Herausgeber und Autoren können für fehlerhafte Angaben und deren Folgen weder eine juristische Verantwortung noch irgendeine Haftung übernehmen.

Für Verbesserungsvorschläge und Hinweise auf Fehler sind Verleger und Herausgeber dankbar.

Alle Rechte vorbehalten, auch die der fotomechanischen Wiedergabe und der Speicherung in elektronischen Medien.

Die gewerbliche Nutzung der in diesem Buch gezeigten Modelle und Arbeiten ist nicht zulässig.

Dieses Buch wurde der Umwelt zuliebe auf chlorfrei gebleichtem Papier gedruckt.

Copyright © 2003 by
verlag moderne industrie Buch AG & Co. KG, Landsberg
Königswinterer Str. 418
D-53227 Bonn
www.vmi-Buch.de

07 06 05 04 03
10 9 8 7 6 5 4 3 2 1

2., überarbeitete Auflage

ISBN 3-8266-7228-3

Printed in Italy

Inhalt

Vorwort	11

1	Das Microsoft .NET Framework	13

1.1	Common Language Runtime	14
1.2	Assemblies	16
1.3	Basisklassen und Namespaces	18
1.4	ASP .NET	21
1.5	Zusammenfassung, Fragen und Übungen	22

2	Werkzeuge für die Entwicklung mit C#	25

2.1	Der Software-Entwicklungszyklus	26
2.2	Der EURO-Rechner	28
	Anforderungen und fachliche Darstellung	29
	Der Entwurf für ein Computerprogramm	29
	Die Programmerstellung	30
	Der Programmtest	40
	Der Einsatz des EURO-Rechners	52
	Wartung und Pflege	52
2.3	Entwicklungsumgebungen	52
	SharpDevelop – ein wachsender C#-Sprössling	53
	Visual Studio .NET – der Universal-Profi für Profis	54
2.4	Zusammenfassung, Fragen und Übungen	61

3 Objekte und Klassen 63

3.1	Objekte	64
	Zustand	65
	Verhalten	67
3.2	Klassen	70
3.3	Namensräume	72
3.4	Die erste Klasse in C#	73
3.5	Das erste Programm in C#	78
	Die Klasse „Ampel"	78
	Die Klasse „Start"	81
3.6	Konstruktoren	86
	Individual-Konstruktoren	88
	Standard-Konstruktoren	91
3.7	Die Kommunikation über Operationen	93
	Set-Operationen	94
	Get-Operationen	95
3.8	Klassenattribute und -operationen	102
3.9	Das Schlüsselwort this	107
3.10	Zusammenfassung, Fragen und Übungen	109

4 Objekt-Aktivitäten 113

4.1	Das Karaffen-Rätsel	114
4.2	Listen abarbeiten – die Sequenz	119
4.3	Verzweigen – die Alternative	121
	Die if-else-Anweisung – zwei Alternativen	121
	Die switch-Anweisung – viele Alternativen	126
4.4	Die Iteration – Wiederholung	130
	Die while-Schleife – erst prüfen, dann arbeiten	130

	Die do-while-Schleife – erst arbeiten, dann prüfen	133
	Die for-Schleife – immer schön mitzählen	135
	Die foreach-Schleife – Sammlungen abarbeiten	140
4.5	Die Delegation – „andere" arbeiten lassen	142
4.6	Des Rätsels Lösung	148
4.7	Zusammenfassung, Fragen und Übungen	152

5 Objekt-Gedächtnis   155

5.1	Das Sparschwein-Projekt	156
5.2	Die dauerhafte Beziehung – Attribute	158
5.3	Beschreibende Eigenschaften – Attribute ohne Identität	162
	Integral-Typen	163
	Zahlen mit Nachkommastellen	164
	Mathematische Operatoren	165
	Der Wahrheits-Typ	168
	Operatoren für logische Auswertungen	168
	Der Zeichen-Typ	171
	Die Konvertierung von einfachen Typen	172
	Verweis-Typen – string und Array	175
	Wert-Typen als Verweis-Typen – Boxing mit dem Typ object	187
	Aufzählungen als eigene Typen – Enumeration	189
	Operationen wie Attribute handhaben – Eigenschaften	191
	Objekte wie ein Array handhaben – Indizierer	194
5.4	Das Sparschwein – in C# ein Goldesel	198
	Das Konzept – eigentlich ganz simpel	198
	Der Entwurf – jetzt wird's komplexer	199
	Die Umsetzung in C# – Details sind gefragt	202
5.5	Zusammenfassung, Fragen und Übungen	226

6 Objekt-Beziehungen 229

- 6.1 Das Konten-Projekt — 230
- 6.2 Assoziation – „LAG" von Objekten — 234
  - Phasen einer Objekt-Beziehung — 234
  - Beziehungsmengen – Kardinalität — 241
  - Beziehungsarten — 249
- 6.3 Vererbung – Weitergabe von Strukturen — 251
  - Das Identifizieren von Vererbungsstrukturen — 251
  - Redefinition – Operationen werden zu Spezialisten — 263
- 6.4 Schnittstellen – mehr Schein als Sein — 269
  - Vereinbarung von Schnittstellen — 269
  - Vererbung und Implementierung von Schnittstellen — 270
  - Schnittstellen-Typ als Attribut-Typ — 278
  - Depotverwaltung – Schnittstellen im Überblick — 282
- 6.5 Namensräume – Klassen organisieren — 286
  - using – Einbinden von Namensräumen — 287
  - namespace – Zuordnen zu Namensräumen — 288
  - Die Sichtbarkeit von Elementen — 294
  - Depotverwaltung – Sichtbarkeiten — 296
- 6.6 Zusammenfassung, Fragen und Übungen — 298

7 Grafische Oberflächen 301

- 7.1 Fenster — 302
- 7.2 Einfache Komponenten — 307
  - Buttons — 307
  - Textboxen — 309
- 7.3 Form-Events — 312
  - Ampel-Objekte auf Knopfdruck — 313
  - Das Unterscheiden von Ereignissen — 322

7.4	Weitere Komponenten	324
	Menüs	325
	Kalender	331
7.5	Eine Ampel mit Phasenwechsel	333
	Die Entwicklung des Algorithmus für den Phasenwechsel	333
	Eine Benutzungsoberfläche mit Checkboxen	339
7.6	Zusammenfassung, Fragen und Übungen	344

8 Erweiterte Grafikfunktionen 347

8.1	Linien, Rechtecke und Ellipsen	347
	Die Grundstruktur der Oberfläche	347
	Linien	349
	Rechtecke	352
	Ellipsen	354
	Zeichenwerkzeuge manipulieren	355
	Texte „zeichnen"	356
8.2	Die Grafische Darstellung einer Ampel	358
	Die Ampel zeichnen	358
	Eine grafische Ampel mit Phasenwechsel	360
	Die Ampel zeichnet sich selbst	365
	Automatischer Phasenwechsel	367
8.3	Zusammenfassung, Fragen und Übungen	373

Lösungen 375

Index 395

Vorwort

Das vorliegende Buch richtet sich an den Einsteiger in die Programmiersprache C#. Diese neue objektorientierte Programmiersprache der Firma Microsoft lehnt sich an Konzepte bewährter und beliebter Sprachen wie C++ und Java an.

Die Sprache C# ist eingebettet in eine völlig neue Umgebung, das so genannte .NET („Dot-Net"). Sie stellt eine gemeinsame Laufzeitumgebung für verschiedene Programmiersprachen, neben C# u.a. auch C++ und Visual Basic, und eine Klassenbibliothek (.NET Framework) zur Verfügung, die zahlreiche Grundfunktionen bereits vordefiniert. Die bestehenden Basisklassen können in eigenen Programmen wiederverwendet, an spezielle Anforderungen angepasst und erweitert werden.

C# erleichtert als objektorientierte Sprache Einsteigern das Erlernen der Programmierung und ermöglicht relativ schnell die Umsetzung auch anspruchsvollerer Software. Aufgrund der großen Ähnlichkeit mit C++ und Java finden sich auch Umsteiger leicht in der C#-Welt zurecht.

Die weite Verbreitung von Microsoft-Produkten und die Entscheidung für eine Open-Source-Strategie, die es auch anderen Anbietern ermöglicht, C#-Compiler zu entwickeln, dürften dazu führen, dass C# sich in Kürze zu einer ernsthaften Alternative zu C++ und Java entwickeln wird.

Mit diesem Buch wollen wir Ihnen den Einstieg in C# erleichtern. Die Struktur der Kapitel und die Abfolge der Inhalte basieren auf unseren Erfahrungen aus zahlreichen Workshops und Schulungen zur objektorientierten Softwareentwicklung. Nach einem kurzen Überblick über die .NET-Umgebung (Kapitel 1) vermitteln wir Ihnen in einem ersten Beispiel die Vorgehensweise der Softwareentwicklung mit C# und geben einen Einblick in ausgewählte Programmierwerkzeuge, die Ihnen die Arbeit erleichtern (Kapitel 2).

Anschließend erläutern wir Ihnen in Kapitel 3 zunächst die Grundkonzepte der Objektorientierung anhand anschaulicher Beispiele. Diese erweitern wir in Kapitel 4 um den Aufbau und das Zusammenwirken von Objekten und Klassen sowie die Verwendung von Kontrollstrukturen, den bedingten Anweisungen und den Wiederholungsanweisungen. Das fünfte und das sechste Kapitel gehen auf weitergehende objektorientierte Konzepte wie das Handling von Objektbeziehungen und die Vererbung ein und zeigen den Einsatz von Datentypen und Operatoren in C#. Schließlich erläutern die Kapitel 7 und 8 die Entwicklung grafischer Benutzungsoberflächen und das Zeichnen geometrischer Figuren.

Die Beispiele werden im Verlauf dieses Einsteigerseminars immer wieder aufgegriffen und weiterentwickelt. Sie zeigen in ihrer letzten Ausbaustufe auch dem ambitionierten Umsteiger interessante Tricks und Kniffe. Schritt für Schritt erlernen Sie so den Einsatz der verschiedenen Basisklassen des .NET Framework, die eine reichhaltige Sammlung vordefinierter Funktionen bereitstellen.

Aktuelle Links und Literaturhinweise sowie alle Beispielprogramme des Buchs finden Sie auf einer Web-Seite, die wir zu diesem Buch zusammengestellt haben, unter *http://www.csharp-info.de*.

Sollten Sie darüber hinaus noch Fragen oder Anregungen zu diesem Einsteigerseminar oder zu C# haben, senden Sie uns eine E-Mail an *es@csharp-info.de*.

Wir wünschen Ihnen viel Spaß mit C# und diesem Einsteigerseminar.

Bei den zahlreichen Lesern der ersten Auflage, die uns mit vielen hilfreichen Verbesserungsvorschlägen bei der Bearbeitung der Neuauflage des Einsteigerseminars unterstützt haben, möchten wir uns an dieser Stelle herzlich bedanken.

Thomas Erler und *Michael Ricken*

1 Das Microsoft .NET Framework

Das immense Wachstum des Markts für Internetanwendungen und die große Popularität der Programmiersprache Java haben Microsoft zu der Entwicklung von *.NET* (sprich „Dot-Net") veranlasst. Das .NET Framework ist Microsofts neue Entwicklungsplattform für die Erstellung, Weitergabe und Ausführung von Web-Diensten und anderen Anwendungen. Sie bietet unter anderem eine gemeinsame Laufzeitbibliothek und ein gemeinsames Typsystem für eine Vielzahl von Programmiersprachen.

Die Entwicklung leistungsfähiger Internetanwendungen ist bislang schon allein deshalb ein schwieriges Unterfangen, weil sie meist die Integration verschiedener Programmiersprachen und Technologien erfordert, wie z.B. HTML, DHTML, COM(+), Visual Basic, C++, SQL, VBScript, Java und JavaScript. Spätestens bei der Installation dieser verschiedenen Komponenten treten zwangsläufig Konflikte aufgrund von Inkompatibilitäten auf.

.NET versucht dieses Problem zu beheben, indem es allen Programmiersprachen eine gemeinsame Plattform bietet, deren Spezifikation allen Compiler-Entwicklern frei zur Verfügung steht. Sie können die so genannte *Common Language Specification (CLS)* nutzen, um Compiler zu bauen, die zur .NET-Umgebung passen und einen standardisierten Binärcode erzeugen. Der Vorteil dieser Vorgehensweise liegt darin, dass Anwendungsentwickler nunmehr in einer beliebigen Sprache programmieren und ihren Binärcode mit Modulen aus anderen Programmiersprachen kombinieren können.

Einige wesentliche Aspekte von .NET werden in den nächsten Abschnitten dieses Kapitels näher erläutert. Dazu zählen im Einzelnen

- die Common Language Runtime (CLR),
- Assemblies,
- Basisklassen und Namespaces sowie
- ASP .NET.

1.1 Common Language Runtime

Eine Runtime ist eine Software-Komponente, die ein Computer benötigt, um Programme auszuführen, die in einer bestimmten Programmiersprache geschrieben sind. Dabei hat bislang jede Sprache ihre eigene Runtime-Komponente, die grundsätzliche Funktionen der Sprache implementiert. Die .NET-Plattform führt nun mit der Common Language Runtime (CLR) eine einzige Runtime für alle von ihr unterstützten Programmiersprachen ein.

Die CLR ist über die Bereitstellung nützlicher Basisfunktionen hinaus auch für die Steuerung der Kompilation, der Ausführung und des Ressourcenzugriffs der Programme zuständig. Alle .NET-Programme werden in einem gemeinsamen Format gespeichert, das die CLR dann in Maschinencode kompiliert.

Mit Hilfe dieser Zwischenstation bei der Speicherung, Übersetzung und Ausführung von Programmen beseitigt Microsoft auch das Problem des Speicherzugriffs, das bei bisherigen Programmen besteht. Die Programme sind nunmehr nicht länger selbst für die Allokation und die Freigabe von Arbeitsspeicher zuständig. In Anlehnung an die Java-Runtime regelt die CLR den Speicherzugriff, indem sie einzelnen Objekten Speicherbereiche zuweist und sie auch wieder aus dem Speicher entfernt, wenn sie in einer Anwendung nicht länger benötigt werden (Garbage Collection).

HINWEIS

Der so genannte *Garbage Collector* durchsucht den Arbeitsspeicher in regelmäßigen Abständen nach nicht referenzierten Objekten. Ein spezieller Algorithmus erkennt dabei, ob im weiteren Programmablauf rein logisch ein nochmaliger Zugriff auf ein bereits gespeichertes Objekt erfolgen kann. Falls nicht, wird das Objekt als „Müll" (garbage) aus dem Speicher entfernt.

Um die Verwaltung aller .NET-Programme über die gemeinsame CLR zu ermöglichen, wird ihr Objektcode zunächst in die so genannte *Intermediate Language (IL)* übersetzt. Erst zur Laufzeit eines Programms wird dieser IL-Code dann von der CLR in Maschinencode übersetzt. Abbildung 1.1 zeigt diesen Vorgang in einer grafischen Darstellung im Vergleich zum bislang üblichen Kompilierungsprozess.

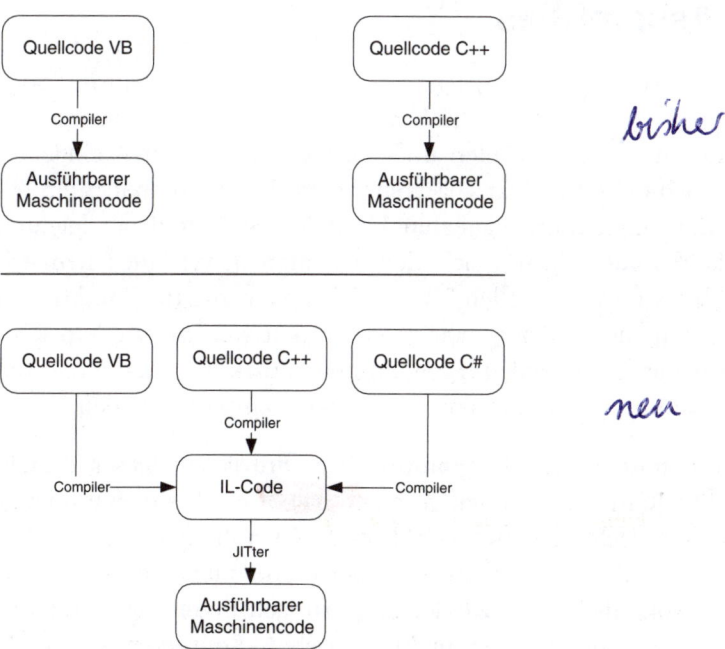

Abb. 1.1: Kompilation mit der Common Language Runtime

Eine weitere Besonderheit von .NET ist der *Just In Time Compiler (JITter)*, wie ebenfalls der Abbildung 1.1 zu entnehmen ist. Im Gegensatz zur bisher üblichen Vorgehensweise wird ein Anwendungsprogramm nicht bereits vor seiner Ausführung komplett kompiliert. Erst während des Programmablaufs werden einzelne Klassen jeweils dann in Maschinencode übersetzt und im Arbeitsspeicher abgelegt, wenn sie erstmals benötigt werden (just in time).

Diese Art der Kompilation ist an sich relativ langsam, der so erzeugte Maschinencode jedoch ist in seiner Ausführung sehr schnell. Je länger eine Anwendung läuft und je mehr ihrer Module bereits übersetzt im Arbeitsspeicher liegen, desto größer werden die Geschwindigkeitsvorteile gegenüber der herkömmlichen Methode des direkten Kompilierens in Maschinencode.

1.2 Assemblies

Die Bildung von Komponenten ist ein mächtiges Instrument der Softwareentwicklung. Es handelt sich dabei um einzelne Bausteine, die bestimmte Funktionen erfüllen und nach außen hin durch eindeutig definierte Schnittstellen klar abgegrenzt sind. Diese Komponenten besitzen durch ihren überschaubaren Umfang den Vorteil der leichten Wartbarkeit. Zudem lassen sich Komponenten in verschiedenen Anwendungen wiederverwenden. Einmal implementierte Funktionen müssen somit nicht ständig neu programmiert werden, sondern können aus einer bestehenden Programmbibliothek übernommen und über ihre Schnittstellen in das neue Programm eingefügt werden.

In der objektorientierten Programmierung wird genau dieses Prinzip genutzt. Die Komponenten heißen hier *Objekte*. Sie besitzen eindeutig definierte Eigenschaften und Funktionen (Operationen oder Methoden). .NET lehnt sich stark an diese objektorientierte Komponentensicht an – wohl auch als Folge der zwiespältigen Erfahrungen mit vergleichsweise komplexen und problematischen Konzepten wie DLL, COM und COM+.

.NET weitet den Gedanken der Wiederverwendung mit Hilfe der Intermediate Language von Klassen einer einzelnen Programmiersprache auf sämtliche Sprachen dieser Plattform aus. Komponenten, die der Common Language Specification entsprechen, können somit in jeder Programmiersprache der .NET-Umgebung eingesetzt werden – unabhängig davon, in welcher Sprache sie selbst programmiert wurden.

Bislang gab es in der Windows-Welt für die Wiederverwendung von Software-Bausteinen die so genannten DLL-, später die COM-Komponenten. In der .NET-Umgebung heißen diese Komponenten Assemblies.

> **HINWEIS**
>
> Ein Assembly ist eine selbstbeschreibende Einheit, die sowohl den IL-Code als auch sämtliche Zugriffsinformationen einer Komponente beinhaltet.

Ein Assembly beschreibt sich selbst über eine Datenstruktur, die als Manifest bezeichnet wird. Dieses Manifest enthält u.a. folgende Bestandteile:

- ▶ Identität des Assembly (Name, Version, Speicherort)

- ▶ Namen aller Dateien, die zu der Komponente gehören: die Dateien müssen alle in demselben Verzeichnis wie das Manifest gespeichert werden

- ▶ Beschreibung aller Typen, die in dem Assembly definiert werden, sowie deren Sichtbarkeit für andere Assemblies (public, private etc.)

- ▶ Namen anderer Assemblies, auf die dieses Assembly zugreift

.NET unterscheidet zwei Arten von Assemblies: Private Assemblies und Shared Assemblies. *Private Assemblies* sind lediglich zur Verwendung in einer einzigen Applikation vorgesehen. Sie müssen in demsel-

Das Microsoft .NET Framework

ben Verzeichnis gespeichert werden, in dem auch die aufrufende Anwendung liegt. Für andere Programme sind Private Assemblies nicht sichtbar. Shared Assemblies sind für den Einsatz in verschiedenen Anwendungen vorgesehen. Demzufolge müssen sie im Gegensatz zu Private Assemblies im gesamten System verfügbar sein. Sie werden daher in einem besonderen Verzeichnis (`\Assembly`) abgelegt. Unabdingbar ist in diesem Zusammenhang auch, dass der Name eines Shared Assembly systemweit einzigartig ist, um Konflikte zu vermeiden.

Auf den ersten Blick mögen diese Regelungen für die Verwendung von Komponenten ein wenig kompliziert erscheinen. Sie resultieren jedoch aus den negativen Erfahrungen mit den bisherigen Konzepten DLL und COM. Ein wesentlicher Vorteil der Assemblies gegenüber den bisherigen Konzepten ist ihre Selbstbeschreibung in einem Manifest. Um ein Assembly zu installieren, ist kein Eintrag mehr in die Windows-Registry erforderlich. Es genügt, das Assembly einfach nur in das entsprechende Verzeichnis zu kopieren: Private Assemblies in das Verzeichnis der (einzigen) zugreifenden Anwendung, Shared Assemblies in den für sie vorgesehenen Ordner. Alle über ein Assembly benötigten Informationen stehen in dem zugehörigen Manifest. Das Entfernen eines Assembly erfordert keine komplizierten Deinstallationsroutinen mehr. Es wird einfach wieder aus dem entsprechenden Ordner gelöscht.

1.3 Basisklassen und Namespaces

.NET stellt *Basisklassen* mit grundlegenden Funktionen zur Verfügung, die von allen Programmiersprachen der Umgebung verwendet werden können. Dabei handelt es sich um Funktionen, die nahezu jede Anwendung benötigt, wie beispielsweise

- ▶ Dateizugriffe,
- ▶ Fenster und Dialoge,
- ▶ Verarbeitung von Arrays, Listen und Strings,

- Datenbankanbindungen,
- Zeichenfunktionen und
- Anbindung an andere Computer oder das Internet.

Sie können Ihre eigenen Klassen aus diesen Basisklassen ableiten. So lassen sich grundlegende, vordefinierte Funktionen nutzen, um weitere Eigenschaften erweitern und an die speziellen Anforderungen der zu programmierenden Anwendung anpassen. In den späteren Kapiteln werden Sie sehen, dass dieses Vorgehen die Programmierarbeit erheblich erleichtert und mit einfachen Mitteln zu ansehnlichen Ergebnissen führt.

Microsoft stellt einige tausend dieser Basisklassen zur Verfügung. Um den Überblick einigermaßen zu bewahren, sind die Klassen daher zu so genannten Namensräumen (Namespaces) zusammengefasst. Ihre Struktur lässt sich mit dem Verzeichnissystem unter Windows vergleichen. Die Basisklassen entsprechen dabei den Dateien, die Namensräume sind die Verzeichnisse. Ein Namensraum fasst mehrere Basisklassen zusammen, kann aber durchaus auch „Unterverzeichnisse" bilden, die ihrerseits wiederum weitere Basisklassen und Namensräume enthalten.

Sobald Sie mit Visual Studio ein neues C#-Projekt generieren, werden die Klassen, die Sie dort definieren, zu einem neuen Namensraum zusammengefasst. Zudem können Sie die Funktionen bereits vorhandener Basisklassen nutzen, indem Sie diese in Ihre selbst erstellten Klassen importieren. Der Kopf Ihres eigenen C#-Programms sieht dann beispielsweise wie folgt aus:

```
namespace MeinProjekt    {
    using System;
    using System.Drawing;
/*...*/
```

}
using System.Windows.Forms;

Die erste Zeile des Programmkopfes definiert den Namensraum (Mein-Projekt) für alle Klassen, die zu Ihrem Programm gehören. Anschließend werden mit dem Schlüsselwort using vordefinierte Namensräume der .NET-Umgebung in das Programm eingebunden. Im späteren Verlauf des Programmcodes können die Basisklassen der eingebundenen Namensräume verwendet werden.

Eine Auswahl wichtiger Namensräume von .NET zeigt die folgende Tabelle.

Namespace	Basisklassen
System	Enthält die „primitiven" Datentypen wie int, string, double etc., außerdem die Klasse object, von der alle anderen Klassen abgeleitet werden.
System.IO	Eingabe- und Ausgabefunktionen, Dateizugriff etc.
System.Collections	Arrays, Listen und andere Datenstrukturen zur Sammlung von Objekten
System.Web	Basisklassen für die Erstellung von Web-Seiten
System.Net	Netzwerk- und Internetfunktionen
System.Windows.Forms	Vordefinierte Elemente zur Entwicklung grafischer Benutzungsoberflächen (Buttons, Checkboxen, Menüs etc.)
System.Data	Datenbankzugriffe

Tab. 1.1: **Auswahl häufig genutzter Namespaces**

In den folgenden Kapiteln werden Sie einige der in der Tabelle genannten Namensräume und ihre Basisklassen noch ausführlich kennen lernen und in Ihren eigenen C#-Programmen einsetzen.

1.4 ASP .NET

Die dritte wesentliche Komponente von .NET ist das *Active Server Pages .NET (ASP .NET)*. ASP .NET löst das bisherige ASP ab. Es basiert auf dem Prinzip, dass der HTML-Code einer Internetseite zusätzlichen Skript-Code enthält, der bei jedem Aufruf der Seite die entsprechende Ausgabe dynamisch generiert.

Auf der .NET-Plattform muss der ASP-Code nicht länger in einer Skriptsprache wie VBScript oder JScript geschrieben werden. Sie können dazu nun auch andere Programmiersprachen wie C# oder Visual Basic verwenden. Für den Entwickler erweitern sich dadurch auch die Möglichkeiten, komfortable Entwicklungsumgebungen für die Programmierung von ASP einzusetzen.

Deutliche Performance-Steigerungen entstehen dadurch, dass der Code einer ASP .NET-Seite beim ersten Aufruf in eine .NET-Klasse kompiliert und im Cache des Systems gespeichert wird. Bei den bisherigen Active Server Pages wurde der Skript-Code mit jedem Seitenaufruf neu interpretiert.

Dieser kurze Überblick soll vorerst genügen, um die Struktur von .NET zu erläutern. Im weiteren Verlauf dieses Einsteigerseminars kommen wir auf einige der angesprochenen Konzepte zurück.

Bevor wir in Kapitel 3 in die Programmierung mit C# einsteigen, stellen wir Ihnen im folgenden zweiten Kapitel einige Entwicklungsumgebungen vor, die Ihnen das Erstellen von Programmen erleichtern. Die Arbeit mit den präsentierten Werkzeugen wird dabei anhand des Software-Entwicklungszyklus eines konkreten Beispiels erläutert.

1.5 Zusammenfassung, Fragen und Übungen

Zusammenfassung

- Die Entwicklung leistungsfähiger Internetanwendungen ist ein schwieriges Unterfangen, weil sie meist die Integration verschiedener Programmiersprachen und Technologien erfordert.

- .NET versucht dieses Problem zu beheben, indem es allen Programmiersprachen eine gemeinsame Plattform bietet, deren Spezifikation allen Compiler-Entwicklern frei zur Verfügung steht.

- Bislang hat jede Programmiersprache ihre eigene Runtime-Komponente, die grundsätzliche Funktionen der Sprache implementiert. Die .NET-Plattform führt mit der Common Language Runtime (CLR) eine einzige Runtime für alle von ihr unterstützten Programmiersprachen ein.

- Komponenten, die der Common Language Specification entsprechen, können in jeder Programmiersprache der .NET-Umgebung eingesetzt werden – unabhängig davon, in welcher Sprache sie selbst programmiert wurden.

- Ein Assembly ist eine selbstbeschreibende Einheit, die sowohl den IL-Code als auch sämtliche Zugriffsinformationen einer Komponente beinhaltet.

- .NET stellt Basisklassen mit grundlegenden Funktionen zur Verfügung, die von allen Programmiersprachen der Umgebung verwendet werden können.

- Die Basisklassen sind zu Namensräumen (Namespaces) zusammengefasst.

Fragen und Übungen

1. Welche Aufgaben hat die Common Language Runtime?
2. Was bedeutet der Ausdruck *Garbage Collection*?
3. Was ist die Intermediate Language?
4. Was ist der Unterschied zwischen Private Assemblies und Shared Assemblies?
5. Was bedeutet ASP .NET?

2 Werkzeuge für die Entwicklung mit C#

Nachdem Sie den Aufbau des .NET Framework kennen gelernt haben, stellen wir Ihnen hier verschiedene Programmiertools vor, mit denen Quelltexte erstellt, übersetzt und geprüft werden können.

Das .NET Framework bringt bereits die Grundausstattung zum Programmieren mit: Tools zum Übersetzen von Quellcode (IL-Compiler), zum Überprüfen (Debugger) und die Laufzeitumgebung (CLR).

Die Quelltexte, die das Futter für den Übersetzer darstellen, lassen sich mit jedem ASCII-fähigen Texteditor, wie z.B. Notepad, erstellen. Allerdings ist die Arbeit mit solchen einfachen Editoren recht mühsam. Um komfortabel aus einer Entwicklungsumgebung heraus die wichtigsten Aktionen wie Übersetzen (Compiler), Überprüfen (Debugger) und Ausführen (CLR) durchführen zu können, existieren verschiedene Programme, die diese Lücke füllen.

Sie erhalten in diesem Kapitel einen Überblick über den frei verfügbaren Programmeditor *SharpDevelop* sowie die kommerzielle integrierte Entwicklungsumgebung *Visual Studio .NET* von Microsoft. Die Kombination aus .NET Framework SDK und SharpDevelop ist dabei für Einsteiger in die objektorientierte Programmierung interessant und Visual Studio .NET obligatorisch für professionelle Softwareentwicklungsprojekte.

Bis auf das im Fachhandel erhältliche Visual Studio .NET sind alle Werkzeuge, die wir Ihnen vorstellen, über das Web abrufbar.

Werkzeug	Web-Adresse
.NET Framework SDK	*http://www.microsoft.de*
Visual Studio .NET	*http://www.microsoft.de* (kein Download!)
SharpDevelop	*http://icsharpcode.net*

Tab. 2.1: Web-Adressen zum Abrufen von C#-Tools

Die einzelnen Adressen werden im Verlauf der Besprechung noch einmal genannt und kommentiert.

2.1 Der Software-Entwicklungszyklus

Im professionellen Umfeld entwickeln Teams von Experten Software nach modernen Methoden des Projektmanagement und der Softwaretechnik. Dabei unterstützen Softwarewerkzeuge den gesamten Zyklus der Entwicklung von der Idee bis hin zur Realisierung und darüber hinaus auch während des Einsatzes zur Wartung und Pflege.

Ist die Entscheidung zur Entwicklung eines Softwareprodukts gefallen, so erstellen die Systemanalytiker zunächst einen fachlichen Entwurf, der noch keine softwarebezogenen Details enthält. Im nächsten Schritt verfeinern Softwaredesigner diesen Entwurf und beschreiben ihn in einer formalen Sprache, damit die Programmierer, die diesen Entwurf anschließend mit Hilfe einer Programmiersprache umsetzen, möglichst wenig Aufwand treiben müssen. In jeder Phase des Zyklus arbeiten EDV-Experten mit Fachgebiet-Experten zusammen. In der folgenden Abbildung sind Fachgebiet-Experten hell und EDV-Experten dunkel dargestellt. Die Anzahl der Personen einer Gruppe symbolisiert dabei das Gewicht in der einzelnen Phase.

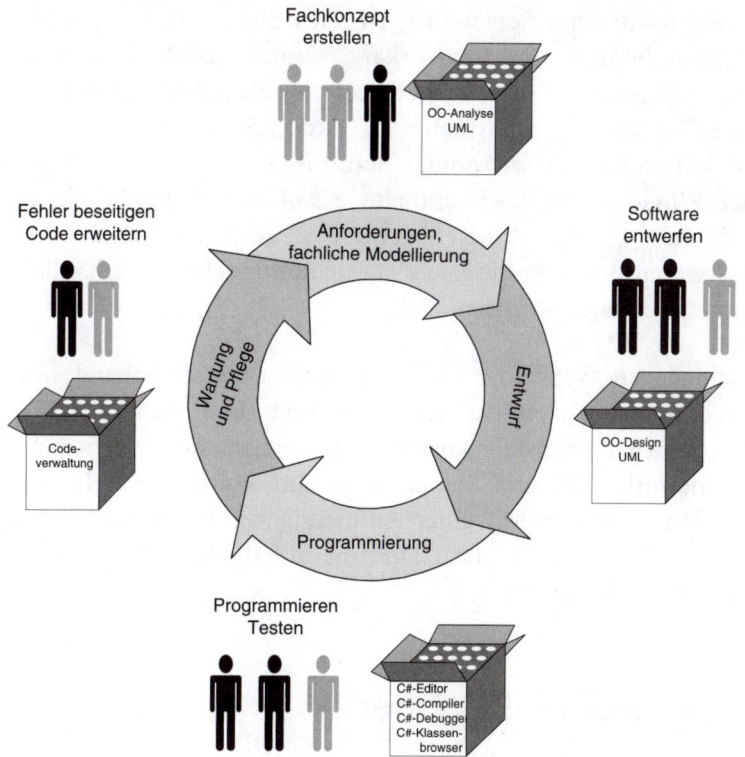

Abb. 2.1: Aktivitäten und Werkzeuge des Software-Entwicklungszyklus

Für die Kernphase des Entwicklungsprozesses – die Programmierung – stellt das .NET Framework SDK bereits elementare unterstützende Hilfsmittel zur Verfügung.

Zur Unterstützung des Programmierers ist es jedoch sinnvoll, für die komfortable Eingabe des Quellcodes eine Entwicklungsumgebung (IDE) zu nutzen, die den Quellcode zumindest einrückt und die Schlüsselworte farbig darstellt. Darüber hinaus sollten zumindest der Compiler des .NET Framework aus der Entwicklungsumgebung heraus direkt aufgerufen und die übersetzten Programme (IL-Code) gestartet werden können.

Da C# eine recht junge Sprache ist, ist auch die Landschaft der Entwicklungsumgebungen noch recht karg. Grundsätzlich können Sie zum Programmieren jedoch jeden Texteditor verwenden, mit dem Sie Texte erstellen und als unformatierten Text (ASCII-Format bzw. UNICODE-Format) speichern können. Somit ist selbst das im Lieferumfang aller Windows-Versionen enthaltene *Notepad* eingeschränkt als Programmeditor geeignet. Empfehlenswert ist die Verwendung jedoch nicht, da wesentlich komfortablere Texteditoren als frei erhältliche Programme (Freeware) verfügbar sind.

Die verschiedenen Werkzeuge werden prozessorientiert anhand eines überschaubaren Beispielprojekts eingeführt und kurz beschrieben. Dabei steht zunächst die völlig kostenfrei verfügbare Kombination aus .NET Framework SDK und SharpDevelop im Vordergrund. Im Anschluss daran werden neben einer Auflistung der Eigenschaften von SharpDevelop im Vergleich dazu kurz die auffälligen Merkmale von Visual Studio .NET erläutert.

2.2 Der EURO-Rechner

Den Software-Entwicklungszyklus wollen wir exemplarisch in einem kleinen Projekt nachvollziehen. Stellen Sie sich vor, Sie arbeiten in einem Sportartikelgeschäft. Sie sind verantwortlich für die Auszeichnung der Artikel mit Preisen. Da alle Artikel in den beiden Währungen DM und EURO ausgezeichnet werden, entscheiden Sie sich für eine EDV-gestützte Umrechnung von DM- in EURO-Beträge. Da wir gewohnt sind, alle Preise in DM zu bestimmen, soll jeder Preis vom Geschäftsinhaber zunächst in DM festgelegt werden. Diesen Preis geben Sie in das zu erstellende Computerprogramm ein, das anschließend den entsprechenden EURO-Betrag berechnet und auf dem Bildschirm ausgibt. Sie verwenden dann den umgerechneten Betrag, um die Ware damit auszuzeichnen. Mit dieser Beschreibung ist der Geschäftsablauf der Preisauszeichnung grob beschrieben.

Anforderungen und fachliche Darstellung

Einen Teil des Prozesses der Preisauszeichnung wollen wir computergestützt bearbeiten. Diesen Teilprozess der Umrechnung wollen wir im ersten Schritt fachlich exakt beschreiben. Nach Information des Geschäftsinhabers und Studium eines Informationsbriefs unserer Hausbank über den EURO ermitteln wir die folgenden Kriterien für die Umrechnung.

- ▶ Die Umrechnungskonstante von EURO nach DM ist 1,95583.

- ▶ Die Umrechnung von DM nach EURO erfolgt durch Division mit der Umrechnungskonstanten (2 DM / 1,95583 entspricht 1,02 EURO).

- ▶ Der Umrechnungsbetrag wird auf zwei Stellen nach dem Komma kaufmännisch gerundet (d.h. 3,224 wird zu 3,22 und 3,225 wird zu 3,23).

Der Entwurf für ein Computerprogramm

Im Folgenden verfeinern und erweitern wir die fachliche Anleitung zur Umrechnung der Währungsbeträge.

> **HINWEIS**
> Da die Aufgabenstellung leicht überschaubar ist und hier der Entwicklungsprozess als Ganzes sowie die unterstützenden Werkzeuge im Vordergrund stehen, verzichten wir an dieser Stelle bewusst auf die Verwendung einer formalen Entwurfssprache. Später werden wir die *Unified Modeling Language (UML)* für die Analyse und den Entwurf verwenden.

Preise für Sportartikel sind ausschließlich positiv, so dass das Umrechnungsverfahren negative Zahlen nicht berücksichtigt. Die Umrechnung erfolgt in 5 Schritten:

- Eingabe des positiven DM-Betrags
- Division des DM-Betrags durch 1,95583
- Abschneiden der Nachkommastellen ab der vierten Stelle einschließlich
    - Multiplikation des Umrechnungsbetrags mit 1000
    - Ermitteln des ganzzahligen Anteils
    - Division des ganzzahligen Anteils durch 1000
- Kaufmännisches Runden des Betrags auf Cent (2 Nachkommastellen)
    - Multiplikation des Zwischenergebnisses mit 100
    - Addieren von 0,5
    - Ermitteln des ganzzahligen Anteils
    - Division des ganzzahligen Anteils durch 100
- Ausgabe des berechneten EURO-Betrags

Da der Geschäftsinhaber vermeiden will, dass Kunden durch die Umrechnung benachteiligt werden, soll die Umrechnung, damit keine Zweifel aufkommen, so exakt wie möglich sein. Folglich sollten die Berechnungsergebnisse möglichst keine Rundungsfehler enthalten.

Die Programmerstellung

Nachdem die Umrechnung fachlich eindeutig beschrieben ist, entscheiden wir uns, als Programmiersprache C# einzusetzen. Zunächst informieren wir uns über die notwendigen technischen Hilfsmittel im Internet. Unter *http://www.microsoft.de* bietet die Firma Microsoft das .NET Framework SDK als kostenlosen Download an.

> **HINWEIS**
> Nutzen Sie als Betriebssystem ausschließlich *Windows 2000* oder *Windows XP*, da sonst Probleme mit der Verwendung des .NET Framework entstehen können.

Nach der Installation auf einem Rechner, der mit dem Betriebssystem Windows 2000 ausgestattet ist, hat unser Entwicklungsrechner alle Voraussetzungen, um Programme mit der Programmiersprache C# zu übersetzen, zu testen und auszuführen. Die folgende Tabelle fasst die wichtigsten Werkzeuge zusammen.

Aufgabe	Werkzeug	Programm	Beschreibung
Erstellen	Editor	?	Ein Programmeditor ist *nicht* Bestandteil des SDK.
Übersetzen	Compiler	CSC.EXE	Compiler, der zuvor erstellte Quelltexte in ausführbaren Zwischencode übersetzt.
Testen	Debugger	DBGCLR.EXE	Debugger, mit dem ein kompiliertes Programm schrittweise überprüft werden kann.
Ausführen	Runtime-Environment		Die übersetzten Programme sind ausführbare Programmdateien, die jedoch intern auf das CLR-Modul zugreifen, das die übersetzten MSIL-Programme auf das jeweilige Betriebssystem umsetzt.
Systemklassen erforschen	Klassenbrowser	WINCV.EXE	Browser, der den Aufbau der Systemklassen des .NET Framework darstellt.

Tab. 2.2: Werkzeuge des .NET Framework SDK

Die Grundfunktionen der Programmentwicklung deckt das Framework bis auf einen Editor zur Erstellung von Quelltexten bereits ab. Für unser EURO-Projekt setzen wir zusätzlich den frei erhältlichen Editor SharpDevelop ein, der als Download unter *http://icsharpcode.net* zur Verfügung steht.

Nach erfolgreicher Installation aktivieren Sie den Editor, der selbst auch in C# programmiert ist, aus dem während der Installationsprozedur angegebenen Programmverzeichnis. Dazu starten Sie das Programm *SharpDevelop.exe*.

Erstellen Sie unter dem Menü *Datei / Neu / Datei* und dann *Erstellen* eine neue Quellcodedatei.

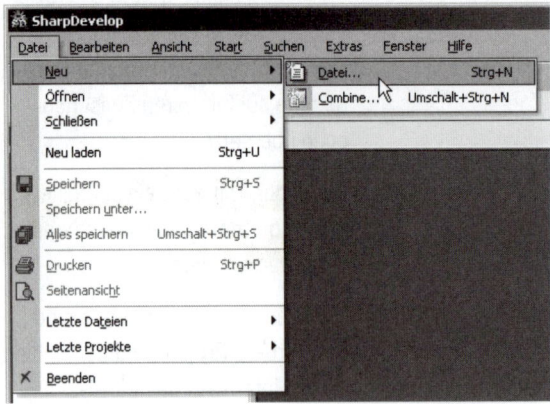

Abb. 2.2: SharpDevelop – Quellcodedatei erzeugen

Den Quelltext schreiben und bearbeiten Sie wie mit einem Textverarbeitungsprogramm. SharpDevelop kann darüber hinausgehend den Quelltext farblich absetzen (Syntaxhighlighting) und rückt auch gemäß der Programmstruktur die Programmzeilen automatisch ein. Jeder Programmblock (ein Abschnitt in geschweiften Klammern) lässt sich auf- und zuklappen. Der Zustand wird jeweils durch die Symbole + (sichtbar) oder – (nicht sichtbar) links neben dem Beginn eines Blocks angezeigt.

Im Hauptfenster des Editors geben Sie nun die einzelnen Zeilen des Programms ohne Angabe der Zeilennummern ein. Dabei sorgt Sharp-Develop automatisch für die Hervorhebung durch Farben und das Einrücken gemäß der Blockstruktur des Programms.

Speichern können Sie Ihr Programm, indem Sie *Datei / Speichern* aktivieren, ein Verzeichnis erstellen und einen Programmnamen wie zum Beispiel Umrechner.cs eingeben und den Dialog mit *Speichern* beenden.

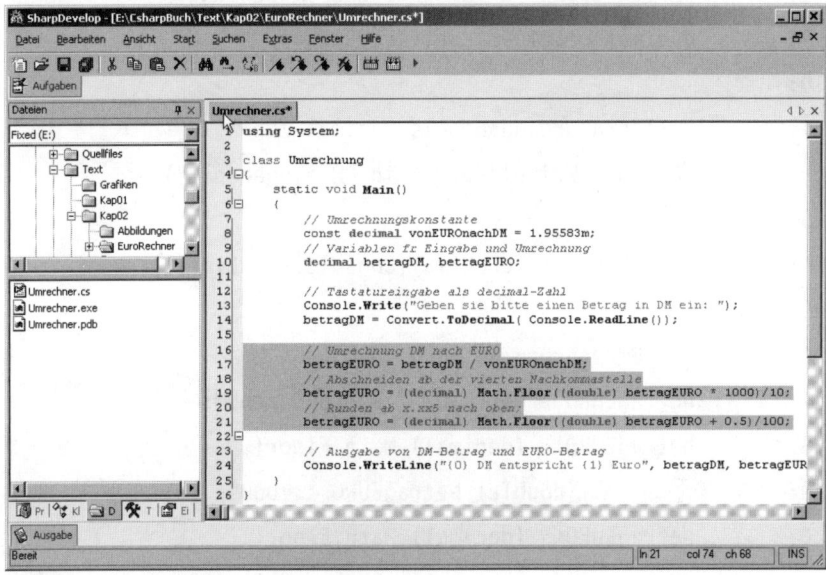

Abb. 2.3: SharpDevelop – Quellcode bearbeiten

> **HINWEIS**
> Jede Quelltextdatei, die ein C#-Programm enthält, muss als Dateiendung *.cs* besitzen. Die Endung steht als Akronym für *C Sharp*. Denken Sie bitte daran, Ihre Arbeit in regelmäßigen Zeitabständen zu sichern, damit die mühevoll erstellten Quelltexte nicht verloren gehen.

Werkzeuge für die Entwicklung mit C#   **33**

```csharp
 1: // Listing 2.1
 2: using System;
 3: class Umrechnung{
 4:     static void Main(string[] args)   {
 5:
 6:         // Umrechnungskonstante
 7:         const decimal vonEUROnachDM = 1.95583m;
 8:         // Variablen für Eingabe und Umrechnung
 9:         decimal betragDM, betragEURO;
10:
11:         // Tastatureingabe als decimal-Zahl
12:          Console.Write("Betrag in DM eingeben :");
13:         betragDM =
14:             Convert.ToDecimal(Console.ReadLine());
15:
16:          // Umrechnung DM nach EURO
17:         betragEURO = betragDM / vonEUROnachDM;
18:         betragEURO = (decimal) Math.Floor(
19:              (double) betragEURO * 1000)/ 10;
20:         betragEURO = (decimal) Math.Floor(
21:              (double) betragEURO + 0.5)/100;
22:
23:         // Ausgabe von DM-Betrag und EURO-Betrag
24:         Console.WriteLine(
25:              "{0} DM entspricht {1} Euro",
26:              betragDM, betragEURO);
27:     }
28: }
```

Das oben abgebildete Programm liefert eine korrekte Umrechnung eines über die Tastatur einzugebenden positiven Betrags in DM in den entsprechenden EURO-Betrag. Dabei werden die offiziellen Berechnungsvorschriften berücksichtigt. Somit sind alle Vorgaben der Planung sowie des fachlichen und technischen Entwurfs sinnvoll umgesetzt. Auch wenn Sie zu diesem Zeitpunkt noch nicht alle im Quelltext verwendeten Sprachkonzepte verstehen und anwenden können, wollen wir das Programm kurz erklären. An dieser Stelle geht es nicht um das Programm an sich, sondern um die Demonstration des Einsatzes der Entwicklungswerkzeuge. Die individuellen Anweisungszeilen, die die Eingabe, die Umrechnung und die Ausgabe vornehmen, sind von Zeile 7 bis Zeile 26 abgebildet.

In Zeile 7 wird zunächst die offizielle Umrechnungskonstante von EURO nach DM festgelegt. Anschließend vereinbart das Programm in Zeile 9 zwei Variablen, die als Stellvertreter für den DM- und den EURO-Betrag in Berechnungen verwendet werden.

Die Zeilen 12-14 enthalten zunächst die Eingabe des DM-Betrags über die Tastatur. Dazu werden die Operationen `WriteLine(...)` zur Bildschirmausgabe und `ReadLine()` zur Tastatureingabe der Klasse `Console` verwendet. Die Variable `betragDM` nimmt den eingegebenen Wert auf.

Den Kernalgorithmus der Umrechnung setzen die Zeilen 17-21 um. In Zeile 17 erfolgt zunächst die Umrechnung in EURO durch Division durch die Umrechnungskonstante `vonEUROnachDM`. Die Variable `betragEURO` nimmt den errechneten Betrag auf.

Die Anweisung der Zeilen 18-20 verwendet die Operation `Floor(...)` der Klasse `Math`, um von dem mit 1000 multiplizierten Umrechnungswert alle Nachkommastellen zu entfernen. Die Multiplikation mit 1000 verschiebt das Komma um drei Stellen nach rechts; `Floor(...)` entfernt alle Nachkommastellen; die Division durch 1000 verschiebt das Komma nun wieder um drei Stellen nach links, so dass genau drei Nachkommastellen vorhanden sind. Da für die folgende Berechnung der Rundung das Komma wieder um zwei Stellen nach rechts verschoben werden müsste, was eine Multiplikation mit dem Faktor 100 bedeutet, wird hier eine resultierende Verschiebung des Kommas um eine Stelle nach rechts durch Division mit dem Faktor 10 vorgenommen.

Die Anweisung in den Zeilen 19-21 addiert zunächst 0,5 zum resultierenden Wert und schneidet wiederum alle Nachkommastellen ab. Die Addition mit 0,5 bewirkt, dass die letzte Stelle vor dem Komma um den Wert 1 erhöht wird, wenn die erste Stelle nach dem Komma 0,5 oder größer ist. Danach wird das Komma durch Division um die erforderlichen zwei Stellen nach links verschoben. Dadurch wird die letzte Vorkommastelle zur gerundeten zweiten Nachkommastelle. Als Ergebnis bedeutet dies eine kaufmännische Rundung auf Cent, also zwei Stellen nach dem Komma.

Die anschließende Ausgabe des umgerechneten Betrags realisieren die Zeilen 24-26. Der Aufruf der Operation WriteLine(...) der Klasse Console erhält als Übergabewert die auszugebende Zeichenkette. Diese Zeichenkette enthält als Platzhalter geschweifte Klammern. Diese Platzhalter werden in der Bildschirmausgabe durch die ebenfalls als Übergabewerte an die Operation übergebenen Werte der Variablen betragDM und betragEURO ersetzt. Die Ausgabe beendet die Währungsumrechnung erfolgreich.

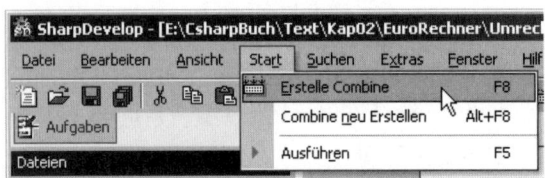

Abb. 2.4: SharpDevelop – Übersetzen von Quellcodeprogrammen

Durch Aufruf von *Start / Erstelle Combine* startet der Editor automatisch den Compiler des .NET Framework SDK, der das Programm in die Intermediate Language übersetzt und im Verzeichnis der Quellprogrammdatei unter dem Namen *Umrechner.exe* speichert. Über den Befehl *Start / Ausführen* führen Sie das erfolgreich kompilierte Programm aus. Ein Eingabefenster für Textein- und -ausgaben erscheint.

Geben Sie eine positive Zahl ein. Verwenden Sie das Komma als Dezimaltrennzeichen, falls Ihre Zahl Pfennigbeträge enthält. Durch Drücken der ⏎-Taste fährt das Programm fort, berechnet den EURO-Betrag und gibt das Ergebnis auf dem Bildschirm aus.

> **HINWEIS**
> Sollte nach dem Drücken der ⏎-Taste das Fenster mit der Eingabeaufforderung geschlossen werden, bevor Sie den umgerechneten Betrag lesen konnten, fügen Sie in Ihrem Programm hinter der Zeile 26 eine neue Zeile mit der Anweisung `Console.Read();` ein. So wartet das Programm nach der Ausgabe des umgerechneten Betrags noch auf einen Tastendruck von Ihnen, bevor das Fenster geschlossen wird.

Das erstellte Programm *Umrechner.exe* können Sie nach erfolgreicher Übersetzung wie jedes andere Programm auch über den *Explorer* oder den *Arbeitsplatz* aus dem Verzeichnis aufrufen, in dem Sie die Quelldatei *Umrechner.cs* und die ausführbare Datei *Umrechner.exe* gespeichert haben.

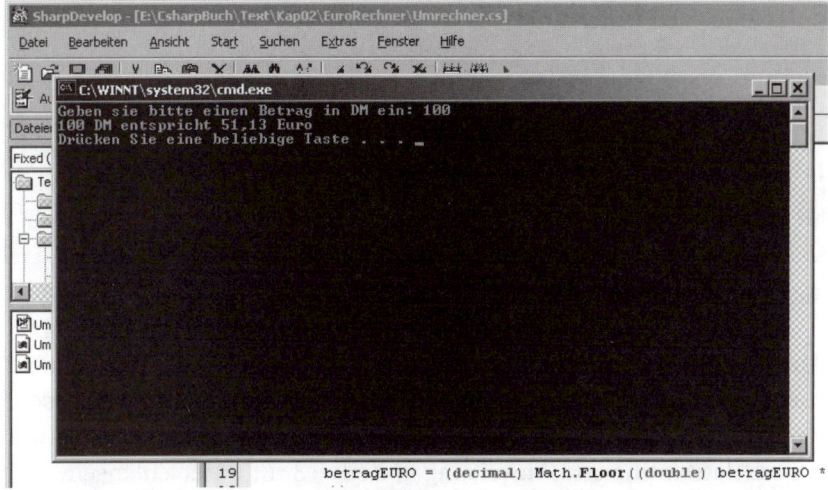

Abb. 2.5: SharpDevelop – Kompiliertes Programm ausführen

Konnte das Quellprogramm nicht erfolgreich übersetzt werden, enthält es *syntaktische Fehler*. Ein syntaktischer Fehler liegt dann vor, wenn eine Sprachvereinbarung von C# verletzt ist. Der Compiler gibt jedoch für jeden gefundenen Fehler eine mehr oder minder aussagekräftige Fehlermeldung mit Angabe der Zeilennummer des Quelltextes aus, so dass Sie bei der Fehlersuche und -behebung Unterstützung finden.

SharpDevelop zeigt Ihnen diese Fehlermeldungen in einem Fehlerfenster an. Dabei werden die Zeilennummer und die Art des Fehlers in einer Liste dargestellt. Im Vergleich zu anderen Compilern sind die Fehlermeldungen des C#-Compilers sehr aussagekräftig.

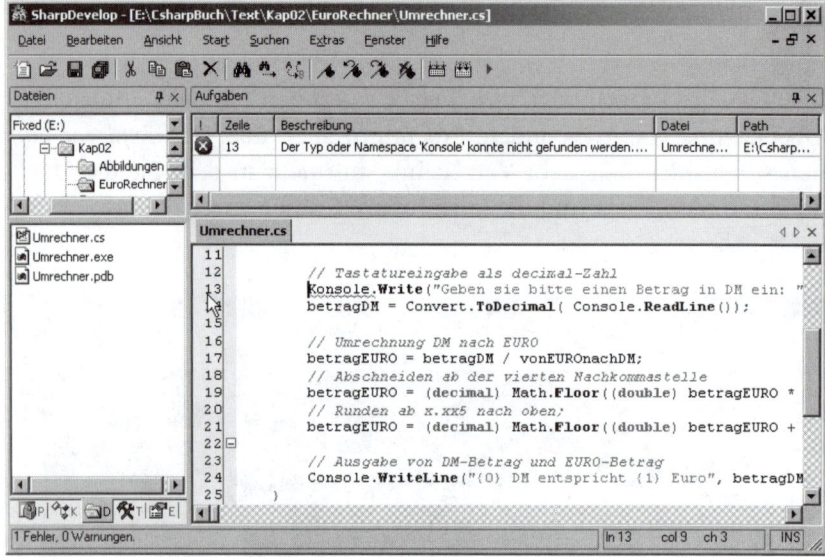

Abb. 2.6: SharpDevelop – Syntaxfehler mit Compilerfehlermeldung

Abbildung 2.6 zeigt einen erfolglosen Kompilierversuch. In Zeile 13 tritt der Fehler auf, dass der Compiler den Typ oder die Klasse Konsole nicht finden kann. Zum einfachen Auffinden der Fehlerstelle ist die fehlerhaft identifizierte Anweisung in Zeile 13 rot unterschlängelt.

Im Vergleich zur korrekten Version fällt auf, dass dort nicht der Typ bzw. die Klasse `Konsole`, sondern `Console` verwendet wird. Somit liegt ein kleiner Rechtschreibfehler vor, den Sie leicht korrigieren können.

Bei der Suche nach gültigen Typen hilft der Klassenbrowser *WinCV.exe*, ein Hilfsprogramm des .NET Framework SDK. Um zu eruieren, wie der Ausgabebefehl zur Textanzeige genau anzugeben ist, rufen Sie das Tool mit *Extras / WinCV* auf.

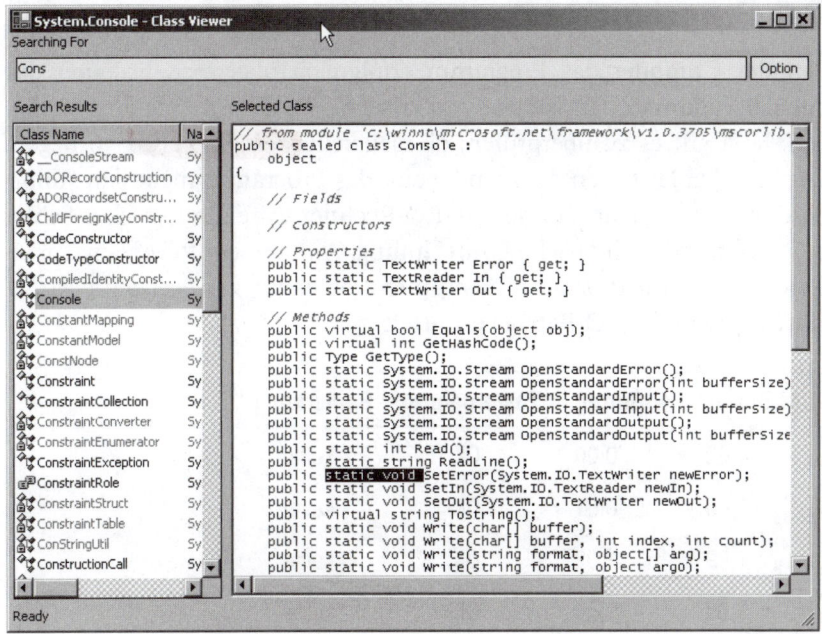

Abb. 2.7: Der Klassenbrowser *WinCV.exe*

Im Eingabefeld *Searching For* geben Sie eine beliebige Zeichenfolge ein. Das Tool zeigt im linken Teilfenster alle Klassen des .NET Framework, die in ihrem Namen diese Zeichenfolge enthalten. Geben Sie die Zeichenfolge `Con` ein, ist auch die Klasse `Console` Teil der Auswahl. Klicken Sie auf den Begriff *Console*, so werden im rechten Teilfenster alle Elemente (Fields, Constructors, Properties, Methods) der ausge-

Werkzeuge für die Entwicklung mit C#   **39**

wählten Klasse aufgelistet. So können Sie schnell die Syntax eines bestimmten Operationsaufrufs nachschlagen.

Die Zeichenfolgen ole oder onso als Suchbegriffe würden ebenfalls die Klasse Console in Ihrer Trefferliste aufführen, so dass eine Suche auch dann sinnvoll möglich ist, wenn wir nicht mehr genau wissen, ob nun *Konsole* oder *Console* der korrekten Schreibweise entspricht.

Der Programmtest

Hat der Compiler das Programm erfolgreich übersetzt, bedeutet das zunächst einmal, dass keine syntaktischen Fehler im Quelltext vorliegen. Jetzt gilt es zu überprüfen, ob vielleicht *logische Fehler* vorliegen. Logische Fehler treten dann auf, wenn das Programm nicht den Anforderungen entspricht. Für den EURO-Rechner wäre ein logischer Fehler eine mathematisch falsche Umrechnung. Anhand der folgenden Tabelle sollten Sie Ihr Programm überprüfen, ob es für vorgegebene DM-Beträge korrekte EURO-Beträge ermittelt.

DM-Betrag	€-Betrag	Testergebnis	Bemerkung
0,00	0,00	OK	keine
1,00	0,51	OK	keine
1,99	1,02	OK	keine
5,00	2,56	OK	keine
15,56	7,96	OK	keine
99,99	51,12	OK	keine
100,00	51,13	OK	keine
100,01	51,13	OK	keine
1534,49	784,57	OK	keine

Tab. 2.3: Umrechnungstabelle DM nach EURO

Sollte Ihr Programm andere EURO-Beträge ermitteln, liegt ein logischer Fehler vor. Um den Fehler zu ergründen, hilft uns der Compiler nicht weiter, da syntaktisch alles korrekt übersetzt werden kann. Zur logischen Fehlersuche existiert im .NET Framework SDK ein *Debugger*, der Sie bei der Suche nach Programmfehlern und bei deren Behebung unterstützt.

Auch der Debugger lässt sich direkt aus SharpDevelop heraus starten. Dazu binden Sie ihn als externes Tool mit dem Befehl *Extras / Optionen* ein.

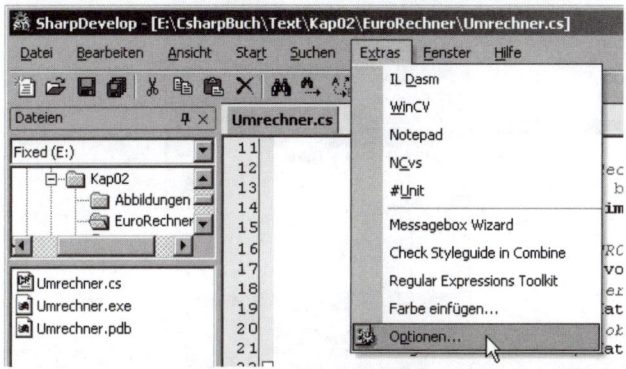

Abb. 2.8: SharpDevelop – Optionen einstellen

Neben den Optionen *SharpDevelop Optionen*, die das Erscheinungsbild und die Sprache des Editors festlegen, sowie den Einstellungen für die *Code Erstellung*, die neben Codeerstellungs-Optionen auch Kurzbezeichnungen für immer wiederkehrende Textblöcke definieren, binden Sie über die Auswahl *Tools* andere Programme in die Umgebung des Editors ein.

Klicken Sie dazu auf *Hinzufügen*, wählen Sie anschließend das neu erstellte Werkzeug *New Tool* aus und geben Sie im Feld *Command* den Namen des Programms C:\Programme\Microsoft.NET\FrameworkSDK\GUIDebug\DbgCLR.exe sowie als *MenuCommand* die Bezeichnung Debugger ein. Bestätigen Sie Ihre Angaben mit einem Klick auf *OK*.

HINWEIS: Sollte das .NET Framework SDK bei Ihnen nicht im Verzeichnis `C:\Programme\Microsoft.NET\` installiert sein, so geben Sie an dieser Stelle alternativ Ihr abweichendes Installationsverzeichnis an.

Der Debugger des Microsoft .NET Framework SDK ist nun als externes Werkzeug in die Editorumgebung eingebunden.

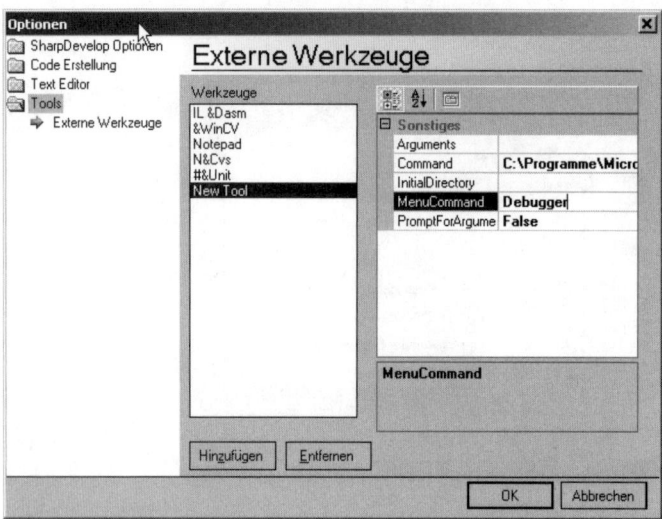

Abb. 2.9: SharpDevelop – Externe Werkzeuge einrichten

Wählen Sie das *Externe Werkzeuge*-Menü noch einmal aus und beenden Sie es über *OK*. Erst dann verfügt SharpDevelop im Menü *Extras* über die Option *Debugger*. Starten Sie von nun an den SDK-Debugger über diesen Menüpunkt.

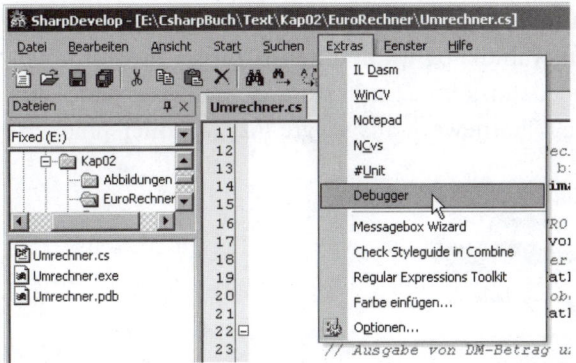

Abb. 2.10: SharpDevelop – Aufruf des Debuggers

Der Debugger dient grundsätzlich dazu, Sie bei der Analyse eines lauffähigen Programms zu unterstützen. Dabei sind Möglichkeiten vorgesehen, ein Programm alternativ auch schrittweise zu durchlaufen (tracen). Nach jeder Anweisung wird das Programm angehalten, bis Sie über den Debugger das Ausführen der nächsten Anweisung aktivieren.

Zusätzlich können Haltepunkte für beliebige Programmzeilen definiert werden, an denen die Ausführung des Programms, egal ob schrittweise ausgeführt oder nicht, angehalten wird. Befindet sich das aktuell in der Debugger-Umgebung ausgeführte Programm im Wartezustand, können Sie Typen und Werte aller interessierenden Variablen inspizieren.

Der Debugger hilft Ihnen beim EURO-Rechner, jeden einzelnen Rechenschritt genau nachzuvollziehen. Dazu teilen Sie zunächst dem Debugger die Quellcodedatei und die übersetzte Programmdatei mit.

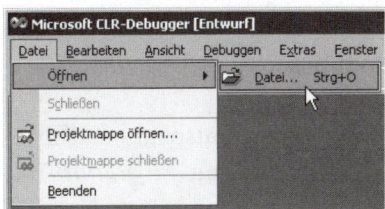

Abb. 2.11: SDK-Debugger – Quellcodedatei festlegen I

Werkzeuge für die Entwicklung mit C# **43**

Aktivieren Sie den Dateiauswahldialog des SDK-Debuggers über *Datei / Öffnen / Datei*. Im Auswahldialog wählen Sie in Ihrem Programmverzeichnis die Quellcodedatei *Umrechner.cs* aus. Zulässig sind ausschließlich für das .NET Framework ausgelegte Programmiersprachen.

Abb. 2.12: SDK-Debugger – Quellcodedatei festlegen II

Der Quellcode wird im Hauptfenster des Debuggers ohne farbliche Hervorhebungen dargestellt.

Im nächsten Schritt geben Sie den Verzeichnispfad des auszuführenden Programms an. Wählen Sie *Debuggen / Zu debuggendes Programm*.

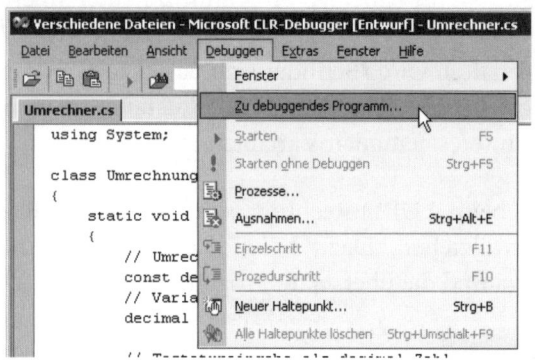

Abb. 2.13: SDK-Debugger – Programmdatei festlegen I

Im folgenden Dialogfenster geben Sie den Verzeichnispfad einschließlich des Namens der ausführbaren Datei in das mit *Programm:* bezeichnete Feld ein. Alternativ zur Eingabe von Hand aktivieren Sie einen Auswahldialog über den Knopf rechts neben dem Eingabefeld.

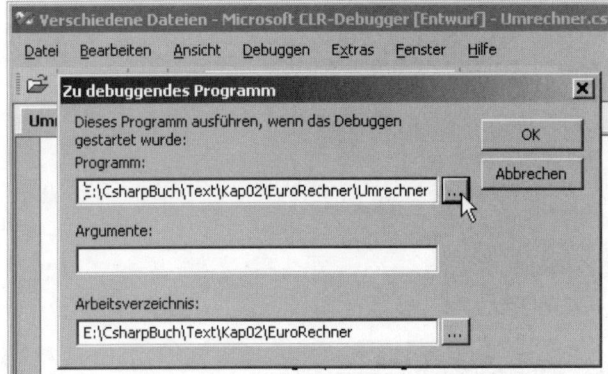

Abb. 2.14: SDK-Debugger – Programmdatei festlegen II

Beenden Sie Ihre Eingabe, indem Sie auf die Schaltfläche *OK* klicken.

> **HINWEIS** Achten Sie darauf, dass die von Ihnen ausgewählte Quellcodedatei exakt die Kompiliervorlage der eingegebenen Programmdatei ist. Verwenden Sie eine andere als die für genau diese Programmdatei zugrunde liegende Version Ihres Programms, führt die Anzeige der Programmschritte während des Debugging-Prozesses zu irreführenden Anzeigen im Quellcodetext.

Nachdem die Vorbereitungsarbeiten beendet sind, ist der Debugger startbereit.

Aktivieren Sie die Programmanalyse mit der Befehlsfolge *Debuggen / Starten*, so startet der SDK-Debugger das Programm. Der einzige Unterschied zum normalen Programmstart ohne Debugger ist eine Umleitung aller Ausgaben, die sonst in das Fenster der Eingabeaufforderung ausgegeben werden, in das Fenster mit der Bezeichnung *Ausgabe* des SDK-Debuggers. Die Konsoleneingaben erfolgen jedoch weiterhin über das Fenster der Eingabeaufforderung.

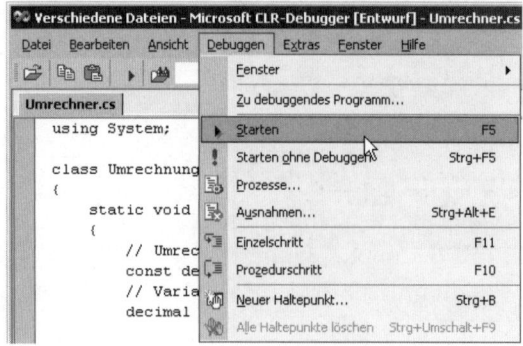

Abb. 2.15: SDK-Debugger – Starten der Programmanalyse

Definieren Sie Haltepunkte, um den Ablauf eines Programms an beliebigen Programmstellen zu unterbrechen. Der SDK-Debugger ermöglicht die Definition von Haltepunkten nach vier verschiedenen Kriterien, die zu einer Unterbrechung des Programmlaufs führen. Nach einer Unterbrechung setzen Sie mit *Debuggen / Weiter* oder alternativ mit [F5] die Ausführung fort.

▶ Einen *Haltepunkt beim Erreichen einer bestimmten Anweisung* setzen Sie, indem Sie im Quelltextfenster den Cursor an die Stelle bewegen, an der der SDK-Debugger die Ausführung des Programms unterbrechen soll. Anschließend aktivieren Sie über *Debuggen / Neuer Haltepunkt...* und anschließend *Datei* den anweisungsbasierten Haltepunkt. Die voreingestellte Halteposition entspricht der Cursorposition im Quelltext. Schließen Sie Ihre Auswahl mit *OK* ab. Im Quelltext markiert ein roter Punkt links neben der Anweisung den aktivierten Haltepunkt. Diese Option ist die beim Debuggen wohl am häufigsten eingesetzte Variante.

▶ Einen *Haltepunkt bei Eintreffen eines bestimmten Variablenwerts* definieren Sie, indem Sie nach Aktivierung des Haltepunkt-Dialogs *Daten* aktivieren. Hier legen Sie Variablennamen, Werte und Bedingungen für das Haltekriterium fest.

▶ Einen *Haltepunkt beim Aufruf einer bestimmten Operation* vereinbaren Sie durch Aufruf von *Funktion* im Haltepunkt-Dialog.

Der SDK-Debugger unterbricht den Programmlauf, bevor die angegebene Operation unter Beachtung der definierten Bedingungen ausgeführt wird.

▶ Den *Haltepunkt bei Erreichen einer bestimmten Hauptspeicheradresse* aktivieren Sie im Haltepunkt-Dialog mit *Adresse*. Vor Ausführen einer Anweisung der spezifizierten Hauptspeicheradresse wird die Ausführung gestoppt. Dieser Haltepunkt ist eher für hardwareerfahrene Programmierer bedeutsam.

Alternativ führen Sie das Programm schrittweise mit *Debuggen / Einzelschritt* aus. Jetzt wartet das Programm nach Ausführung jedes Schritts Ihre Aktivierung des nächsten Schritts durch *Debugen / Einzelschritt* oder durch Drücken von F5 ab.

Weitere Möglichkeiten der schrittweisen Programmausführung sind *Debuggen / Prozedurschritt*, bei der der SDK-Debugger Operationen nicht in Einzelschritten, sondern als Ganzes ausführt, und *Step Out* zur kompletten Restausführung einer Operation, die bis zur Unterbrechung in Einzelschritten ausgeführt wurde.

Ein gelber Pfeil, ergänzt um eine gelbe Markierung, kennzeichnet diejenige Programmzeile, die bei der nächsten Aktivierung des Debuggers ausgeführt wird.

Zur Analyse des EURO-Rechners benötigen wir keine definierten Haltepunkte. Da nur wenige Anweisungen enthalten sind, wollen wir das Programm schrittweise durchlaufen. Dazu starten wir mit F11 die schrittweise Ausführung. Der SDK-Debugger hält die Ausführung nach der Vereinbarung der Variablen, aber noch vor Ausführung der ersten Programmanweisung in Zeile 13 an. Die Zeile ist gelb markiert und durch einen Pfeil vor der Zeilennummer gekennzeichnet.

Um die Berechnung in Einzelschritten nachvollziehen zu können, wollen wir jederzeit die Wertbelegung der Variablen `betragDM` und `betrag EURO` anzeigen.

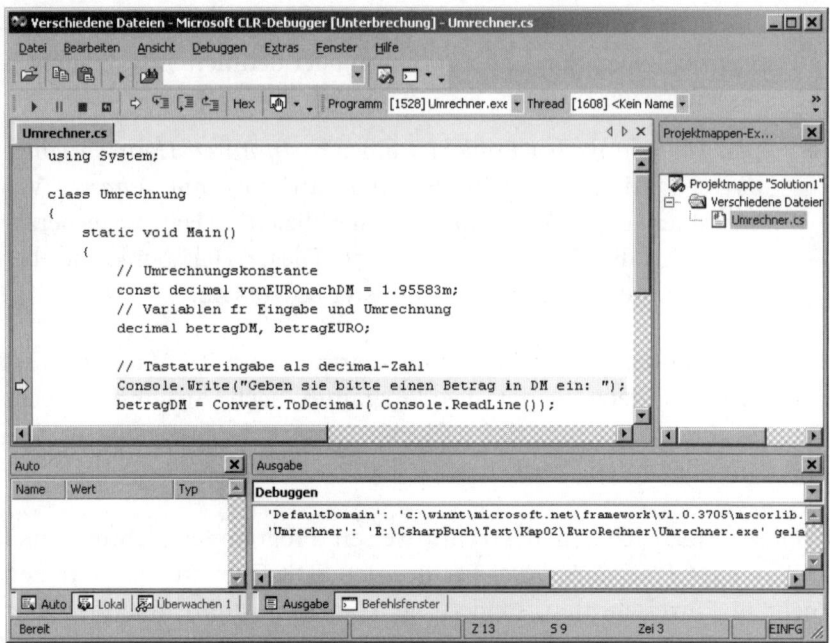

Abb. 2.16: Schrittweise Ausführung im SDK-Debugger

Der SDK-Debugger gewährt auf zwei verschiedene Arten Einblick in die im Programm verwendeten Variablen. Zunächst lassen sich alle lokalen Variablen einer aktuell bearbeiteten Operation über die Befehlsfolge *Debuggen / Fenster / Lokal* anzeigen.

Weitere Werte können in einer Ad-hoc-Auswertung auch über die Befehlsfolge *Debuggen / Schnellüberwachung* erfragt werden.

HINWEIS
Die Optionen zur Anzeige von Variablenwerten stehen ausschließlich während eines Programmlaufs des Debuggers zur Verfügung. Starten Sie daher immer zuerst den Debugger und legen Sie danach die zu inspizierenden Variablen fest.

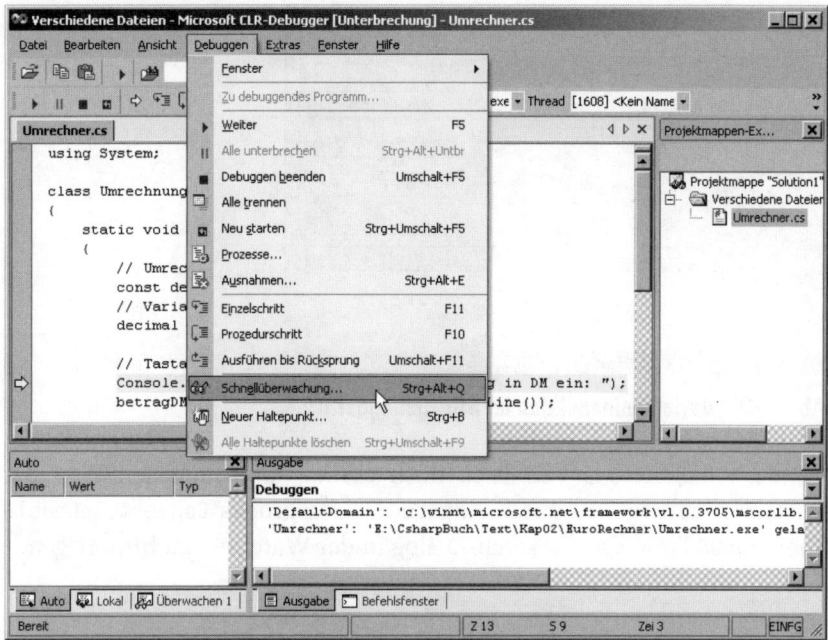

Abb. 2.17: Variableninspektion im SDK-Debugger I

Nach Aktivieren des Schnellüberwachungs-Dialogs geben wir in das Feld *Ausdruck:* einen auszuwertenden Ausdruck ein. Der einzugebende Ausdruck kann ein Variablenname oder alternativ ein beliebiger Ausdruck sein, der einen Wert als Ergebnis liefert.

Da der Datentyp `decimal` nicht zu den einfachen Datentypen zählt, sein Wert jedoch auch als einfacher Datentyp `double` dargestellt werden kann, geben wir den Ausdruck `Convert.ToDouble(betragDM)` ein, der den Wert der Variable `betragDM` als Wert vom Typ `double` angibt. Klicken Sie auf die Schaltfläche *Überwachung hinzufügen*, um den Wert des eingegebenen Ausdrucks in einer so genannten Watchlist während des gesamten Programmlaufs verfolgen zu können.

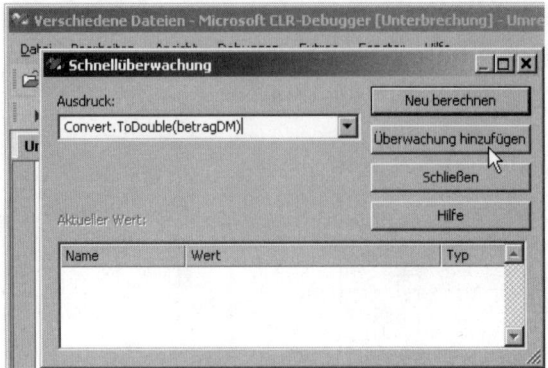

Abb. 2.18: Variableninspektion im SDK-Debugger II

Wiederholen Sie das Verfahren noch einmal, um auch den Wert der Variablen betragEURO durch Angabe des Ausdrucks `Convert.ToDouble(betragEURO)` im QuickWatch-Dialog in der Watchlist zu hinterlegen.

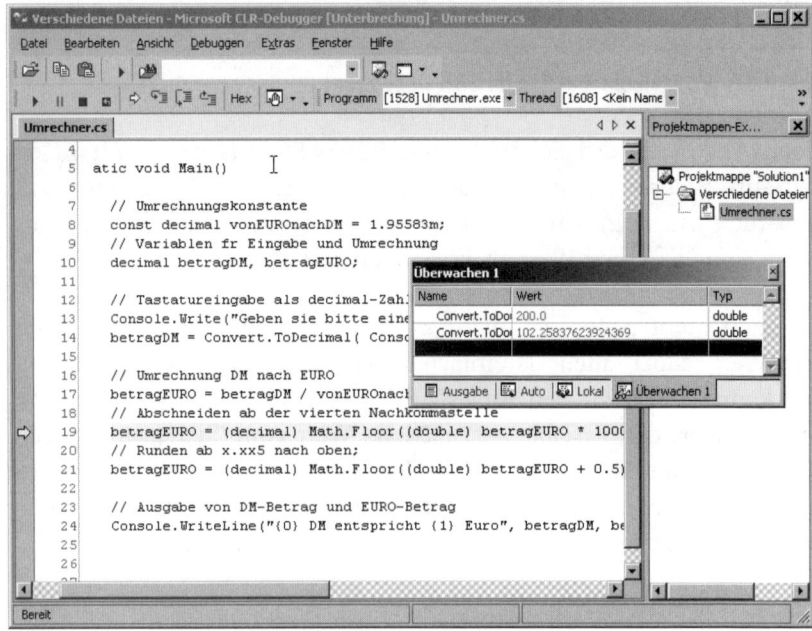

Abb. 2.19: Variablenwert vor der Rundung

Die Abbildung zeigt den Wert beider Variablen vor der kaufmännischen Rundung, die ab Zeile 19 beginnt. Sobald sich einer der Werte verändert, wird die Watchlist zeitgleich aktualisiert, so dass Sie jederzeit den aktuellen Wert der angezeigten Variablen inspizieren können.

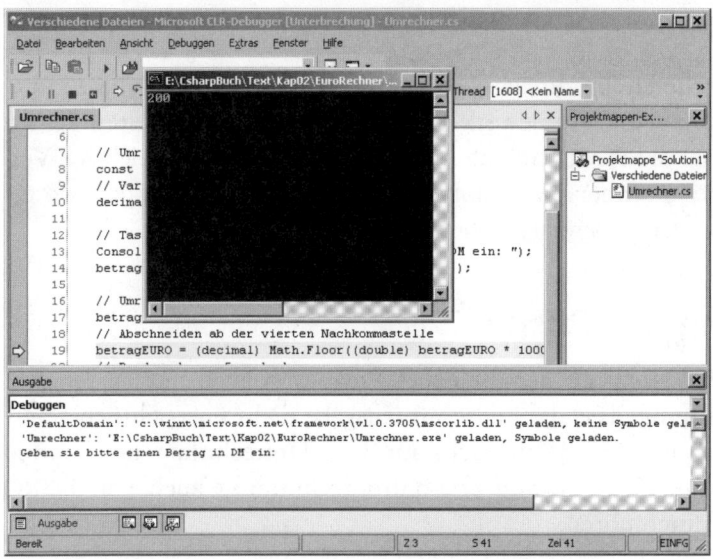

Abb. 2.20: Schrittweise Programmanalyse im SDK-Debugger

Nach vollständiger Berechnung und Ausgabe von DM- und EURO-Betrag stoppen wir die Programmausführung mit der Befehlsfolge *Debuggen / Debuggen beenden* oder mehrfachem Drücken von F11.

> **HINWEIS**
> Beachten Sie, dass Ausgaben, die mit Hilfe der Klasse Console realisiert werden, ins Ausgabe-Fenster des Debuggers umgeleitet werden. Eingaben werden weiterhin im Eingabeaufforderungsfenster entgegengenommen.

Nach eingehender Analyse unseres Programms, die durch den SDK-Debugger effizient unterstützt wurde, kommen wir zu dem Ergebnis, dass der EURO-Rechner im täglichen Einsatz brauchbar ist.

Der Einsatz des EURO-Rechners

Damit Kontrollrechnungen jederzeit auch in den Verkaufsräumen durchgeführt werden können, möchten Sie den EURO-Rechner vielleicht zusätzlich auf einem Notebook installieren, das ebenfalls mit dem Betriebssystem Windows 2000 ausgestattet ist.

Dazu installieren Sie zunächst die Laufzeitumgebung des .NET Framework, die im .NET Framework SDK enthalten ist. Im zweiten Schritt kopieren Sie die Programmdatei *Umrechner.exe* in ein beliebiges Verzeichnis des Rechners. Von dort aus rufen Sie das Programm wie gewohnt über den Arbeitsplatz oder den Explorer auf.

Wartung und Pflege

Der Geschäftsinhaber, der Ihr neues Programm auch nutzen möchte, ist der Meinung, dass die Bildschirmausgabe nicht übersichtlich genug ist und er das Programm nicht für jede Umrechnung neu starten möchte. Außerdem möchte er Kontrollrechnungen auch von EURO nach DM durchführen.

Somit ist Ihre Arbeit noch nicht beendet. Sie verbessern und erweitern den EURO-Rechner. So arbeiten Sie, während der EURO-Rechner im Tagesgeschäft bereits eingesetzt wird, parallel an einer neuen, verbesserten Version, die schon bald die erste Version ablösen soll.

2.3 Entwicklungsumgebungen

Wie eingangs bereits geschildert, existieren derzeit nur wenige C#-Entwicklungsumgebungen. Es ist jedoch zu erwarten (und von einigen Herstellern inzwischen angekündigt), dass in absehbarer Zeit sowohl das .NET Framework für andere Betriebssysteme wie *Linux* und *Mac OS X* verfügbar ist, als auch neue Entwicklungsumgebungen in den Markt streben werden.

Da das Visual Studio .NET von Microsoft im professionellen Umfeld konkurrenzlos ist, gibt es eigentlich nur zwei Gründe, eine andere IDE einzusetzen. Entweder ist die Leistungsfähigkeit des Entwicklungsrechners für die Entwicklungsumgebung nicht ausreichend dimensioniert oder das Budget für die Anschaffung zu schmal.

Folglich stellen wir Ihnen neben der obligatorischen Erläuterung des Visual Studio .NET den kostenlos verfügbaren Programmiereditor SharpDevelop vor.

SharpDevelop ist deswegen so interessant, weil es selbst in C# geschrieben ist und einen ausgezeichneten Programmiereditor besitzt. Außerdem ist in die Auswahl unsere Zuversicht eingeflossen, dass SharpDevelop sich als Open-Source-Projekt in zukünftigen, weiterentwickelten Versionen zu einem der herausragenden Editoren für C# mausern wird.

> **HINWEIS**
> Eine ständig aktualisierte Übersicht über die Verfügbarkeit des .NET Framework auf verschiedenen Betriebssystemen und eine kommentierte Liste mit Entwicklungsumgebungen finden Sie auf der Webseite zum Buch *http://www.csharp-info.de*.

SharpDevelop – ein wachsender C#-Sprössling

SharpDevelop haben Sie im Beispielprojekt EURO-Rechner bereits kennen und vermutlich schätzen gelernt. Daher beschränken wir uns auf eine kurze Auflistung wichtiger Merkmale.

- ▶ SharpDevelop ist Open Source und steht auch als Quellcode kostenlos zur Verfügung.
- ▶ Der Quellcode von SharpDevelop ist selbst in der Programmiersprache C# geschrieben.
- ▶ Der SharpDevelop-Editor bietet Syntaxhighlighting und hierarchisches Ein- und Ausblenden.

- Der Aufruf des Compilers ist aus der Entwicklungsumgebung möglich.
- SharpDevelop integriert eine Projektverwaltung und bietet Codeschablonen für unterschiedliche C#-Anwendungen an.
- Externe Programme lassen sich einfach einbinden.
- Konsolenausgaben stellt SharpDevelop in einem eigenen Ausgabefenster dar.
- Die Entwicklergemeinde von SharpDevelop verfolgt vielversprechende Konzepte zur Weiterentwicklung des Editors zu einer integrierten Entwicklungsumgebung.

Visual Studio .NET – der Universal-Profi für Profis

Im Vergleich zu den anderen hier vorgestellten kostenlosen Editoren bietet die professionelle Entwicklungsumgebung Visual Studio .NET eine völlig andere Qualität. Daher bezeichnen wir sie im Folgenden als integrierte Entwicklungsumgebung und nicht wie die anderen Werkzeuge als angereicherten Texteditor. In großen kommerziellen Projekten, bei denen im Team über mehrere Monate an einer Softwarelösung für das .NET Framework gearbeitet wird, führt kein Weg an Visual Studio .NET vorbei. Visual Studio .NET ist eng verzahnt mit dem .NET Framework SDK. Seine Unterstützung reicht daher von den Programmiersprachen C#, C++ und Visual Basic bis hin zu Skriptsprachen, XML und ASP.

An dieser Stelle interessiert uns vornehmlich die Unterstützung des C#-Entwicklungsprozesses. Auch in diesem Bereich bietet Visual Studio .NET die umfassendsten Werkzeuge aller am Markt verfügbaren Entwicklungsumgebungen. Die Werkzeuge bestehen u.a. aus einem hervorragenden Editor mit Syntaxhighlighting und Autovervollständigung (von Klassen- und Operationsnamen) sowie einer integrierten Projektverwaltung, Quellcodeschablonen für Konsolenanwendungen,

Windows-Anwendungen, Windows-Services, Windows-Komponenten und Web-Anwendungen. Darüber hinaus stehen ein Objektbrowser zur komfortablen Suche in den Klassen des .NET Framework, ein integrierter Debugger, der die Features des SDK-Debuggers nutzt, ein Form-Designer zum grafischen Layout von Bildschirmfenstern und ein Dokumentationswerkzeug zur Verfügung.

Der Start eines neuen Projekts erfolgt über *Datei / Neu / Projekt*. Wählen Sie als Projekttyp *Visual C# Projects* aus, stellt das rechte Auswahlfenster alle zugehörigen Projektschablonen zur Auswahl. Je nach Auswahl erhalten Sie bereits ein Codegerüst und eine angepasste Werkzeugsammlung angezeigt. Für das in einem Fenster zur Eingabeaufforderung laufende EURO-Rechner-Projekt bietet sich die Auswahl der Schablone *Leeres Projekt* oder *Konsolenanwendung* an. Als Codegerüst erstellt die Entwicklungsumgebung für die Konsolenanwendung eine leere, aber ablauffähige Konsolen-Applikation, die in einem Fenster mit Eingabeaufforderung abläuft.

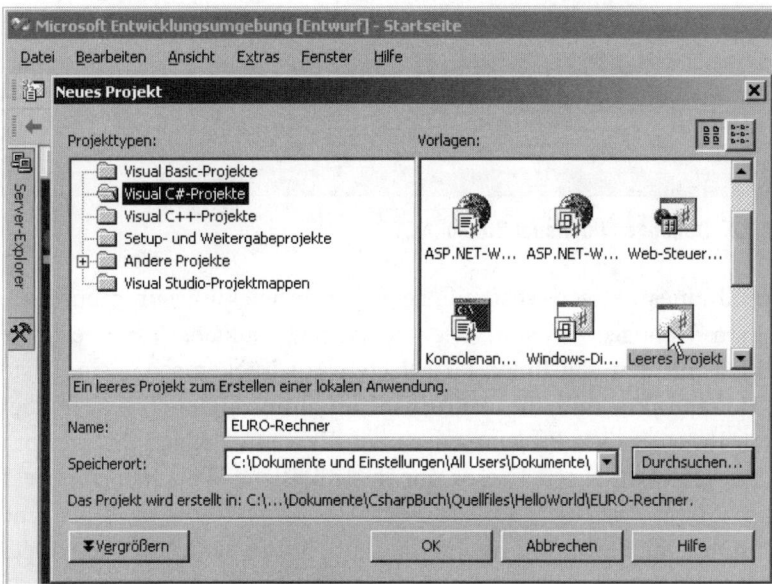

Abb. 2.21: Starten mit Visual Studio .NET

Ein weiteres Highlight der Entwicklungsumgebung stellt der integrierte Debugger dar, der auf dem SDK-Debugger basiert. Er bietet sämtliche bereits dargestellten Möglichkeiten des SDK-Debuggers, ist jedoch in die Entwicklungsumgebung vollständig integriert. Über das Menü *Debuggen* erreichen Sie die einzelnen Befehle zur Einrichtung und Steuerung des Debuggers. Da sie nahezu identisch mit den Befehlen des SDK-Debuggers sind, gehen wir an dieser Stelle nicht näher darauf ein.

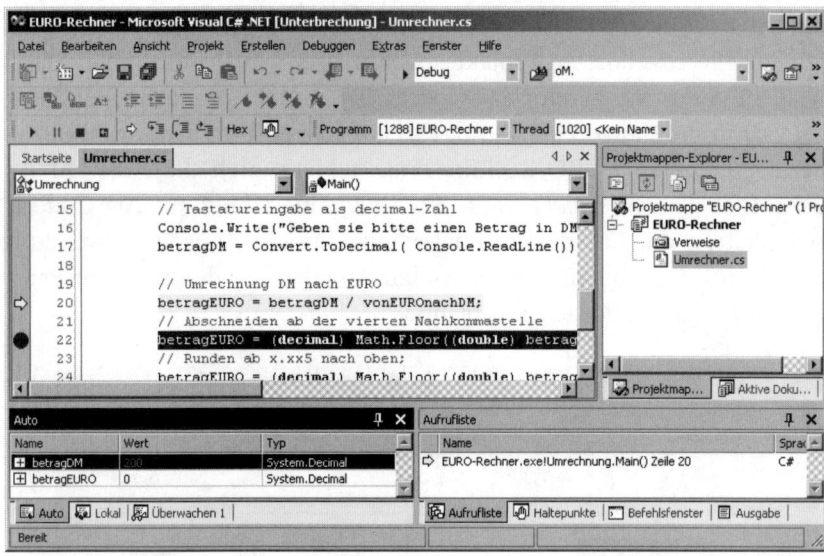

Abb. 2.22: Debuggen im Visual Studio .NET

Während eines aktiven Testlaufs zeigt die Entwicklungsumgebung die einzelnen Debugger-Fenster, wie die Anzeige lokaler Variablen, die Watchlist mit den von Ihnen festgelegten Ausdrücken sowie eine Liste aller Haltepunkte und die Aufrufliste an. Informieren Sie sich über Klassen Ihrer eigenen Projekte oder über Klassen des .NET Framework mit dem Objektbrowser. Dieses überaus nützliche Werkzeug versteckt sich im Menü *Ansicht / Andere Fenster / Objektbrowser*. Über eine komfortable Suchfunktion finden Sie schnell und sicher Klassen, Operationen und Attribute.

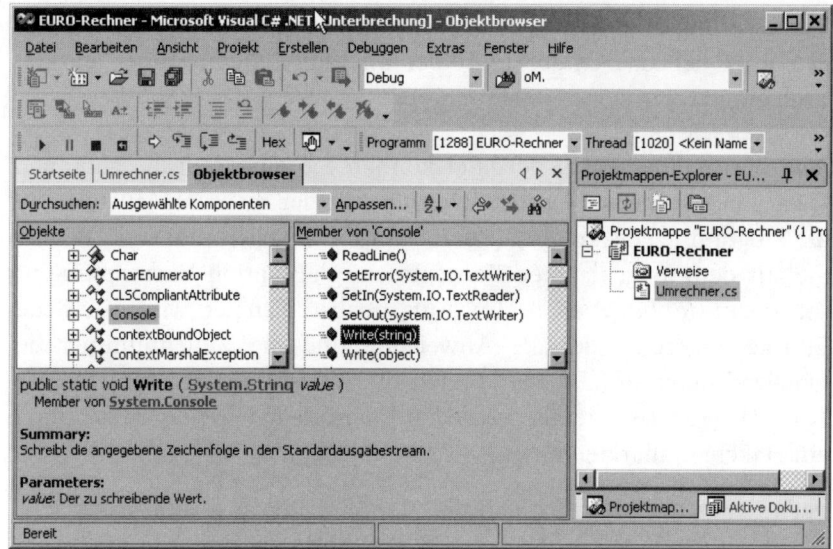

Abb. 2.23: Klassenbrowser in Visual Studio .NET

Das linke Fenster des Objektbrowsers zeigt Ihnen die Struktur der vorhandenen Namensräume, die in jedem Namensraum enthaltenen Klassen und innerhalb der Klassen Interfaces und Oberklassen hierarchisch angeordnet. Das rechte Browserfenster zeigt Operationen und Attribute (Member) der im linken Fenster ausgewählten Klasse. Wählen Sie hier die Operation aus, über die Sie Informationen suchen. Das Fenster unterhalb der beiden Auswahlfenster stellt Informationen im Hinblick auf die Aufrufkonventionen und falls vorhanden eine Erklärung zur Verfügung.

> **HINWEIS**
> Sollten Sie die Suchfunktion des Objektbrowsers verwenden, werden die Suchergebnisse unterhalb des Erklärungsfensters gesondert angezeigt. Übernehmen Sie einen Eintrag dieser Trefferliste per Doppelklick in die Hauptanzeige.

Ein weiteres nützliches Tool, das Sie im Menü *Ansicht / Andere Fenster / Aufgabenliste* aktivieren, verwaltet eine Aufgabenliste für Ihre

Werkzeuge für die Entwicklung mit C#

Verbesserungsarbeiten an den Quellcodedateien. Darüber hinaus werden im Quellcode entdeckte Fehler mit der Zeilennummer automatisch eingetragen.

Jeder Zeile einer Quellcodedatei können Sie eine Aufgabe zuordnen. Dazu klicken Sie im Quellcodefenster mit der rechten Maustaste auf die Programmzeile, zu der Sie eine Aufgabe erstellen möchten. Wählen Sie aus dem aufgeklappten Kontextmenü die Option *Verknüpfung für Aufgabenliste hinzufügen*. Im Aufgabenliste-Fenster wird ein neuer Eintrag angezeigt, der die Anweisung und die Zeilennummer der Quellcodedatei enthält. Sie können die Aufgabe priorisieren (Niedrig, Normal, Hoch) sowie als unerledigt oder erledigt, repräsentiert durch ein Häkchen, markieren.

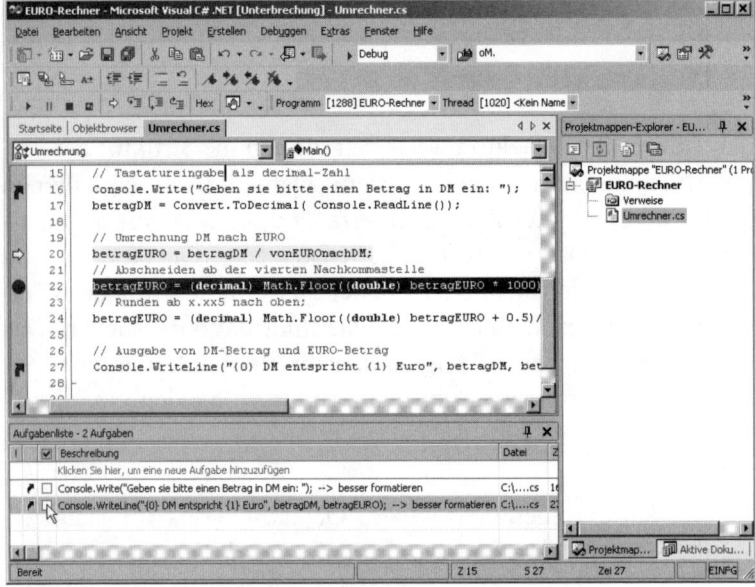

Abb. 2.24: Aufgabenliste für die Quellcodebearbeitung in Visual Studio .NET

Neben Aufgaben, die sich auf eine Zeile einer Quellcodedatei beziehen, lassen sich auch vom Quellcode unabhängige Aufgaben erstellen. Außerdem fügt der Compiler alle Fehler als dringend zu bearbeitende Aufgaben in die Aufgabenliste ein. Nutzen Sie dieses Werkzeug, um die vielen anfallenden Einzelaufgaben bei der Programmierung organisatorisch im Griff zu behalten.

Nicht nur wenn Sie in großen Teams umfangreiche Softwareprodukte gestalten, ist die Dokumentation des Quellcodes eine der wichtigsten Aufgaben, die im Entwicklungsprozess zu erledigen sind. Visual Studio .NET erzeugt aus Ihren Quellcodedateien völlig automatisiert eine Dokumentation im HTML-Format, die mit jedem HTML-fähigen Browser angezeigt werden kann. Um diese Dokumentation, die alle erstellten Klassen sowie ihre Attribute und Operationen enthält, noch zu verbessern, bietet C# die Möglichkeit, so genannte *Dokumentationskommentare* in Ihre Quellcodedateien zu integrieren.

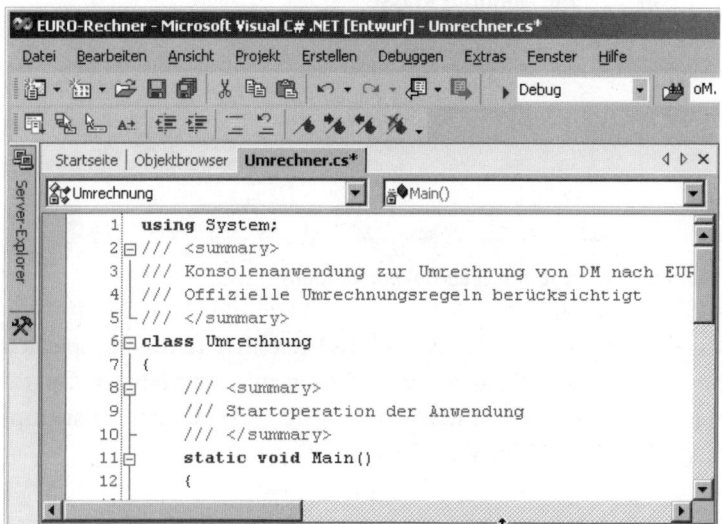

Abb. 2.25: Dokumentationskommentare in C#-Programmen

Diese Dokumentationskommentare können Klassennamen, Attribute und Operationen näher beschreiben. Sie werden immer durch die Zeichenfolge /// eingeleitet. Darüber hinaus können sie definierte Tags enthalten, die spezielle Informationen kennzeichnen.

Erstellen Sie die Web-Dokumentation mit der Befehlsfolge *Extras / Erstellen von Kommentarwebseiten*, wählen Sie im anschließenden Dialog *Erstellen für ausgewählte Projekte* und anschließend das Projekt *EURO-Rechner* aus. Legen Sie das Verzeichnis fest, in dem die HTML-Dokumentation gespeichert wird. Wahlweise können Sie die Web-Seite auch Ihren Favoriten zuordnen, die einen schnellen Zugriff aus dem Internet Explorer heraus ermöglichen.

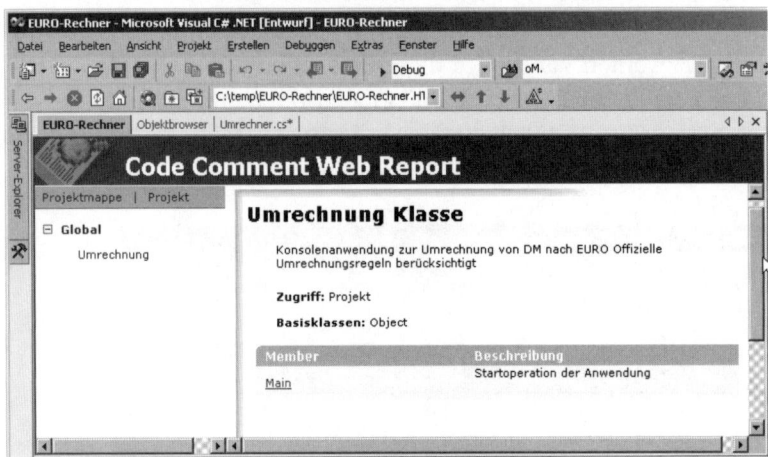

Abb. 2.26: **Automatisch erstellte Web-Dokumentation**

Die HTML-Dokumentation für den EURO-Rechner fällt sehr spärlich aus, da die einzige erstellte Klasse Umrechnung nur eine einzige Operation Main() enthält. Die einzelnen Anweisungen des Operationsrumpfes sind nicht Bestandteil der Web-Dokumentation.

> **HINWEIS**
> Die Web-Dokumentation im Visual Studio .NET ist nicht gleichzusetzen mit der XML-Dokumentation, die über den Schalter */doc:* des Kommandozeilencompilers *csc.exe* erzeugt werden kann. Beide basieren zwar auf der Klassenstruktur und den Dokumentationskommentaren, jedoch erzeugt der Kommandozeilencompiler eine XML-Datei, die die Struktur der Klasse enthält.

Sie haben in diesem Kapitel wichtige Werkzeuge der Entwicklungsumgebung für den Einstieg kennen gelernt. Dabei ist die Auflistung hier keinesfalls erschöpfend. Allerdings sollte der Einsteiger sich auf einige wesentliche Werkzeuge beschränken und sich zunächst mit der Programmiersprache auseinander setzen. Damit verfügen Sie nun über die nötigen Hilfsmittel, um im folgenden Kapitel endlich in die objektorientierte Programmierung mit C# einzutauchen.

2.4 Zusammenfassung, Fragen und Übungen

Zusammenfassung

▶ Der Entwicklungszyklus eines Computerprogramms erstreckt sich von der Idee über die fachliche Modellierung, den technischen Entwurf bis hin zur Programmierung und darüber hinaus auch auf Wartungs- und Pflegeaktivitäten.

▶ Das .NET Framework SDK stellt grundlegende Werkzeuge zur Unterstützung des Erstellungszyklus von C#-Programmen bereit.

▶ Erstellte Quellprogramme werden mit dem Kommandozeilencompiler *csc.exe* in die Intermediate Language (IL) übersetzt. Seine Fehlermeldungen helfen bei der Beseitigung syntaktischer Fehler.

▶ Der Debugger *DbgCLR.exe* unterstützt Sie bei der Analyse von C#-Programmen. Mit Hilfe verschiedener Trace- und Watchoptionen können Sie komfortabel die logische Struktur eines Programms analysieren und verbessern.

▶ Die Systemkomponenten des .NET Framework, die Klassenbibliothek, können sie mit dem integrierten Klassenbrowser *WinCV.exe* inspizieren.

Zusammenfassung

▶ Ein Editor zur Programmerstellung ist nicht im Lieferumfang des .NET Framework SDK enthalten.

▶ SharpDevelop ist ein geeigneter Open-Source-C#-Editor mit ausgezeichneten Editierhilfen sowie integriertem Compileraufruf und Startmöglichkeit der kompilierten Programme. Debugger, Klassenbrowser und andere Werkzeuge des .NET Framework SDK lassen sich leicht einbinden.

▶ Visual Studio .NET, Microsofts professionelle integrierte Entwicklungsumgebung, bietet die weitgehendste Unterstützung aller verfügbaren Entwicklungsumgebungen für die C#-Programmentwicklung. Es unterstützt (zumindest konzeptionell) unterschiedliche Betriebssysteme und verschiedene Programmiersprachen sowie Skriptsprachen und Web-Technologien.

Fragen und Übungen

1. Nennen und beschreiben Sie kurz die Phasen des Entwicklungszyklus eines Computerprogramms.
2. Welche Aktivitäten der Programmierung werden durch das .NET Framework SDK nicht hinreichend unterstützt?
3. Warum hilft der Compiler nicht beim Aufspüren logischer Programmfehler?
4. Welche Möglichkeiten des *Tracing* bietet der SDK-Debugger?
5. Was sehen Sie in einer *Watchlist*?
6. Welche Werkzeuge sollte ein Programmiereditor als Mindestausstattung mitbringen?
7. Wie unterstützt Visual Studio .NET die Quellcode-Dokumentation eines C#-Programms?

3 Objekte und Klassen

Objektorientierte Programmierung erfreut sich in den letzten Jahren wachsender Beliebtheit. Dies lässt sich an der weiten Verbreitung der Sprache Java erkennen, die nicht nur für Internet-Applikationen eine immer größere Rolle spielt. Microsoft trägt diesem Umstand mit der Einführung von C# Rechnung, wobei es sich nicht allein auf die Entwicklung einer neuen Programmiersprache beschränkt, sondern mit .NET gleich eine komplett neue Umgebung präsentiert, die für die Applikationsentwicklung im Allgemeinen einen vielversprechenden Ansatz darstellt.

Die starke Anlehnung von C# an die aus Java bewährten Konzepte erleichtert zum einen Umsteigern das Erlernen dieser neuen Programmiersprache. Es führt aber zum anderen auch dazu, dass Anfängern die Vorteile objektorientierter Programmierung gleich zu Beginn den Einstieg in C# wesentlich erleichtern.

Die *Objektorientierung* ist weit mehr als nur ein Programmierkonzept. Es handelt sich vielmehr um einen eigenen Denkstil. Die Lösung von Problemstellungen folgt hier einer bestimmten Herangehensweise.

> **HINWEIS**
> Um objektorientiert zu programmieren, ist es erforderlich, auch objektorientiert zu *denken*. Methoden und Techniken der klassischen, prozeduralen Programmierung lassen sich nur bedingt auf die objektorientierte Programmierung übertragen.

Prozedurale Programmiersprachen, wie beispielsweise C, Pascal oder Basic, erziehen dazu, in Abläufen zu denken. In der realen Problemstellung zu beobachtende Abläufe werden schrittweise in Algorithmen umgesetzt, um etwa betriebliche Abläufe in einem Programm zu automatisieren. Die Objektorientierung entspricht mehr der menschlichen

Denkweise, indem sie reale Objekte aus der abzubildenden Umwelt identifiziert und mit ihren spezifischen Eigenschaften beschreibt. Es werden Kategorien gebildet, Zusammenhänge dargestellt und neue Objekte aus bekannten Kategorien abgeleitet.

Sie können objektorientierte Software zwar durchaus im herkömmlichen Sinne prozedural entwickeln. Allerdings verzichten Sie dann auch weitgehend auf die Leistungspotenziale der Objektorientierung.

Wir versuchen in den folgenden Kapiteln, Ihnen das objektorientierte Denken zu verdeutlichen, indem wir uns weniger an den üblichen Sprachkonzepten wie Schleifen, Datentypen etc. orientieren, ohne die auch C# nicht auskommt. Vielmehr wollen wir Ihnen anhand durchgängiger Beispiele sowohl im Text als auch in den Übungen die objektorientierten Grundkonzepte nahe bringen, die C# erst zu einer besonderen Programmiersprache machen, die in Verbindung mit der .NET-Umgebung ein ernst zu nehmender Konkurrent von Java zu werden verspricht.

3.1 Objekte

Wie bereits erwähnt, stehen in der objektorientierten Programmierung Abläufe eher im Hintergrund der Betrachtung – sie werden zu Bestandteilen von Objekten. Bei der Softwareentwicklung gilt es zunächst Elemente der realen Problemstellung zu identifizieren und ihre Eigenschaften zu beschreiben. Diese Elemente fließen dann als Objekte in Ihr Programm ein.

Um ein *Objekt* vollständig zu beschreiben, genügen drei Komponenten:

- ▶ Name
- ▶ Zustand
- ▶ Verhalten

Sie definieren ein Objekt, indem Sie ihm zunächst einen Namen geben, über den es eindeutig identifizierbar ist. Jedes Objekt innerhalb Ihres Programms besitzt einen eigenen Namen, der es von anderen Objekten unterscheidet.

> **HINWEIS** Ein Objekt ist eine identifizierbare Einheit, die aus einem bestimmten Kontext isolierbar ist. Es wird durch seinen Namen, seinen Zustand und sein Verhalten eindeutig beschrieben.

Mit Hilfe der beiden anderen Komponenten der Objektbeschreibung, Zustand und Verhalten, werden statische und dynamische Eigenschaften von Objekten definiert.

Zustand

Der Zustand ist die statische Komponente. Er drückt die aktuelle Situation eines Objekts aus, die in der Objektorientierung mit Hilfe von Attributen beschrieben wird.

> **HINWEIS** Der Zustand eines Objekts wird durch die aktuellen Werte seiner Attribute definiert. Er beschreibt statische Eigenschaften des Objekts.

Angenommen, Sie möchten ein Auto als Objekt identifizieren. Der Name des Objekts wäre dann beispielsweise „meinAuto". Nun kann Ihr Auto verschiedene Zustände besitzen. Es kann an der Ampel stehen, mit 120 km/h über die Autobahn fahren, manchmal sitzen Sie allein in Ihrem Wagen und ein anderes Mal fährt Ihre gesamte Familie mit. All diese Situationen stellen unterschiedliche Zustände des Objekts `meinAuto` dar.

In diesem Beispiel lassen sich die genannten Zustände mit Hilfe von zwei Attributen definieren. Ob das Auto steht oder fährt, lässt sich mit einem Attribut geschwindigkeit beschreiben. Die aktuelle Geschwindigkeit des Autos wird dann durch den entsprechenden Attributwert repräsentiert. Ein zweites Attribut anzahl_Insassen zeigt an, wie viele Personen in dem Auto sitzen. Die folgende Abbildung 3.1 enthält eine grafische Darstellung des Objekts meinAuto mit den genannten Attributen.

meinAuto
geschwindigkeit = 120
anzahl_Insassen = 1

Abb. 3.1: Das Objekt meinAuto

In der Abbildung 3.1 beträgt die aktuelle Geschwindigkeit des Autos 120 km/h und es befindet sich ein Insasse an Bord. Wenn Sie nun langsamer fahren (z.B. 50 km/h), sitzen Sie immer noch in demselben Auto, es ändert lediglich seinen Zustand.

meinAuto
geschwindigkeit = 50
anzahl_Insassen = 1

Abb. 3.2: Das Objekt meinAuto mit verändertem Zustand

Abbildung 3.2 zeigt die objektorientierte Darstellung des veränderten Zustands. Das Attribut geschwindigkeit hat jetzt den Wert 50 statt 120. Jedes Objekt der realen Welt findet seine Entsprechung in einem solchen Objekt des Modells. Wenn Sie in Ihr Programm ein zweites Auto aufnehmen wollen, dann müssen Sie ihm einen anderen Namen geben, da jedes Objekt durch seinen Namen eindeutig identifizierbar sein muss. Definieren wir also ein zweites Auto, das ebenfalls nur einen Insassen hat und gerade 50 km/h schnell fährt:

meinAuto		deinAuto
geschwindigkeit = 50		geschwindigkeit = 50
anzahl_Insassen = 1		anzahl_Insassen = 1

Abb. 3.3: Die Objekte meinAuto und deinAuto

Das neue Objekt heißt, wie Abbildung 3.3 zu entnehmen ist, „deinAuto". Es gibt also jetzt zwei Objekte in unserem Modell: `meinAuto` und `deinAuto`. Auch wenn beide Objekte denselben Zustand besitzen (50 km/h Geschwindigkeit und ein Insasse), so handelt es sich dennoch um zwei verschiedene Objekte, die jeweils ein eigenes Element der realen Welt repräsentieren. Welches Auto gemeint ist, kann jederzeit durch den Namen des entsprechenden Objekts eindeutig bestimmt werden.

Vielleicht ist Ihnen die etwas eigenartige Schreibweise der Namen und der Attribute aufgefallen. Sie entspricht der objektorientierten Konvention. Auch für die C#-Programme, die in den nächsten Abschnitten folgen, gilt die allgemein übliche Vereinbarung:

▶ Objektnamen beginnen mit einem Kleinbuchstaben (z.B. `auto`).

▶ Bei zusammengesetzten Objektnamen beginnt das erste Wort mit einem Kleinbuchstaben, alle weiteren Worte stehen ohne Leerzeichen sofort dahinter und beginnen mit einem Großbuchstaben (z.B. `meinAuto`).

▶ Für Attribute gelten dieselben Regeln wie für Objektnamen (z.B. `geschwindigkeit` und `hoechstGeschwindigkeit`).

Neben dem Namen und dem Zustand gibt es noch eine dritte Komponente, mit der ein Objekt definiert wird: das Verhalten.

Verhalten

Das *Verhalten* beschreibt dynamische Aspekte eines Objekts. Um den Zustand eines Objekts zu ändern, müssen Sie eine Aktion ausführen. In dem obigen Beispiel muss etwa ein zusätzlicher Passagier in das Auto einsteigen, damit sich die Anzahl der Insassen erhöht (vgl. Abbildung 3.4). Aktionen, die das Verhalten eines Objekts beschreiben, heißen in der Objektorientierung *Operationen* oder *Methoden*.

```
  meinAuto
  geschwindigkeit = 50
  anzahl_Insassen = 1
  Einsteigen()
```

Abb. 3.4: Die Operation Einsteigen() im Objekt meinAuto

> **HINWEIS**
> Das Verhalten eines Objekts wird durch seine Operationen (Methoden) beschrieben. Sie definieren dynamische Eigenschaften des Objekts.

Für die Bezeichnung von Operationen gelten die gleichen Konventionen wie für Attribute. Allerdings beginnen sie stets mit einem Großbuchstaben. Zusätzlich werden sie mit runden Klammern nach dem Operationsnamen gekennzeichnet. Auf deren Bedeutung gehen wir später ein, wenn wir unser Objektmodell in ein C#-Programm umsetzen.

In dem Zusammenspiel von Attributen und Operationen liegt ein wesentlicher Unterschied zwischen der strukturierten Programmierung (z.B. C, Pascal, Basic) und der objektorientierten Programmierung. In der strukturierten Programmierung sind Daten (Attribute) und Funktionen (Operationen) getrennt. Dabei werden Daten verändert, indem einer Variablen direkt ein neuer Wert zugewiesen wird. Die Objektorientierung verfolgt einen anderen Ansatz. Hier werden alle (statischen und dynamischen) Informationen über ein Objekt in seiner Beschreibung zusammengefasst. Die Attribute sind grundsätzlich von außen unsichtbar. Das bedeutet insbesondere, dass Attributwerte eines Objekts nicht ohne weiteres von anderen Objekten geändert werden können. Eine Manipulation von Attributwerten ist nur über die Operationen (Methoden) eines Objekts möglich. Man bezeichnet diese Eigenschaft der Objektorientierung als *Datenkapselung*.

In dem Auto-Beispiel kann die Anzahl der Insassen also nicht einfach durch die *direkte* Zuweisung eines neuen Werts an das Attribut anzahl_Insassen geändert werden. Nur die Operation Einsteigen() darf die Attribute seines Objekts manipulieren. Um die Anzahl der Insassen von einem auf zwei zu erhöhen, bleibt somit keine andere Möglichkeit, als die Operation Einsteigen() zu aktivieren, die dann die gewünschte Aktion durchführt und den Attributwert auf *indirektem* Wege ändert. Abbildung 3.5 veranschaulicht diesen Zusammenhang.

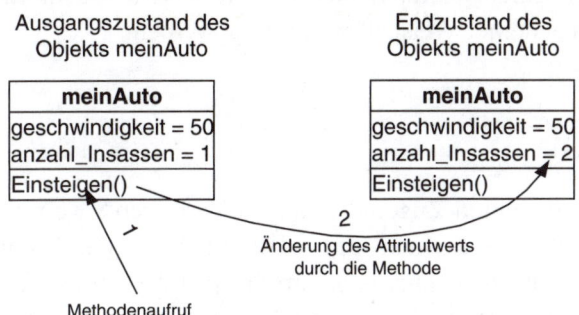

Abb. 3.5: Manipulation von Attributwerten über Methoden

Diese Vorgehensweise mag auf den ersten Blick umständlich erscheinen. Sie hat aber durchaus ihren Sinn. Eine wesentliche Voraussetzung für die Wiederverwendbarkeit von Softwarebausteinen ist nämlich deren jederzeitige Integrität. Wenn mehrere Objekte (oder Programme) gleichzeitig von außen ohne weiteres in den Zustand eines anderen Objekts eingreifen und ihn manipulieren können, dann ist nicht gewährleistet, dass jeweils mit den korrekten Attributwerten gearbeitet wird. Gibt es aber eine Operation, die allein für solche Manipulationen zuständig ist, lässt sich dieses Problem umgehen.

> **HINWEIS**
> Die Kapselung aller benötigten Informationen in einem Objekt ist ein wichtiges Prinzip, das einen modularen Aufbau objektorientierter Software fördert. Durch klar definierte Schnittstellen lassen sich Aufgaben zwischen verschiedenen Objekten teilen.

Ein weiterer wichtiger Aspekt für die Wiederverwendung von Objekten in verschiedenen Programmen ist die Vermeidung unklarer gegenseitiger Abhängigkeiten. Durch die Definition eindeutiger Schnittstellen ist jederzeit klar, wie und von welchen anderen Elementen auf ein Objekt zugegriffen werden kann. Einzelne Module können daher in verschiedenen Anwendungen wiederverwendet werden, ohne dass die Funktionalität dadurch beeinträchtigt wird. Darüber hinaus können einzelne Module eines Programms verändert werden, ohne dass die übrigen Objekte davon in irgendeiner Weise beeinträchtigt werden.

3.2 Klassen

Durch seinen Namen, seinen Zustand und sein Verhalten ist ein Objekt eindeutig definiert. Sie können nun jeden beliebigen Gegenstand Ihrer Umgebung als Objekt beschreiben. Am Beispiel der Autos wurde dies bereits dargestellt. Was macht aber ein Autohersteller, der sämtliche Autos, die er produziert, in einer objektorientierten Software abbilden möchte? Es wäre ziemlich mühsam, wenn er jedes einzelne Auto neu beschreiben müsste. Auch dafür hat die Objektorientierung mit der *Klassenbildung* eine geeignete Lösung.

> **HINWEIS**
>
> Eine Klasse definiert ein Muster zur Beschreibung von Objekten mit gleichen oder ähnlichen Eigenschaften.

Klassen definieren Muster, denen alle zugehörigen Objekte entsprechen. Mit Hilfe des Musters, das in der Klassenbeschreibung vorgegeben ist, kann eine beliebige Anzahl von Objekten erzeugt werden, die alle dieselben Eigenschaften (Attribute und Operationen) haben. Die Objekte unterscheiden sich lediglich durch ihren Namen (eindeutige Identifizierbarkeit) und ihre konkreten Zustände (Attribut*werte*).

Die Beschreibung einer Klasse in einem Objektmodell entspricht weitgehend der eines Objekts. Auch eine Klasse ist über ihren Namen eindeutig identifizierbar. Im Unterschied zu Objekten beginnt der Klassenname nach objektorientierter Konvention stets mit einem Großbuchstaben. Sie beschreibt darüber hinaus den Zustandsraum ihrer Objekte über Attribute und deren Verhalten über Operationen. Abbildung 3.6 verdeutlicht diesen Zusammenhang anhand des Auto-Beispiels.

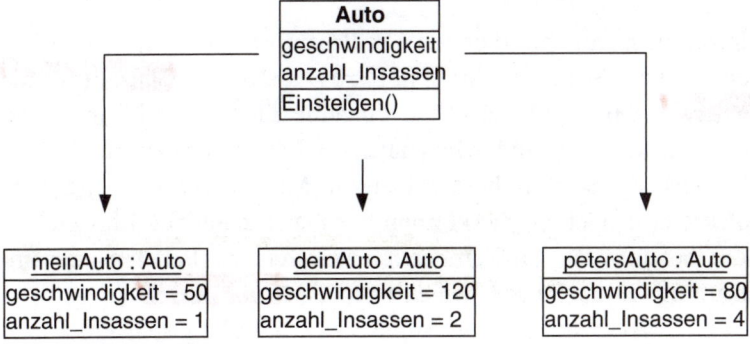

Abb. 3.6: Die Klasse Auto

Die Klasse Auto definiert in der Abbildung ein Muster für alle ihre Objekte.

> **HINWEIS** Die Objekte einer Klasse werden auch als ihre *Exemplare (instance)* bezeichnet.

Dieses Muster besteht aus den beiden Attributen geschwindigkeit und anzahl_Insassen sowie der Operation Einsteigen(). Alle Objekte, die zu der Klasse Auto gehören, besitzen diese Eigenschaften. Sie unterscheiden sich lediglich durch ihren eindeutigen Namen und ihren aktuellen Zustand. In dem Beispiel der Abbildung 3.6 hat die Klasse Auto mit den Objekten meinAuto, deinAuto und petersAuto drei Exemplare.

Die drei Autos haben jeweils eine andere aktuelle Geschwindigkeit und damit unterschiedliche Zustände. Doch selbst wenn zwei oder mehr Auto-Objekte identische Zustände aufweisen, so bleiben es doch verschiedene Objekte – genau wie zwei reale Autos, die auf der Autobahn dieselbe Anzahl Insassen haben und mit derselben Geschwindigkeit unterwegs sind.

3.3 Namensräume

Bevor Sie endlich mit Ihrem ersten C#-Programm loslegen können, ist noch eine letzte Struktur von .NET zu klären: die Namensräume (Namespaces). Objekte beschreiben einzelne Elemente, die in einem Kontext identifizierbar sind. Gleichartige Objekte werden zu Klassen zusammengefasst. Letztere beschreiben ein Muster, dem alle zugehörigen Objekte entsprechen. Sie können darüber hinaus alle Klassen, die zu einem bestimmten Problembereich gehören, zu Paketen „zusammenschnüren". Diese Pakete heißen in .NET Namespaces.

Einige solcher Pakete werden im .NET Framework bereits vordefiniert. Dazu gehören u.a. Namensräume für Ein- und Ausgabeströme (System.IO) oder das Paket System.Windows.Forms, das vordefinierte Elemente zur Entwicklung grafischer Benutzungsoberflächen (Buttons, Checkboxen, Menüs etc.) enthält. Letzteres werden Sie im weiteren Verlauf dieses Buchs noch intensiv kennen lernen.

Sie können über diese Basispakete hinaus eigene Namensräume erstellen, in denen Sie alle Klassen zusammenfassen, die zu einer gemeinsamen Problemlösung gehören. Mit der Zeit entwickeln Sie so eine eigene Programmbibliothek, die es Ihnen ermöglicht, einmal entwickelte Programme immer wieder zu verwenden, indem Sie sich einzelne Klassen oder ganze Pakete aus dieser Programmbibliothek herausgreifen und sie mit neuen Anwendungen verknüpfen.

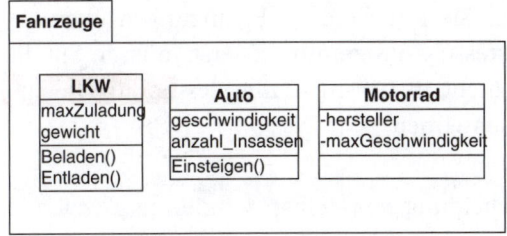

Abb. 3.7: Namespace Fahrzeuge

Abbildung 3.7 zeigt ein Beispiel für ein Paket zusammengehöriger Klassen. Der Namespace heißt Fahrzeuge und enthält die drei Klassen LKW, Auto und Motorrad. Alle Exemplare der Klasse LKW besitzen die Attribute maxZuladung und gewicht sowie die Operationen Beladen() und Entladen(). Für die Klasse Motorrad zeigt die obige Abbildung lediglich zwei Attribute: hersteller und maxGeschwindigkeit. Operationen sind hier nicht definiert. Haben Sie einen Namensraum einmal definiert, dann können Sie ihn über seinen Namen in jedes Ihrer Programme einbinden. Alle Klassen, die Sie in einem solchen Paket zusammengeschnürt haben, sind dann in Ihrem neuen Programm verfügbar und müssen nicht noch einmal neu programmiert werden.

Sie haben in den vorangegangenen Abschnitten erfahren, was Objekte, Klassen und Namensräume sind und in welcher Beziehung diese Begriffe zueinander stehen. In den folgenden Abschnitten wollen wir nun endlich die ersten C#-Programme erstellen und uns ansehen, wie diese Elemente im Programmcode zusammenwirken.

3.4 Die erste Klasse in C#

In Abschnitt 3.2 haben wir die Klasse Auto mit folgenden Eigenschaften beschrieben:

- Name: Auto
- Zustand: geschwindigkeit, anzahl_Insassen
- Verhalten: Einsteigen()

Diese Informationen können Sie mit wenigen Ergänzungen übernehmen und erhalten so Ihr erstes C#-Programm. Zuerst müssen Sie die Klasse benennen. Dies geschieht in C# mit Hilfe des Schlüsselworts class, gefolgt von dem Klassennamen.

> **HINWEIS**
> Zur besseren Unterscheidung von selbst definierten Bezeichnern ist es sinnvoll, Schlüsselwörter durch Fettschrift zu kennzeichnen.

```
1: // Listing 3.1
2: class Auto
3: {
4:   // Hier kommt die Klassenbeschreibung hin
5:   /* Dies ist ein
6:      mehrzeiliger
7:      Kommentar */
8: }
```

Alle Eigenschaften der Klasse werden später zwischen die geschweiften Klammern im Anschluss an den Klassenkopf geschrieben.

> **HINWEIS**
> Zwei Schrägstriche (//) kennzeichnen den nachfolgenden Text innerhalb der Programmzeile als Kommentar. Er wird beim Kompilieren nicht beachtet. Falls dort Programmanweisungen stehen, werden diese nicht ausgeführt. Ein Kommentar kann sich auch über mehrere Zeilen erstrecken. Er wird dann durch die Zeichen /* begonnen und mit */ beendet, wie die Zeilen 5 bis 7 in Listing 3.1 zeigen.

Kommentare fördern die Lesbarkeit von Programmen, indem sie an geeigneten Stellen Hinweise auf die Bedeutung von Anweisungen oder

Variablen geben. Sie sollten insbesondere bei längeren Programmtexten nicht mit Kommentaren sparen. So finden Sie sich gerade in komplexen Programmstrukturen leichter zurecht. Innerhalb der geschweiften Klammern werden zuerst die beiden Attribute der Klasse Auto definiert. In unserem Beispiel handelt es sich um einfache Variablen, die Werte für die aktuelle Geschwindigkeit und die Anzahl der Insassen aufnehmen.

> **HINWEIS**
> Hinter jeder Anweisung innerhalb der geschweiften Klammern muss ein Semikolon stehen.

```
1: // Listing 3.2
2: class Auto   {
3:     byte geschwindigkeit;
4:     byte anzahl_Insassen;
5: }
```

> **HINWEIS**
> Die Zahlen vor den Zeilen im Programmlisting werden nicht zusammen mit dem Programmcode eingegeben. Sie dienen lediglich als Orientierungshilfe im Rahmen dieses Buchs.

Bevor Sie eine Variable benutzen können, müssen Sie jedoch festlegen, welche Art von Werten sie annehmen soll. Die folgende Tabelle enthält einige der gebräuchlichsten vordefinierten Basistypen von C#.

Datentyp	Beschreibung
`byte`	Positive ganze Zahlen von 0 bis 255: Variablen dieses Typs beanspruchen 8 Bit des Arbeitsspeichers.
`short`	Positive und negative ganze Zahlen von –32768 bis +32767 (16 Bit)

Datentyp	Beschreibung
int	Positive und negative ganze Zahlen von -2147483648 bis +2147483647 (32 Bit)
double	Positive und negative Zahlen mit Nachkommastellen in doppelter Genauigkeit von $-1.7*10^{308}$ bis $+1.7*10^{308}$ (8 Byte)
char	Ein beliebiges Unicode-Zeichen (16 Bit)
Bool	Boolscher Datentyp: kann die Werte true oder false annehmen (1 Bit).

Tab. 3.1: Einfache Basis-Datentypen in C#

Wie Sie der Tabelle entnehmen können, lässt der Datentyp byte Werte zwischen 0 und 255 zu. Für die Geschwindigkeit und die Anzahl der Insassen ist dieser Datentyp also völlig ausreichend.

Eine besondere Form von Attributen sind die Konstanten. Auch sie werden über einen Namen angesprochen. Allerdings besitzen sie einen *konstanten Attributwert*. Im Beispiel des Autos wäre eine solche Konstante beispielsweise die Anzahl der Türen, die sich in der Regel nicht ändert. Sie definieren eine Konstante, indem Sie ihrem Namen das Schlüsselwort const voranstellen (vgl. Listing 3.3).

Als drittes und letztes Element der Klassenbeschreibung für die Klasse Auto fehlt nur noch die Operation Einsteigen(). Operationen werden im Anschluss an die Attribute einer Klasse definiert.

```
1: // Listing 3.3
2: class Auto {   // Klassenname: Auto
3:    // Beginn der Klassenbeschreibung
4:    byte geschwindigkeit;
5:    byte anzahl_Insassen;
```

```
 6:    const byte anzahlTueren = 4;   // Konstante
 7:    void Einsteigen()     {   // Methodenname
 8:        // Beginn der Methode Einsteigen()
 9:        anzahl_Insassen++;
10:    }   // Ende der Methode Einsteigen()
11: }   // Ende der Klasse Auto
```

Auch Operationen bestehen aus einem *Operationskopf* mit dem Namen der Operation und einem *Operationskörper*, der die zugehörigen Anweisungen enthält. Vor dem Operationsnamen steht ein weiteres Schlüsselwort: `void`. Grundsätzlich existieren in C# zwei Arten von Operationen:

- *Typlose Operationen* führen einfach nur eine Aktion aus. Diese Operationen werden mit dem Schlüsselwort `void` gekennzeichnet.
- Demgegenüber geben *typgebundene Operationen* nach Ausführung ihrer Aktion eine Rückmeldung an das aufrufende Objekt. Je nach Art dieser Rückmeldung hat eine solche Operation einen bestimmten Datentyp.

Innerhalb der Operation `Einsteigen()` wird eine einzige Anweisung ausgeführt. Sie lautet `anzahl_Insassen++`. Ausführlich formuliert bedeutet dieser Befehl: „Erhöhe den Wert der Variable `anzahl_Insassen` um 1". Jedes Mal, wenn ein Passagier in das Auto einsteigt, wird die Anzahl der Insassen also um 1 erhöht.

Operationen können durchaus (und das ist eher die Regel) mehr als eine Anweisung enthalten. Deshalb werden alle Anweisungen, die zu einer Operation gehören, zwischen geschweiften Klammern zusammengefasst.

> **HINWEIS**
> Geschweifte Klammern dienen dazu, zusammengehörige Programmteile (so genannte *Blöcke*) zu kennzeichnen. Die Klammern werden dabei von innen nach außen interpretiert. Eine geschlossene Klammer bezieht sich also stets auf die zuletzt geöffnete Klammer.

Damit haben Sie Ihre erste Klasse in der Programmiersprache C# vollständig definiert. Im folgenden Abschnitt sollen unsere Objekte im Programm dann endlich auch einmal aktiv werden.

3.5 Das erste Programm in C#

Zur Übung der Definition von Klassen und Objekten mit ihren Attributen und Operationen soll ein zweites Beispiel dienen, das in den folgenden Abschnitten Schritt für Schritt erweitert wird. Eine Verkehrsampel eignet sich recht gut für die Demonstration objektorientierter Konzepte, da ihre Struktur überschaubar und jedem bekannt ist.

Die Klasse „Ampel"

Zunächst wird die Ampel anhand der drei Bestandteile von Klassen definiert. Dazu werden ein Klassenname, Attribute und Operationen benötigt. Der Name bereitet keine Schwierigkeiten. Die Klasse, die als Muster für alle Ampel-Objekte dient, soll Ampel heißen.

Attribute definieren den Zustand eines Objekts. In unserem Beispiel sind dies die verschiedenen Phasen, die eine Ampel immer wieder durchläuft. Die Ampelphasen werden durch die drei Lampen Rot, Gelb und Grün angezeigt. Jede der drei Lampen kann entweder ein- oder ausgeschaltet sein. Für Variablen, die nur zwei verschiedene Werte annehmen können, gibt es in C# den Datentyp *Boolean*, der durch das Schlüsselwort bool angezeigt wird. Variablen vom Typ bool haben entweder den Wert true oder den Wert false. Dieser Datentyp passt genau zu den möglichen Werten der drei Lampen: Entweder eine Lampe ist an (`true`) oder sie ist aus (`false`). Für die Ampel benötigen wir also drei Attribute vom Typ `bool`: `rot`, `gelb` und `gruen`. Sobald ein Objekt der Klasse erzeugt wird, soll die Ampel zunächst auf Rot stehen. Deshalb werden für die drei Attribute folgende Werte vorgegeben:

```
bool rot = true;
bool gelb = false;
bool gruen = false;
```

Dies bedeutet, dass die rote Lampe der Ampel leuchtet, die gelbe und die grüne Lampe sind aus.

Außerdem muss noch eine Operation definiert werden, die dafür sorgt, dass die Ampel zwischen den verschiedenen Phasen hin und her schaltet. Ein sinnvoller Name für diese Operation ist `PhaseWechseln()`. Schließlich soll der Benutzer des Programms sehen können, ob die drei Lampen der Ampel jeweils ein- oder ausgeschaltet sind. Dazu wird eine Operation benötigt, die für eine entsprechende Ausgabe auf dem Bildschirm sorgt. Folglich bekommt diese Operation den Namen `Ausgabe()`. Beide Operationen sind typlos (`void`). Sie geben keinerlei Werte an das aufrufende Objekt zurück.

Da wir von außerhalb der Klasse `Ampel` auf diese Methoden zugreifen wollen, müssen wir sie *öffentlich* definieren. Das eingangs erwähnte objektorientierte Prinzip der Datenkapselung sorgt normalerweise dafür, dass alle Eigenschaften einer Klasse nach außen unsichtbar bleiben. Wenn Sie jedoch wollen, dass Operationen einer Klasse auch von anderen Klassen aufgerufen werden können, müssen Sie dies explizit definieren. Dazu dient das Schlüsselwort `public`, das später noch eingehend erläutert wird.

Das Klassendiagramm der Klasse `Ampel` sieht dann aus, wie in der Abbildung 3.8 dargestellt.

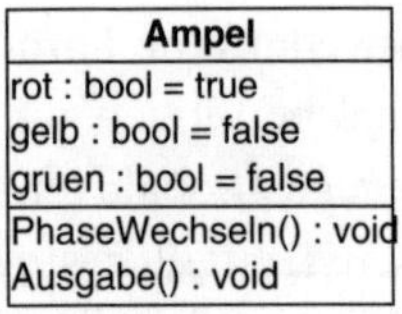

```
        Ampel
rot : bool = true
gelb : bool = false
gruen : bool = false
PhaseWechseln() : void
Ausgabe() : void
```

Abb. 3.8: Klassendiagramm der Klasse Ampel

In der Abbildung 3.8 sind die Datentypen für die Attribute und die Operationen mit aufgeführt. Daraus ergibt sich der folgende Programmcode in C#:

```
 1: // Listing 3.4
 2: class Ampel    {    // Klassenname
 3:     bool rot = true;
 4:     bool gelb = false;
 5:     bool gruen = false;
 6:     public void PhaseWechseln()  {
 7:         // Beginn der Operation PhaseWechseln()
 8:         // hier stehen später die Anweisungen
 9:         // für das Umschalten der Ampel
10:     }  // Ende der Operation PhaseWechseln()
11:     public void Ausgabe()  {
12:         // Beginn der Operation Ausgabe()
13:         System.Console.WriteLine(rot);
14:         System.Console.WriteLine(gelb);
15:         System.Console.WriteLine(gruen);
16:     }  // Ende der Operation Ausgabe()
17: }  // Ende der Klassendefinition
```

Das obige Listing 3.4 definiert eine *Klasse* und damit ein Muster für alle Ampel-Objekte, die wir später in unserem Programm erzeugen wollen.

> **HINWEIS**
>
> Sie können sich eine Klasse auch als eine Art Konstruktionsvorschrift oder Bauplan vorstellen, der genau festlegt, wie die konkreten Objekte auszusehen haben, die später aus dieser Klasse erzeugt werden sollen.

Um die Ausgabe von Informationen aus Ihrem Programm auf dem Bildschirm brauchen Sie sich nicht selbst zu kümmern. C# besitzt dafür vordefinierte Operationen, die Sie lediglich in Ihre Programme einbinden und denen Sie mitteilen, was Sie ausgeben möchten. Eine dieser Operationen heißt `WriteLine()`. Sie macht genau das, was ihr Name besagt: Sie gibt eine Zeile auf dem Bildschirm aus. In die Klammern der Operation setzen Sie das, was Sie ausgeben möchten. In unserem Fall sind dies die Werte der Attribute `rot`, `gelb` und `gruen`. Die Operation `WriteLine()` befindet sich innerhalb des .NET Framework in der Klasse `Console`, die wiederum in dem Namespace `System` definiert ist. Daher lautet die entsprechende Anweisung:

`System.Console.WriteLine(rot)`

Mit der Definition der Klasse `Ampel` haben Sie dem Programm nun mitgeteilt, wie Ihre Ampel-Objekte aufgebaut sind, welche Attribute und Operationen sie besitzen sollen. Es fehlt aber noch eine konkrete Anweisung an das Programm, tatsächlich Ampel-Objekte nach diesem Muster zu erstellen.

Die Klasse „Start"

Für diese Aufgabe erzeugen wir eine zweite Klasse mit dem Namen `Start`, die quasi den Startpunkt unseres Programms darstellt. Das folgende Listing 3.5 zeigt zunächst diese Startklasse, die anschließend erläutert wird.

```
1: // Listing 3.5
2: class Start   {
```

```
 3:     // Beginn der Klasse Start
 4:     public static void Main(string[] args)   {
 5:         // Beginn der Methode Main()
 6:         Ampel meineAmpel;
 7:         meineAmpel = new Ampel();
 8:         meineAmpel.Ausgabe();
 9:         System.Console.Read();
10:     }   // Ende der Methode Main()
11: }   // Ende der Klasse Start
```

Die Klasse Start besitzt keinerlei Attribute. Sie besteht lediglich aus einer einzigen Operation mit dem Namen Main().

> **HINWEIS**
>
> Jedes C#-Programm besitzt (genau) eine Klasse, die eine Operation mit dem Namen Main() enthält.

Anhand dieser Operation ist der Compiler in der Lage, den Startpunkt eines Programms zu identifizieren. Main() steuert den Ablauf Ihres Programms. Für den Anfang wird der Kopf der Operation immer denselben Aufbau haben wie in Zeile 4 des obigen Listings. Das Schlüsselwort public kennen Sie bereits. Es sorgt dafür, dass die Main()-Operation auch außerhalb der Klasse Start sichtbar ist und aufgerufen werden kann. Was das Schlüsselwort static sowie die Begriffe in den Klammern hinter dem Namen der Operation zu bedeuten haben, wird später noch erklärt.

Die Zeilen 6 bis 8 in Listing 3.5 beinhalten die Anweisungen, die beim Programmstart auszuführen sind. Zuerst wird in Zeile 6 eine Variable mit dem Namen meineAmpel definiert. Diese Variable kann Werte vom Typ Ampel aufnehmen. Den Aufbau dieser Anweisung kennen Sie bereits. Es handelt sich um dieselbe Struktur, die in den Klassen Auto und Ampel für die Variablendeklaration verwendet wurde:

- byte geschwindigkeit definiert in der Klasse Auto eine Variable mit dem Namen geschwindigkeit, die ganzzahlige Werte vom Typ byte aufnehmen kann (vgl. Listing 3.2).

- bool rot definiert in der Klasse Ampel eine Variable mit dem Namen rot, welche die Werte true oder false aufnehmen kann (vgl. Listing 3.5).

Analog dient die Variable meineAmpel dazu, Werte vom Typ Ampel aufzunehmen. Der Unterschied liegt darin, dass byte und bool vordefinierte Basistypen sind, der Typ Ampel hingegen als selbstdefinierte Klasse von uns neu eingeführt wurde. Zeile 7 weist der Variablen meineAmpel anschließend einen konkreten Wert zu:

meineAmpel = new Ampel();

Dieser Wert ist ein *neues Objekt* der Klasse Ampel.

> **HINWEIS**
>
> Mit dem Schlüsselwort new wird ein neues Objekt aus einer Klasse erzeugt.

Abbildung 3.9 veranschaulicht den Vorgang in einer grafischen Darstellung.

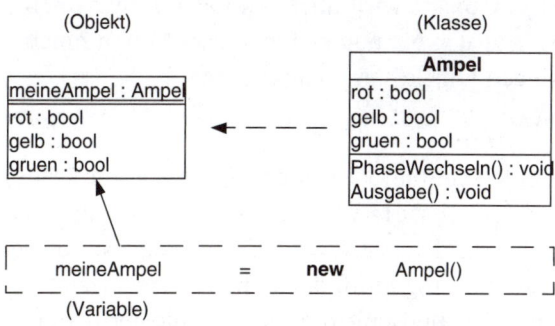

Abb. 3.9: Ein neues Objekt der Klasse Ampel

Die Klasse `Ampel` enthält eine Konstruktionsvorschrift für alle Objekte vom Typ `Ampel`. Mit der Anweisung `new Ampel()` wird ein neues Objekt nach dem Bauplan der Ampel-Klasse erzeugt. Dieses Objekt wird dann der Variablen `meineAmpel` zugewiesen.

> **HINWEIS**
> Das Erzeugen eines neuen Objekts einer Klasse wird auch als *Instanzieren* bezeichnet. Diese irreführende Benennung geht auf eine Übernahme des angelsächsischen Begriffs *instance* zurück.

Die vorletzte Anweisung der `Main()`-Operation steht in Zeile 8 von Listing 3.5. Sie lautet

`meineAmpel.Ausgabe();`

Diese Anweisung bewirkt einen Zugriff auf die Operation `Ausgabe()`, die zu dem Objekt `meineAmpel` gehört. Das Objekt `meineAmpel` ist eine Instanz der Klasse `Ampel` und besitzt gemäß der Konstruktionsvorschrift sämtliche Eigenschaften dieser Klasse. Dazu gehören neben den Attributen `rot`, `gelb` und `gruen` auch die Operationen `PhaseWechseln()` und `Ausgabe()`. Da `Ausgabe()` in `Ampel` als `public` definiert wurde, ist sie auch von der Klasse `Start` aus sichtbar und kann somit aufgerufen werden.

> **HINWEIS**
> Eine Operation eines Objekts wird über den Operationsnamen aufgerufen. Dabei wird der Name der Operation, durch einen Punkt getrennt, an den Objektnamen angehängt.

Ebenso wie die Operation `WriteLine()` ist auch die Operation `Read()` (Zeile 9 in `Start`) in der Klasse `Console` vordefiniert, die sich wiederum im Namensraum `System` befindet. Sie erwartet eine Eingabe auf der Tastatur und dient in unserem Programm dazu, die Anzeige der vorherigen Ausgabe so lange auf dem Bildschirm zu halten, bis der Benutzer des Programms die ⏎-Taste drückt.

Sie können dieses erste C#-Programm nun ausführen. Wenn Sie beide Klassen korrekt eingegeben haben, sollten Sie anschließend folgende Ausgabe auf Ihrem Bildschirm sehen:

True

False

False

Wenn Sie ein zweites Ampel-Objekt erzeugen wollen, ändern Sie einfach die Klasse Start wie folgt.

```
 1: // Listing 3.6
 2: class Start   {
 3:     // Beginn der Klasse Start
 4:     public static void Main(string[] args)   {
 5:         // Beginn der Methode Main()
 6:         Ampel meineAmpel;
 7:         meineAmpel = new Ampel();
 8:         meineAmpel.Ausgabe();
 9:         Ampel deineAmpel;        // Diese drei Zeilen
10:         deineAmpel = new Ampel();    // sind neu
11:         deineAmpel.Ausgabe();    // hinzugekommen
12:     }   // Ende der Methode Main()
13: }   // Ende der Klasse Start
```

Die Klasse Ampel bleibt unverändert. Es soll ja lediglich eine zweite Ampel erzeugt werden, das Muster (Klasse) für die Erzeugung von Ampeln ändert sich nicht. In der Klasse Start gibt es drei neue Zeilen, die ein zweites Ampel-Objekt erzeugen und ausgeben. Wie bei der ersten Ampel wird zunächst eine Variable mit dem Namen deineAmpel definiert, die Werte vom Typ Ampel aufnimmt (Zeile 9). Anschließend wird dieser Variablen ein neues Objekt der Klasse `Ampel` zugewiesen (Zeile 10). Die Anweisung in Zeile 11 ruft dann die Operation `Ausgabe()` des Objekts `deineAmpel` auf.

Die Bildschirmausgabe des modifizierten Programms lautet:

```
True
False
False
True
False
False
```

Das Programm erzeugt nun zwei Objekte (`meineAmpel` und `deineAmpel`), die beide denselben Zustand besitzen. Da das Muster der Klasse `Ampel` für alle Objekte gleich ist, lassen sich mit dem Programm in der bisherigen Version keine verschiedenen Objekte erzeugen. Zur Beseitigung dieses Mangels stellt C# ein weiteres Element bereit: die Konstruktoren.

3.6 Konstruktoren

Ein *Konstruktor* ist ein Bestandteil einer Klasse, der jedes Mal, wenn ein neues Exemplar der Klasse erzeugt wird, bestimmte Anweisungen ausführt. In der Regel werden Konstruktoren dazu verwendet, die Attribute eines neuen Objekts zu initialisieren, d.h. ihnen individuelle Anfangswerte zuzuweisen.

> **HINWEIS**
>
> Ein Konstruktor ist eine Art spezieller Operation, die für jedes Objekt nur ein einziges Mal bei dessen Erzeugung ausgeführt wird. Der explizite Aufruf des Konstruktors ist im späteren Verlauf des Objekt-Lebenszyklus nicht mehr möglich.

Konstruktoren werden wie in dem folgenden Listing für das Beispiel der Klasse Ampel direkt nach der Deklaration der Attribute und vor den übrigen Operationen eingefügt.

```
 1: // Listing 3.7
 2: class Ampel    { // Klassenname
 3:     bool rot, gelb, gruen;
 4:     public Ampel(bool r, bool ge, bool gr)    {
 5:         // Beginn des Konstruktors
 6:         rot = r;
 7:         gelb = ge;
 8:         gruen = gr;
 9:     } // Ende des Konstruktors
10:     public void PhaseWechseln()    {
11:         // Operationskörper wird noch erstellt
12:     }
13:     public void Ausgabe()    {
14:         // Operationskörper wie bisher
15:     }
16: } // Ende der Klassendefinition
```

Gegenüber der bisherigen Definition der Klasse Ampel (vgl. Listing 3.4) wurden in Listing 3.7 die Zeilen 4 bis 9 neu eingefügt. Sie enthalten den Konstruktor. Außerdem wurde die Deklaration der Attribute (Zeile 3) leicht verändert. Bisher wurden den Attributen rot, gelb und gruen Anfangswerte zugewiesen, die für jedes neu erstellte Ampel-Objekt gleich waren. In der modifizierten Version der Klasse Ampel besitzen die drei Attribute bei der Deklaration keine Anfangswerte mehr. Diese werden erst im Konstruktor zugewiesen. Außerdem zeigt das obige Listing eine alternative Schreibweise der Deklaration von Attributen. Hinter der Bezeichnung des Datentyps (bool) werden nun alle drei Variablennamen aufgeführt, jeweils getrennt durch ein Komma.

> **HINWEIS** Variablen gleichen Typs können in einer einzigen Zeile deklariert werden. Hinter der Typbezeichnung stehen dann mehrere Variablennamen, die jeweils durch ein Komma voneinander getrennt sind. Auch hier ist die Zuweisung von Anfangswerten möglich.

Zeile 4 des Listings 3.7 enthält den Konstruktorkopf. Er entspricht in seinem Aufbau der Schreibweise von Operationen. Allerdings weisen Konstruktoren zwei Besonderheiten auf:

- Der Name eines Konstruktors entspricht immer exakt dem Namen der Klasse, zu der er gehört (in diesem Fall also Ampel). Dabei ist auf die genaue Übereinstimmung auch in der Schreibweise mit Groß- und Kleinbuchstaben zu achten.

- Konstruktoren haben keinen Datentyp (auch nicht void).

- Vor dem Namen des Konstruktors steht meist das Schlüsselwort public. Da Konstruktoren in der Regel von außerhalb der Klasse aufgerufen werden, müssen sie auch von außen sichtbar (öffentlich) sein.

Individual-Konstruktoren

Hinter dem Namen des Konstruktors sehen Sie in Zeile 4 zwischen den runden Klammern einige Bezeichnungen, die an eine Variablendeklaration erinnern. Der Programmtext in den Klammern wird als *Parameterliste* bezeichnet. In dem Beispiel werden drei Parameter vereinbart: r, ge und gr. Alle drei Parameter haben den Datentyp bool. Im Gegensatz zu den Variablen, bei denen Sie den Datentyp nur ein einziges Mal zu Beginn der Zeile nennen müssen, ist in der Parameterliste jedem einzelnen Parameter der jeweilige Datentyp voranzustellen – auch wenn mehrere oder gar alle Parameter denselben Datentyp besitzen.

> **HINWEIS** Ein Konstruktor mit mindestens einem Parameter wird als *Individual-Konstruktor* bezeichnet, da er das Erzeugen von Objekten mit verschiedenen Anfangszuständen ermöglicht.

Die Parameter können innerhalb des Konstruktors wie jede andere Variable benutzt werden. Ihre Gültigkeit ist jedoch auf den Konstruktor, in dessen Parameterliste sie deklariert werden, beschränkt. In allen anderen Bereichen der Klasse sind die Parameter r, ge und gr nicht bekannt. Man bezeichnet sie als „lokal gültig" für diesen Konstruktor.

Der Zweck einer Parameterliste besteht darin, dass dem Konstruktor für die Erzeugung eines Objekts bestimmte Werte mitgeteilt werden können. Aus den Zeilen 6 bis 8 des obigen Listings 3.7 ist zu entnehmen, welche Anweisungen der Konstruktor bei der Erzeugung eines Ampel-Objekts ausführt:

```
6: rot = r;
7: gelb = ge;
8: gruen = gr;
```

Der Variablen rot wird der Wert des Parameters r zugewiesen, gelb erhält den Wert von ge und gruen wird auf den Wert von gr gesetzt. Der Konstruktor erfüllt also seine Aufgabe, den Zustand des jeweils erzeugten Objekts mit spezifischen Anfangswerten zu belegen. Aber wo kommen die Werte für r, ge und gr her?

Diese Werte werden dem Konstruktor der Klasse Ampel beim Aufruf des Befehls **new** aus der Klasse Start mitgeteilt. Um den Konstruktor korrekt anzusprechen, muss dieser Aufruf in Zeile 7 der Klasse Start wie folgt geändert werden:

```
7: meineAmpel = new Ampel(true, false, false);
```

Objekte und Klassen

Der Aufruf des neuen Objekts `meineAmpel` erfolgt nun mit bestimmten Werten in den Klammern hinter dem Klassennamen `Ampel`. Tatsächlich handelt es sich dabei um den Aufruf des Konstruktors der Klasse `Ampel`. Der Konstruktorkopf in Zeile 4 der Klasse `Ampel` lautet:

```
4: public Ampel(bool r, bool ge, bool gr)
```

Wenn Sie die Inhalte der Klammern in den beiden Programmzeilen miteinander vergleichen, stellen Sie fest, dass sie jeweils drei Elemente vom Typ `bool` enthalten: die Werte `true`, `false`, `false` beim Aufruf in der Klasse `Start` und die Parameter `r`, `ge` und `gr` im Konstruktor der Klasse `Ampel`. Die drei Werte des Aufrufs werden in ihrer exakten Reihenfolge den drei Parametern zugewiesen (übergeben). Das bedeutet:

▶ Der erste Parameter (`r`) erhält den ersten Wert (`true`).

▶ Der zweite Parameter (`ge`) erhält den zweiten Wert (`false`).

▶ Der dritte Parameter (`gr`) erhält den dritten Wert (`false`).

In den Zeilen 6 bis 8 der Klasse `Ampel` weist der Konstruktor diese Werte dann über die Parameter den Attributen `rot`, `gelb` und `gruen` des Objekts `meineAmpel` zu. Damit ist ein neues Ampel-Objekt erzeugt worden, dessen Zustand dem Rotlicht entspricht (`rot = true`, `gelb = false`, `gruen = false`).

Um weitere Objekte der Klasse `Ampel` mit anderen Werten zu erzeugen, brauchen Sie nun nur noch den Aufruf des Konstruktors entsprechend anzupassen. Soll etwa das Objekt `deineAmpel` nach dem Erzeugen auf Grün stehen, so lautet die modifizierte Zeile 10 in der Klasse `Start` (Listing 3.6):

```
10: deineAmpel = new Ampel (false, false, true);
```

Auch hier werden wieder drei Werte an den Konstruktor in `Ampel` übergeben. Diesmal jedoch in einer anderen Reihenfolge:

- Der erste Parameter (r) erhält den ersten Wert (false).
- Der zweite Parameter (ge) erhält den zweiten Wert (false).
- Der dritte Parameter (gr) erhält den dritten Wert (true).

Dementsprechend werden den Attributen rot, gelb und gruen des Objekts deineAmpel hier andere Werte zugewiesen als zuvor bei meineAmpel, nämlich rot = false, gelb = false, und gruen = true. Die zweite Ampel, repräsentiert durch das Objekt deineAmpel, steht somit zu Beginn auf Grün.

Standard-Konstruktoren

Eine besondere Form der Konstruktoren stellen die *Standard-Konstruktoren* dar.

> **HINWEIS**
>
> Standard-Konstruktoren zeichnen sich dadurch aus, dass sie eine leere Parameterliste besitzen.

Aufgrund der fehlenden Parameterliste ist es nicht möglich, einem Standard-Konstruktor beim Aufruf Werte für die Erzeugung eines Objekts zu übergeben. Ansonsten arbeiten Standard-Konstruktoren genauso wie Individual-Konstruktoren. Sie führen beim Erzeugen eines Objekts Anweisungen aus, die in ihrem Konstruktorenkörper definiert sind.

Ein Beispiel für einen Standard-Konstruktor findet sich in der folgenden Erweiterung der Klasse Ampel:

```
1: // Listing 3.8
2: class Ampel  {   // Klassenname
3:    bool rot, gelb, gruen;
```

```
4:      public Ampel()    {   // Standard-Konstruktor
5:          rot = true;
6:          gelb = false;
7:          gruen = false;
8:      }    // Ende des Standard-Konstruktors
9:      public Ampel(bool r, bool ge, bool gr)    {
10:         // Individual-Konstruktor wie in Listing 3.7
11:     }
12:     public void PhaseWechseln()    {
13:         // Operationskörper wird noch erstellt
14:     }
15:     public void Ausgabe()    {
16:         // Operationskörper wie bisher
17:     }
18: }    // Ende der Klassendefinition
```

Sie finden den Standard-Konstruktor in den Zeilen 4 bis 8 des obigen Listings. Die Regel für den Aufruf ist identisch mit der des Individual-Konstruktors: Datentyp, Reihenfolge und Anzahl der Argumente des Aufrufs müssen mit der Parameterliste übereinstimmen. In diesem Spezialfall ist die Parameterliste jedoch leer – somit erfolgt der Aufruf aus der Klasse Start ohne Argumente:

meineAmpel = new Ampel();

Das neue Objekt meineAmpel wird bei diesem Aufruf mit dem Standard-Konstruktor erzeugt, der in den Zeilen 5 bis 7 die Ampel mit Rotlicht initialisiert. Obwohl beide Konstruktoren in den Zeilen 4 und 9 denselben Namen besitzen (Ampel), erkennt der Compiler anhand der Übereinstimmung der Argumentenliste beim Aufruf aus der Klasse Start mit der Parameterliste des jeweiligen Konstruktors, welcher Konstruktor gemeint ist. Bei leerer Argumentliste wird in dem Beispiel der Standard-Konstruktor verwendet, bei drei Argumenten vom Typ bool wird der Individual-Konstruktor angesprochen.

> **HINWEIS**
> Durch die Vereinbarung mehrerer Konstruktoren in einer Klasse können Konstruktoren überladen werden. Die Unterscheidung erfolgt dann anhand der Parameterliste.

In einer Klasse können beliebig viele Individual-Konstruktoren definiert werden, die sich allerdings alle in ihrer Parameterliste unterscheiden müssen. Im Unterschied dazu definiert jede Klasse maximal einen Standard-Konstruktor.

3.7 Die Kommunikation über Operationen

Im Rahmen der Erläuterung von Objekten und Klassen in Abschnitt 3.1 haben Sie bereits die Datenkapselung kennen gelernt. Sie ist ein wesentliches Konzept der Objektorientierung, das einen direkten Eingriff in den Zustand von Objekten verhindert. Wenn Sie die Attribute eines Objekts manipulieren wollen, dann funktioniert das in C# grundsätzlich nur über die Operationen dieses Objekts.

Zwar gibt es durchaus Möglichkeiten, die Datenkapselung zu umgehen, um den Programmierer nicht in seiner Flexibilität zu behindern. Allerdings ist sie andererseits auch sehr nützlich, da sie zu „sauberen" objektorientierten Strukturen zwingt und damit u.a. wesentlich zur Wiederverwendbarkeit sowie zur Verbesserung der Lesbarkeit und Wartbarkeit von Programmen beiträgt.

Objekte kommunizieren also über Operationen. Im Grunde ist dieser Aspekt der Objektorientierung für Sie nichts Neues mehr. Die Kommunikation über Operationen haben Sie nämlich schon im vorherigen Abschnitt angewendet.

> **HINWEIS** Da es sich bei den Konstruktoren um eine spezielle Art von Operationen handelt, ist der Aufruf eines Konstruktors nichts anderes als die Kommunikation mit einem neu zu erstellenden Objekt über eine Operation.

Wenn das Objekt erst einmal erzeugt ist, bringen Sie es durch den Aufruf einer seiner Operationen dazu, etwas zu tun; oder anders formuliert: ein *Verhalten* zu zeigen. Genau aus diesem Grund werden die Operationen als das Verhalten von Objekten bezeichnet (vgl. Abschnitt 3.1). Die folgenden Beispiele sollen die Kommunikation über Operationen verdeutlichen. Dazu werden die bisherigen Klassen für das Ampel-Beispiel erweitert.

Set-Operationen

Objekte kapseln ihre Daten. Um den Zustand eines Objekts zu manipulieren, sollten Sie daher nicht *direkt* in seine Attributwerte eingreifen, sondern entsprechende Operationen implementieren, die für die gewünschte Zustandsänderung sorgen. In Abbildung 3.5 wurde dieser Vorgang bereits grafisch dargestellt. In der objektorientierten Programmierung ist es üblich, die Änderung von Attributwerten mittels so genannter *Set-Operationen* vorzunehmen. Für das Ampel-Beispiel werden drei solcher Operationen benötigt; für jedes Attribut eine. Exemplarisch lautet die entsprechende Operation für das Attribut rot:

```
public void SetRot(bool r)
{
    rot = r;
}
```

Da die Operation außerhalb des Objekts sichtbar sein muss, steht ihr das Schlüsselwort `public` voran. Sie ist außerdem typlos, weil sie lediglich eine Anweisung ausführt, ohne einen Wert an die aufrufende Stelle zurückzugeben. Als Parameter erhält die Operation einen Wert vom Typ bool, der in r gespeichert wird. Die einzige Anweisung innerhalb des Operationskörpers weist dem Attribut rot den Wert zu, der beim Aufruf der Operation übergeben wird.

Der zugehörige Aufruf aus der Klasse Start ist für alle Objekte der Klasse Ampel gleich. Der Name der Operation wird, durch einen Punkt getrennt, an den Objektnamen angehängt und in runden Klammern mit dem gewünschten neuen Wert für das jeweilige Attribut versehen. Die Anweisung lautet beispielsweise für das Objekt meineAmpel:

meineAmpel.SetRot(false);

Die Operationen zur Manipulation der Attribute gelb und gruen haben denselben Aufbau. Sie werden sinnvollerweise SetGelb() und SetGruen() genannt. Die komplette Erweiterung der Klasse Ampel finden Sie weiter unten in Listing 3.10.

Get-Operationen

Ähnlich wie die Manipulation von Attributen sollte auch die Abfrage des Zustands eines Objekts ausschließlich über Operationen erfolgen. Hierfür hat sich die Bezeichnung *Get-Operation* eingebürgert.

Bei der Abfrage von Attributwerten ist im Unterschied zu deren Manipulation die Rückgabe eines Werts erforderlich. Durch den Einsatz einer solchen Operation möchten Sie Informationen über das Objekt erhalten, die Ihnen von der Operation mitgeteilt werden. Get-Operationen besitzen daher im Gegensatz zu Set-Operationen einen Datentyp – und zwar immer den Datentyp, den auch der zurückgegebene Wert besitzt. In unserem Beispiel soll das Ampel-Objekt die aktuellen Werte der Attribute rot, gelb und gruen mitteilen. Bei diesen Attributen handelt es sich um Variablen vom Typ bool. Daher besitzen auch die Get-Operationen diesen Datentyp.

```
public bool GetRot()
{
   return rot;
}
```

Eine Parameterliste wird in diesem Fall nicht benötigt, da beim Aufruf der Operation kein Wert zur weiteren Verarbeitung in der Operation übergeben werden muss. Das Schlüsselwort `return` steht für die Anweisung: „Melde den Wert an die aufrufende Stelle, der diesem Schlüsselwort folgt." Hier wird also der Wert des Attributs rot (true oder false) an die aufrufende Stelle zurückgegeben. Der Aufruf der Get-Operationen erfolgt wiederum aus der Klasse Start. Auch hier wird der Name der Operation, durch einen Punkt getrennt, an den Objektnamen angehängt. Da die Get-Operation keinen Parameter erwartet, bleiben die runden Klammern jedoch in diesem Fall leer. Für das Objekt meineAmpel lautet somit der Aufruf der Get-Operation aus der Klasse Start:

`meineAmpel.getRot();`

Das Besondere an dieser Anweisung ist, dass durch die Rückgabe des Attributwerts der komplette Ausdruck `meineAmpel.GetRot()` nach Ausführung der Operation einen (boolschen) *Wert* repräsentiert. Sie können daher die Set- und Get-Operationen miteinander kombinieren. Es ist z.B. folgende Anweisung möglich:

`deineAmpel.SetGelb(meineAmpel.GetRot());`

> **HINWEIS**
>
> Da objektorientierte Programmiersprachen wie C# Verhalten ausschließlich über Operationen anstoßen, sind weit komplexere Ausdrücke als der obige leider keine Seltenheit. Sie sollten sich davon allerdings nicht abschrecken lassen. Nehmen Sie solche Anweisungen Schritt für Schritt auseinander. Am besten beginnen Sie dabei innen und arbeiten sich dann nach außen vor, bis Sie die gesamte Anweisung erfasst haben.

meineAmpel.GetRot() ist der innere Teil dieser Anweisung. Wie oben beschrieben, gibt die Methode GetRot() den aktuellen Wert des Attributs rot zurück (return rot) – und zwar bezogen auf das Objekt, dessen Name vor der Operation steht (in diesem Fall meineAmpel). Der Ausdruck meineAmpel.GetRot() steht also innerhalb der gesamten Anweisung für einen Wert, entweder true oder false.

Der äußere Teil der Anweisung lautet deineAmpel.SetGelb(...). Dieser Aufruf bezieht sich auf deineAmpel, also auf ein anderes Ampel-Objekt. Es soll die Operation SetGelb(...) für das Objekt deineAmpel ausgeführt werden. Diese Operation sorgt dafür, dass das Attribut gelb, das zu dem Objekt deineAmpel gehört, mit einem neuen Wert belegt wird. Welcher Wert das ist, wird der Operation in Klammern hinter der Anweisung SetGelb(...) mitgeteilt. Laut Parameterliste der Operation muss es sich um einen Wert vom Datentyp bool (also true oder false) handeln. Genau solch ein Wert steht in den Klammern des Operationsaufrufs durch die Auswertung der Anweisung meineAmpel.GetRot().

Die folgende Abbildung verdeutlicht diesen Zusammenhang noch einmal anhand einer grafischen Darstellung.

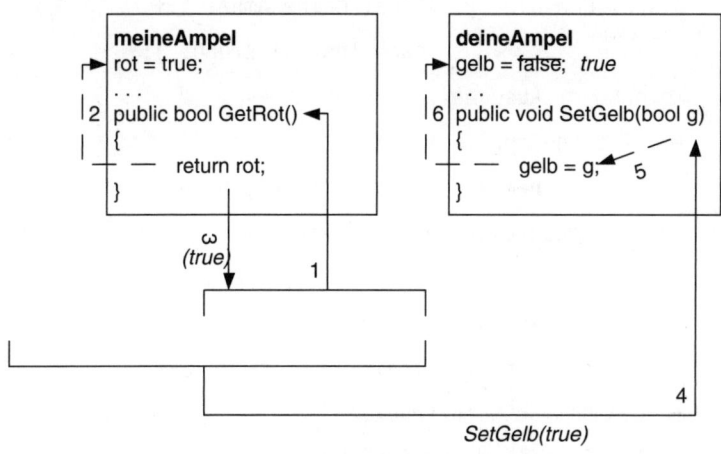

Abb. 3.10: Kombination von Set- und Get-Operationen

Die Zahlen an den Pfeilen in der Abbildung 3.10 geben die Reihenfolge der Abläufe bei der Ausführung der Anweisung an. Die Auswertung der Anweisung meineAmpel.GetRot() ergibt in diesem Beispiel true, da das Attribut rot des Objekts meineAmpel diesen Wert besitzt. Die äußere Anweisung lautet daher deineAmpel.SetGelb(true), woraufhin der Attributwert von gelb im Objekt deineAmpel von ursprünglich false auf true geändert wird.

Abschließend zeigen die folgenden Listings 3.9 und 3.10 die kompletten erweiterten Programmcodes der Klassen Ampel und Start. Experimentieren Sie ein wenig mit der Klasse Start und testen Sie die Ergebnisse verschiedener Startwerte für die Attribute. Auf diese Weise erlernen Sie den Einsatz von Operationen und den Aufruf von Konstruktoren am schnellsten. Sollten Ihnen dabei Fehler unterlaufen, hilft der Compiler von Visual Studio Ihnen bei deren Beseitigung.

```
 1: // Listing 3.9
 2: class Start   {
 3:     static void Main(string[] args)    {
 4:         Ampel meineAmpel = new Ampel();
 5:         System.Console.WriteLine("Meine Ampel " +
 6:                     "nach Instanzierung:");
 7:         meineAmpel.Ausgabe();
 8:         Ampel deineAmpel =
 9:                     new Ampel(false, false, true);
10:         System.Console.WriteLine("Deine Ampel " +
11:                     "nach Instanzierung:");
12:         deineAmpel.Ausgabe();
13:         meineAmpel.SetRot(false);
14:         meineAmpel.SetGelb(true);
15:         System.Console.WriteLine("Meine Ampel " +
```

```
16:                    "nach Set-Methoden:");
17:       meineAmpel.Ausgabe();
18:       deineAmpel.SetGelb(meineAmpel.GetGelb());
19:       deineAmpel.SetGruen(false);
20:       System.Console.WriteLine("Deine Ampel " +
21:                    "nach Set-Methoden:");
22:       deineAmpel.Ausgabe();
23:       System.Console.Read();
24:    }  // Ende der Operation Main()
25: }  // Ende der Klasse Start
```

In der Klasse Start werden zwei Ampel-Objekte (meineAmpel und deine Ampel) erzeugt und jeweils mit ihrem Anfangszustand ausgegeben (Zeilen 4 bis 12). Anschließend folgen jeweils zwei Set-Operationen mit erneuter Ausgabe der Zustände für meineAmpel (Zeilen 13 bis 17) und deineAmpel (Zeilen 18 bis 22).

Bitte beachten Sie die verkürzte Schreibweise beim Erzeugen der Objekte in den Zeilen 4 und 8/9 von Listing 3.9. Auf diese Weise können Sie Deklaration und Erzeugung eines Objekts in einer einzigen Zeile vornehmen.

```
1: // Listing 3.10
2: class Ampel   {
3:    // Beginn der Klassenbeschreibung
4:    bool rot, gelb, gruen;    // Attribute
5:
6:    public Ampel()   {   // Standard-Konstruktor
7:       rot = true;
8:       gelb = false;
9:       gruen = false;
```

```
10:     }   // Ende Standard-Konstruktor
11:     // Es folgt der Individual-Konstruktor
12:     public Ampel(bool r, bool ge, bool gr)   {
13:         rot = r;
14:         gelb = ge;
15:         gruen = gr;
16:     }   // Ende Individual-Konstruktor
17:     // Es folgen die Set-Operationen
18:     public void SetRot(bool r)   {
19:         rot = r;
20:     }
21:
22:     public void SetGelb(bool g)   {
23:       gelb = g;
24:     }
25:
26:     public void SetGruen(bool g)   {
27:         gruen = g;
28:     }
29:     // Jetzt die Get-Operationen
30:     public bool GetRot()   {
31:         return rot;
32:     }
33:
34:     public bool GetGelb()   {
35:         return gelb;
36:     }
37:
```

```
38:     public bool GetGruen()   {
39:         return gruen;
40:     }
41:     // PhaseWechseln() wird später formuliert
42:     public void PhaseWechseln(){}
43:
44:     public void Ausgabe()   { // Ausgabe der Werte
45:         System.Console.WriteLine(rot);
46:         System.Console.WriteLine(gelb);
47:         System.Console.WriteLine(gruen);
48:         System.Console.WriteLine();
49:     }   // Ende der Operation Ausgabe()
50: }   // Ende der Klasse Ampel
```

> **HINWEIS**
> Die Reihenfolge der Operationen innerhalb der Klassenbeschreibung ist beliebig. Allerdings wird die Übersichtlichkeit gerade bei längeren Listings deutlich erhöht, wenn Sie Operationen mit ähnlicher Funktionalität untereinander aufführen.

Das Programm erzeugt folgende Ausgabe:

Meine Ampel nach Instanzierung:
True
False
False

Deine Ampel nach Instanzierung:
False
False
True

Meine Ampel nach Set-Methoden:
False
True
False

Deine Ampel nach Set-Methoden:
False
True
False

3.8 Klassenattribute und -operationen

Eine Klasse beschreibt ein Muster für die Erstellung von Objekten. Sie definiert dazu Attribute und Operationen, die den Objekten bei der Erzeugung mitgegeben werden. Damit besitzt jedes Objekt eine eigene Kopie dieser Attribute und Operationen.

Es gibt jedoch auch spezielle Attribute und Operationen, die in einer Klasse nur ein einziges Mal existieren und für alle Objekte identisch sind. Diese so genannten *Klassenattribute* und *Klassenoperationen* werden den Objekten bei der Erzeugung nicht mitgegeben. Sie werden gekennzeichnet durch das Schlüsselwort `static`.

Eine Klassenoperation ist Ihnen bereits bekannt: die `Main()`-Operation. Ihre Definition lautet

public static void Main(**string**[] args) {. . .}

Mit dem bisherigen Wissen über die Programmiersprache C# können Sie schon einen Großteil dieser Operation entschlüsseln.

▶ Der Name der Operation lautet `Main()`. Sie ist der Startpunkt jedes C#-Programms.

▶ In den runden Klammern hinter dem Namen `Main` steht eine Parameterliste, die beim Aufruf Argumente von der aufrufenden Stelle entgegennimmt. Auf die Bedeutung dieser speziellen Parameterliste kommen wir später noch zurück.

▶ Das Schlüsselwort `public` sorgt dafür, dass die Operation außerhalb ihrer Klasse sichtbar ist und aufgerufen werden kann.

▶ Die Operation ist typlos, d.h., sie gibt keinen Wert an die aufrufende Stelle zurück. Dies ist erkennbar an dem Schlüsselwort `void`.

▶ Das Schlüsselwort `static` schließlich markiert `Main()` als Klassenoperation. Damit ist diese Operation zusätzlich über die Klasse `Start` – und nicht nur über ihre Objekte – verfügbar. Das bedeutet, dass kein Objekt erzeugt werden muss, um die `Main()`-Operation aufzurufen.

Klasseneigenschaften (Attribute und Operationen) erfüllen einen wichtigen Zweck, der gerade im Fall der `Main()`-Operation sehr einleuchtend ist. Ohne Operationen kann ein C#-Programm keine Anweisungen ausführen. Würden Operationen aber nur als Eigenschaften von Objekten existieren, dann hätten wir folgendes Problem: Zu Beginn eines Programms existieren noch keine Objekte und somit auch keine ausführbaren Operationen mit Anweisungen. Wie soll dann aber eine Anweisung aufgerufen werden, die ein (erstes) neues Objekt erzeugt?

Es muss also eine Möglichkeit geben, Operationen auszuführen, die nicht an Objekte gebunden sind. Hier bieten sich die Klassen als Träger solcher Operationen an, da sie ja als Muster bereits existieren. Genau aus diesem Grund ist die `Main()`-Operation eine Klassenoperation. Zu Beginn eines Programms existieren noch keine Objekte. Es gibt aber sehr wohl bereits Klassen, von denen genau eine immer eine `Main()`-Operation enthält, um den Startpunkt des Programms festzulegen und die ersten Anweisungen zu definieren.

Darüber hinaus können Sie auch eigene Klassenoperationen und -attribute implementieren. Häufig werden diese dazu verwendet, Aufgaben zu übernehmen, die alle Objekte einer Klasse betreffen. Ein Beispiel zeigt das folgende Listing anhand des Ampel-Beispiels.

```
 1: // Listing 3.11
 2: class Ampel   {   // Beginn der Klasse Ampel
 3:     bool rot, gelb, gruen;
 4:     static byte anzahlAmpeln = 0;
 5:     public Ampel()   {   // Standard-Konstruktor
 6:         rot = true;
 7:         gelb = false;
 8:         gruen = false;
 9:         SetAnzahl();
10:     }   // Ende Standard-Konstruktor
11:     public static void SetAnzahl()   {
12:         anzahlAmpeln++;
13:     }   // Ende SetAnzahl
14:     public static byte GetAnzahl()   {
15:         return anzahlAmpeln;
16:     }   // Ende GetAnzahl
17: }   // Ende der Klasse Ampel
```

Die Klasse Ampel wurde ergänzt durch ein zusätzliches Attribut vom Typ byte mit dem Namen anzahlAmpeln. Der Anfangswert dieses Attributs wird mit 0 initialisiert. Die Besonderheit liegt darin, dass es sich um ein Klassenattribut handelt, erkennbar an dem Schlüsselwort static zu Beginn der Zeile 4.

Darüber hinaus enthält das Listing zwei Operationen, die ebenfalls als static definiert sind. Es handelt sich um Klassenoperationen. Sowohl

GetAnzahl() als auch SetAnzahl() sind daher jederzeit verfügbar, auch wenn in Ihrem Programm noch keine Objekte vom Typ Ampel existieren. Die Operation SetAnzahl() ist typlos (void), da sie keinen Wert an die aufrufende Stelle zurückgibt. Mit GetAnzahl() hingegen wird die Anzahl der bislang erzeugten Ampeln ermittelt. Hier existiert ein Rückgabewert (return anzahlAmpeln in Zeile 15) vom Datentyp byte. Aus diesem Grund muss auch die Operation selbst den Datentyp byte haben.

Der Zweck der beiden Operationen ist leicht erkennbar. Innerhalb des Konstruktors werden zunächst die Werte für die Attribute rot, gelb und gruen für ein neu zu erzeugendes Objekt gesetzt. Anschließend wird das Klassenattribut anzahlAmpeln um 1 erhöht. Dieser Wert steht also jeweils für die Anzahl der insgesamt erzeugten Ampeln. Ferner handelt es sich nicht um eine Eigenschaft von Ampel-Objekten, sondern um eine Eigenschaft der *Klasse* Ampel (wie viele Exemplare sind von diesem Muster erzeugt worden).

Das Listing 3.11 enthält gegenüber der bisherigen Ampel-Klasse nur die Änderungen und neu hinzugekommenen Operationen. Sie können ohne weiteres die bestehende Klasse ergänzen. Das Beispiel der Listings 3.11 und 3.12 ist jedoch auch in der hier verwendeten Form lauffähig.

Die zugehörige Klasse Start sieht folgendermaßen aus:

```
1: // Listing 3.12
2: class Start    {
3:    public static void Main(string[] args)   {
4:       System.Console.WriteLine("Anzahl Ampeln: " +
5:                          Ampel.GetAnzahl());
6:       Ampel meineAmpel = new Ampel();
7:       System.Console.WriteLine("Anzahl Ampeln: " +
8:                          Ampel.GetAnzahl());
```

```
 9:     Ampel deineAmpel = new Ampel();
10:     System.Console.WriteLine("Anzahl Ampeln: " +
11:                             Ampel.GetAnzahl());
12:   }   // Ende der Operation Main()
13: }   // Ende der Klasse Start
```

Die Klasse Start besteht lediglich aus den Anweisungen zur Erzeugung von zwei Ampeln, die eingerahmt sind von der Ausgabe der Gesamtzahl der bisher erzeugten Ampeln. Die Aufrufe der Klassenoperation GetAnzahl() finden Sie jeweils in den Ausgabeanweisungen.

> **HINWEIS** Eine Klassenoperation wird aufgerufen, indem der Name der Operation durch einen Punkt getrennt an den Klassennamen angehängt wird.

Auf dem Bildschirm erzeugt das Programm beim Ablauf folgende Ausgabe:

```
Anzahl Ampel: 0
Anzahl Ampeln: 1
Anzahl Ampeln: 2
```

Der Wert des Attributs anzahlAmpeln wird also tatsächlich nach jedem Erzeugen eines neuen Ampel-Objekts erhöht.

Eine weitere Neuerung in Listing 3.12 ist der Aufbau der Ausgabeanweisung selbst. In den Klammern steht zunächst ein Text, der in Anführungszeichen gesetzt wird. Darauf folgt mit Ampel.GetAnzahl() ein Operationsaufruf, der einen Wert vom Typ byte zurückgibt. Durch das Pluszeichen wird dieser Wert an den Text angehängt und mit auf dem Bildschirm ausgegeben.

3.9 Das Schlüsselwort this

Das Beispiel der Ampel hat verdeutlicht, dass Sie gleichartige Objekte in C# nur ein einziges Mal in einer Klasse beschreiben müssen, um mit Hilfe dieses Musters anschließend beliebig viele Objekte erzeugen zu können. Die Klassendefinition ist daher möglichst allgemein gehalten. Sie soll für jede ihrer Exemplare Gültigkeit besitzen. Dadurch kann es im Programmverlauf zu Mehrdeutigkeiten kommen, bei denen nicht klar ist, worauf sich eine Anweisung bezieht. Folgendes Beispiel soll die Problematik verdeutlichen. Die Anweisung

```
meineAmpel.SetRot(false)
```

ist eindeutig. Sie bezieht sich auf die Operation SetRot(), die zu dem Objekt meineAmpel gehört. Hat die Klasse Ampel beispielsweise die Struktur des folgenden Programmfragments, so bereitet auch die Ausführung der Operation keine Schwierigkeiten. Die Anweisungen sind eindeutig.

```
1: // Listing 3.13
2: class Ampel
3: {
4:     bool rot;
5:     public void SetRot(bool r)
6:     {
7:         rot = r;
8:     }
9: }
```

Der Aufruf meineAmpel.SetRot(false) setzt das Attribut rot auf den Wert des Parameters r. Diesem wiederum wird zuvor der Wert des Arguments des Operationsaufrufs (false) zugewiesen.

Bisher wurden die Variablen in den Parameterlisten der Operationen stets mit wenig aussagekräftigen Namen bezeichnet. Das trägt nicht gerade zum Verständnis des Programmcodes bei. Es gehört zu einem guten Programmierstil, Variablen sinnvolle verständnisfördernde Namen zu geben. Die bisher verwendeten Parameter r, ge und gr sollten daher besser als rot, gelb und gruen bezeichnet werden. Die Eindeutigkeit der Zuweisung geht jedoch verloren, wenn Sie die Operation aus dem obigen Programmfragment wie folgt ändern:

```
4: bool rot;
5: public void SetRot(bool rot)
6: {
7:    rot = rot;   // nicht eindeutig!
8: }
```

Die Mehrdeutigkeit tritt hier in Zeile 7 auf. rot bezeichnet sowohl ein Attribut von Objekten der Klasse Ampel als auch einen Parameter. Nach dem Aufruf von meineAmpel.SetRot(false) tritt bei der Anweisung rot = rot ein Konflikt auf. Um dieser Problematik zu begegnen, gibt es das Schlüsselwort this. Es bezieht sich in einer Klassendefinition immer auf das aktuelle Objekt, für das eine Operation ausgeführt wird. In dem obigen Programmfragment lautet die Anweisung in Zeile 7 dann:

```
7: this.rot = rot;   // eindeutig!
```

In dieser Form ist die Anweisung eindeutig: „Weise den Wert des *Parameters* rot dem *Attribut* rot des aktuellen Objekts (hier: meineAmpel) zu." Einige wichtige Grundkonzepte der objektorientierten Programmierung haben Sie damit schon erfahren. Das folgende vierte Kapitel vertieft diese Konzepte anhand eines weiteren anschaulichen Beispiels. Gleichzeitig erhalten Sie Einblick in die Anwendung der objektorientierten Techniken auf eine konkrete Problemstellung. Außerdem veranschaulicht das folgende Kapitel klassische Ablaufstrukturen der Programmierung, wie z.B. Schleifen und bedingte Anweisungen, ohne die auch eine objektorientierte Programmiersprache wie C# nicht auskommt.

3.10 Zusammenfassung, Fragen und Übungen

Zusammenfassung

▶ Objektorientierung ist weit mehr als nur ein Programmierkonzept. Es handelt sich vielmehr um einen eigenen Denkstil. Die Lösung von Problemstellungen folgt hier einer bestimmten Herangehensweise. Um objektorientiert zu programmieren ist es erforderlich, auch objektorientiert zu *denken*.

▶ Die Objektorientierung entspricht der menschlichen Denkweise, indem sie reale Objekte aus der abzubildenden Umwelt identifiziert und mit ihren spezifischen Eigenschaften beschreibt. Es werden Kategorien gebildet, Zusammenhänge dargestellt und neue Objekte aus bekannten Kategorien abgeleitet.

▶ Ein Objekt ist eine identifizierbare Einheit, die aus einem bestimmten Kontext isolierbar ist. Es wird durch seinen Namen, seinen Zustand und sein Verhalten eindeutig beschrieben.

▶ Der Zustand eines Objekts wird durch die aktuellen Werte seiner Attribute definiert. Der Zustand beschreibt statische Eigenschaften des Objekts.

▶ Das Verhalten eines Objekts wird durch seine Operationen (Methoden) beschrieben. Sie definieren dynamische Eigenschaften des Objekts.

▶ Attributwerte eines Objekts können nicht durch direkten Zugriff von anderen Objekten geändert werden. Eine Manipulation von Attributwerten ist nur über die objekteigenen Methoden möglich. Man bezeichnet diese Eigenschaft der Objektorientierung als Datenkapselung.

Zusammenfassung

▶ Die Kapselung aller benötigten Informationen in einem Objekt ist ein wichtiges Prinzip, das einen modularen Aufbau objektorientierter Software fördert. Durch klar definierte Schnittstellen lassen sich Aufgaben zwischen verschiedenen Objekten teilen.

▶ Eine Klasse beschreibt Objekte mit gleichen oder ähnlichen Eigenschaften. Klassen definieren Muster, denen alle zugehörigen Objekte entsprechen. Mit Hilfe des Musters, das in der Klassenbeschreibung vorgegeben ist, kann eine beliebige Anzahl von Objekten erzeugt werden, die alle dieselben Eigenschaften (Attribute und Operationen) haben.

▶ Alle Klassen, die zu einem bestimmten Problembereich gehören, können zu Paketen zusammengefasst werden. Diese Pakete heißen in .NET Namespaces.

▶ Eine Klassenbeschreibung beginnt in C# mit dem Schlüsselwort `class`, gefolgt von dem Namen der Klasse. Die Beschreibung selbst, bestehend aus Attributen und Operationen, steht anschließend zwischen geschweiften Klammern.

▶ Die Attribute einer Klasse bzw. ihrer Objekte besitzen alle einen bestimmten Datentyp.

▶ Die Operationen einer Klasse besitzen stets den Datentyp des Werts, den sie an die aufrufende Stelle zurückgeben. Gibt eine Operation keinen Wert zurück, dann wird sie als typlos (`void`) gekennzeichnet.

▶ Ein neues Objekt wird definiert, indem zunächst eine Variable mit dem entsprechenden Datentyp deklariert (z.B. `Ampel meine Ampel`) und das Objekt anschließend erzeugt (z.B. `meineAmpel = new Ampel()`) wird.

▶ Jedes C#-Programm besitzt (genau) eine Klasse, die eine Operation mit dem Namen `Main()` enthält. Diese Operation markiert den Beginn des jeweiligen Programmablaufs.

Zusammenfassung

▶ Ein Konstruktor ist eine Art spezieller Operation, die für jedes Objekt nur ein einziges Mal bei dessen Erzeugung ausgeführt wird. Konstruktoren dienen meist dazu, den Anfangszustand eines Objekts festzulegen.

▶ Eine Operation wird mit ihrem Namen aufgerufen. Sie kann eine Parameterliste besitzen, über die ihr beim Aufruf Werte zur Verarbeitung mitgegeben werden.

▶ Klassenattribute und Klassenoperationen werden durch das Schlüsselwort static gekennzeichnet. Sie werden bei der Erzeugung nicht an die Objekte weitergegeben, sondern existieren jeweils nur ein einziges Mal für die gesamte Klasse.

Fragen und Übungen

1. Definieren Sie für die Klasse Auto eine Operation Aussteigen(), welche die Anzahl der Insassen um 1 vermindert.
2. Definieren Sie zu Listing 3.3 eine Klasse Start, mit der Sie ein Objekt der Klasse Auto erzeugen. Wie lautet die Anweisung in der Klasse Start, um die Anzahl der Insassen Ihres Auto-Objekts zu erhöhen? Wie lautet die Anweisung, um jemanden aussteigen zu lassen?
3. Wodurch unterscheiden sich Standard- von Individual-Konstruktoren?
4. Wie muss Listing 3.6 erweitert werden, um eine dritte Ampel zu erzeugen und auszugeben, die Gelblicht anzeigt?
5. Ergänzen Sie die Klassen Ampel und Start so, dass das Programm nach jedem Erzeugen eines Ampel-Objekts anzeigt, wie viele Ampeln mit dem Standard-Konstruktor und wie viele Ampeln mit dem Individual-Konstruktor erzeugt wurden. Benutzen Sie dazu zwei Klassenattribute.

4 Objekt-Aktivitäten

Im vorhergehenden Kapitel haben Sie Objekte und Klassen einführend kennen gelernt. In diesem und dem nächsten Kapitel nehmen wir das Innenleben von Objekten genauer unter die Lupe. Dabei erfahren Sie, welche unterschiedlichen Arten von Attributen existieren, wie Ablaufsteuerungen in Operationskörpern entworfen und geregelt werden.

Da Objekte nicht isoliert nebeneinander agieren, lernen Sie im zweiten Abschnitt, wie Objekte zueinander in Verbindung treten und wie sie gemeinsam an einer Aufgabe arbeiten können.

Im Auto-Beispiel haben Sie die Zusammenarbeit eines Objekts vom Typ Auto mit der Applikationsklasse Start bereits beispielhaft kennen gelernt. Dabei enthielt die Operation Main() der Klasse Start Anweisungen zum Erzeugen und Verwalten von Auto-Objekten.

Aus der Main()-Operation heraus sind Sie in der Lage, ein fremdes Auto-Objekt zu beeinflussen. Dabei dürfen Sie mit dem Auto-Objekt gemäß dem objektorientierten Geheimnisprinzip ausschließlich jene Operationen aufrufen, die das Auto-Objekt zur Verfügung stellt. Das bedeutet, dass ein Auto-Objekt selber festlegen kann, welche Verarbeitungsschritte zulässig sind. Der Zeitpunkt und die Übergabewerte eines Operationsaufrufs jedoch überlässt das Auto-Objekt der Main()-Operation der Startklasse.

Wir beschäftigen uns in diesem Kapitel zunächst mit den Aktivitäten, die innerhalb einer Operation im Operationskörper bestimmen, welche Verarbeitungsschritte bei einem Operationsaufruf ausgeführt werden.

Als Programmieraufgabe begleitet uns in den folgenden Abschnitten ein bekanntes Rätsel, das am Ende dieses Kapitels von einem C#-Programm gelöst wird.

Der Ablauf von Computerprogrammen wird in Vorgehensbeschreibungen, die man *Algorithmus* nennt, festgelegt. Dabei hat es sich bewährt, nach den Regeln der strukturierten Programmierung nur drei verschiedene Ablaufstrukturen einzusetzen.

- ▶ Eine *Sequenz* stellt die einfachste Ablaufstruktur dar. Sie besagt, dass in einem Programm einzelne Anweisungen wie in einer To-Do-Liste von oben nach unten der Reihe nach ausgeführt werden.

- ▶ Manchmal gibt es in bestimmten Situationen Handlungsalternativen, die alternative Abläufe bei Vorliegen bestimmter Bedingungen festlegen. Je nachdem, wie die Bedingungslage im konkreten Fall vorliegt, nimmt der Programmlauf einen anderen Weg *(bedingte Anweisung)*.

- ▶ Oft ist es sinnvoll oder erforderlich, Anweisungen mehrfach zu wiederholen. Um dieselben Anweisungen nicht mehrfach zu formulieren, existiert die Möglichkeit, die Wiederholung von Anweisungen zu automatisieren. Wiederholungsanweisungen werden als *Iterationen* bezeichnet.

Um die verschiedenen Ablaufstrukturen zu verstehen und umzusetzen, wählen wir auch in diesem Kapitel ein Beispielprojekt, das Sie Schritt für Schritt umsetzen.

4.1 Das Karaffen-Rätsel

In einem Weinfass befinden sich 12 Liter Wein. Zum Umfüllen des Weins stehen zwei Karaffen zur Verfügung. Das kleinere der beiden Gefäße hat ein Fassungsvermögen von 5 und das größere von 7 Litern. Jede Karaffe darf aus dem Weinfass bis zum Fassungsvermögen gefüllt werden. Eine Karaffe kann aus dem Weinfass gefüllt, in die andere umgefüllt und in das Fass entleert werden. Da der Wein sehr kostbar ist, gehen wir davon aus, dass nichts verschüttet wird.

Die Aufgabe besteht darin, ein Vorgehen zu finden, mit dem eine beliebige Menge Wein in ganzen Litern zwischen 1 bis 7 Liter abgemessen werden kann. Dieses Vorgehen wird dann in ein objektorientiertes C#-Programm umgesetzt.

> **HINWEIS**
> Wenn Sie das Rätsel schon jetzt lösen wollen, versuchen Sie zunächst einen Weg für die Zielmenge 4 Liter zu finden. Wenn Sie es geschafft haben, greifen Sie eine andere Zielmenge heraus – vielleicht 6 Liter. Wenn Sie auch hier erfolgreich waren, sind Sie auch einer Lösung für beliebige Zielmengen sehr nahe. Versuchen Sie jetzt, sich immer wiederholende Umfüllaktionen Ihrer Lösungen zu identifizieren. Vielleicht können Sie durch weitere Wiederholungen auch alle anderen Zielmengen realisieren. Sollten Sie dem Rätsel noch nicht auf die Spur gekommen sein, wird am Ende des Kapitels Ihr erstelltes C#-Programm die Lösung mit Vergnügen preisgeben.

Objekte der Anwendung

Anders als bei prozeduralen Programmiersprachen steht beim objektorientierten Vorgehen nicht ausschließlich das Lösungsverfahren im Vordergrund. Hier geht es darum, zunächst die beteiligten Objekte zu beschreiben und das Lösungsverfahren als gemeinsames Vorgehen festzulegen.

Zentrale Objekte der Anwendung sind die beiden Karaffen. Sie besitzen dieselbe Struktur und unterscheiden sich lediglich durch ihre Größe. Um ein Objekt zu beschreiben, stehen nicht die objektiven materiellen Eigenschaften im Vordergrund, sondern die in unserer Vorstellung mit dem Objekt verknüpften Attribute und Operationen, die zur Aufgabenbewältigung notwendig erscheinen. Offensichtlich sind es die Operationen zum Einfüllen, Umfüllen und Entleeren, die wir mit einer Karaffe verbinden. Dabei sind für unser Anliegen bei einer Karaffe das Fassungsvermögen und die in der Karaffe befindliche Menge Wein entscheidend.

```
        Karaffe
-aktMenge
-maxMenge
+Füllen( menge : byte ) : byte
+Füllen()
+Leeren()
```

Abb. 4.1: Die Klasse Karaffe

Die Struktur der Klasse Karaffe besteht im Zustand aus den Attributen, die das Fassungsvermögen maxMenge und die Menge des tatsächlichen Inhalts aktMenge enthalten. Das Verhalten bestimmen Operationen zum Füllen mit einer bestimmten Menge Füllen(menge), zum Füllen bis zum Fassungsvermögen Füllen() und zum kompletten Entleeren Leeren().

Die entsprechende C#-Klassendarstellung definiert die Attribute vom Typ byte und die Operationen zunächst ohne Rückgabetypen. Der Übergabeparameter menge der Operation Füllen(menge) wird ebenfalls vom Typ byte definiert, da sein Wert der Variablen maxMenge zugewiesen wird.

```
 1: // Listing 4.1
 2: public class Karaffe
 3: {
 4:     byte maxMenge,
 5:          aktMenge;
 6:
 7:     public Karaffe(byte menge){
 8:         this.maxMenge = menge;
 9:     }
10:
11:     public void Füllen(){
```

```
12:        aktMenge = maxMenge;
13:     }
14:
15:     public void Füllen(byte menge){
16:        // hier Anweisungen zum Füllen
17:     }
18:     public void Leeren(){
19:        aktMenge = 0;
20:     }
21: }
```

Der Individual-Konstruktor in den Zeilen 7-9 legt bei der Erzeugung eines Karaffen-Objekts je nach Übergabeparameter das Fassungsvermögen der neu erzeugten Karaffe fest. Dieses Fassungsvermögen wird als Attributwert in der Variable maxMenge fest verankert, da der Wert für die Füll-Operationen benötigt wird.

Die Operation Füllen(byte menge) in den Zeilen 15-17 enthält noch keine Anweisungen. An dieser Stelle werden wir später eine Alternative programmieren.

Die Operation Füllen() in den Zeilen 11-13 ähnelt den Set-Operationen, die Sie im vorhergehenden Kapitel bereits für Auto-Objekte kennen gelernt haben. Auch für ein Karaffen-Objekt verändert die Operation einen Attributwert. Jedoch wird hier der Wert in Abhängigkeit vom Wert der Variablen maxMenge bestimmt. Nach dem Füllen besitzt die Variable aktMenge den Wert der Variablen maxMenge. Die Menge entspricht demnach dem Fassungsvermögen, d.h., die Karaffe ist nun voll.

Auch die Operation Leeren() in den Zeilen 18-20 verändert den Attributwert der Variable aktMenge. Sie erhält den Wert 0. Demnach ist die Karaffe leer.

Im nächsten Schritt erstellen wir eine Startklasse, deren Main()-Operation zwei Karaffen-Objekte erzeugt, die ein Fassungsvermögen von 5 bzw. 7 Litern besitzen. Das UML-Klassendiagramm stellt diese beiden Objekte mit ihren Attributwerten dar.

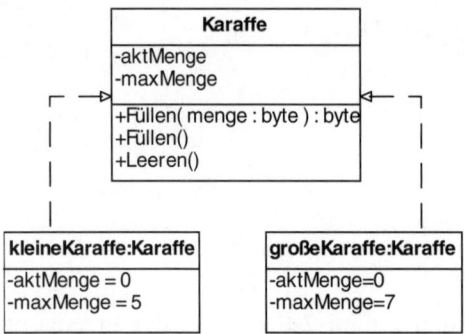

Abb. 4.2: Objekte kleineKaraffe und großeKaraffe

Umgesetzt in ein ausführbares Programm sieht der Quellcode folgendermaßen aus. Der Zustand der Objekte des UML-Klassendiagramms entspricht dem Zustand, den die Objekte direkt nach ihrer Erzeugung in den Zeilen 6-7 besitzen.

Die Anweisung kleineKaraffe.Füllen() in Zeile 9 verändert den Attributwert der kleinen Karaffe so, dass die Füllmenge aktMenge dem Fassungsvermögen maxMenge entspricht und den Wert 5 annimmt.

```
1: // Listing 4.2
2: class Start
3: {
4:     static void Main(string[] args)
5:     {
6:         Karaffe kleineKaraffe = new Karaffe(5),
7:                 großeKaraffe = new Karaffe(7);
8:
```

```
 9:        kleineKaraffe.Füllen();
10:    }
11: }
```

Diese ersten Bruchstücke einer Lösung des Karaffenproblems werden wir in den folgenden Schritten ständig erweitern. Dabei werden neben den unterschiedlichen Ablaufstrukturen auch andere Sprachkonzepte von C# soweit benötigt eingeführt.

4.2 Listen abarbeiten – die Sequenz

Die wohl einfachste Ablaufstruktur, die *Sequenz*, können Sie durch Erweiterung der Main()-Operation der Startklasse programmieren.

```
 1: // Listing 4.3
 2: class Start
 3: {
 4:     static void Main(string[] args)
 5:     {
 6:         Karaffe  kleineKaraffe = new Karaffe(5),
 7:                  großeKaraffe = new Karaffe(7);
 8:
 9:         kleineKaraffe.Füllen();
10:         großeKaraffe.Füllen();
11:         kleineKaraffe.Leeren();
12:     }
13: }
```

Die Zeilen 9-11 enthalten drei Anweisungen, die nacheinander von oben nach unten – geordnet und immer schön der Reihe nach – ausgeführt werden. Starten Sie das Programm, erzeugt es bisher noch nichts Sichtbares auf dem Bildschirm, da noch keine Ausgabeanweisungen vorhanden sind.

> **HINWEIS** Um den Programmlauf zu verfolgen, setzen Sie den Debugger ein. Tracen Sie mit der Option *Step Into* durch das Programm und definieren Sie eine Watchlist oder inspizieren Sie die relevanten Werte im vordefinierten Fenster, das alle lokalen Variablen darstellt.

Ein solche Sequenz wird im Entwurf, der ja, wie Sie bereits gesehen haben, nicht in einer Programmiersprache formuliert wird, häufig durch *Nassi-Shneiderman-Diagramme*, die auch *Struktogramme* genannt werden, dargestellt.

Programm Karaffen
Objekte kleineKaraffe, großeKaraffe erzeugen
kleineKaraffe füllen
großeKaraffe füllen
kleineKaraffe leeren
Ende

Abb. 4.3: Struktogramm – Sequenz

Der dargestellte Ablauf einer Sequenz entspricht dem Ablauf in Listing 4.3. Die einzelnen Anweisungen einer Sequenz werden genau wie im dargestellten Programm auch im Struktogramm von oben nach unten der Reihe nach ausgeführt. Die erste und die letzte Anweisung stellen dabei Pseudoanweisungen dar, die den Startpunkt und das Ende des Ablaufs markieren.

4.3 Verzweigen – die Alternative

Die Operation Füllen(**byte** menge) soll nun dafür verantwortlich sein, eine außerhalb des Karaffen-Objekts festgelegte Menge Wein in die Karaffe einzufüllen. Dabei sind jedoch verschiedene Alternativen zu berücksichtigen.

Die if-else-Anweisung – zwei Alternativen

Da eine Verschwendung des kostbaren Weins nicht in Frage kommt, kann unter Umständen nicht die gesamte von außen vorgegebene Menge an Wein in die Karaffe eingefüllt werden. Die resultierende Menge nach dem Einfüllen entspricht dann dem Fassungsvermögen. Die Karaffe ist voll.

Anders liegt der Fall, wenn die vorgegebene Menge in die Karaffe passt. Die Karaffe enthält dann die Menge, die vor dem Einfüllen bereits enthalten war, zuzüglich der Menge, die hinzugefügt wurde.

Um die Operation zu realisieren, müssen wir zunächst eine Bedingung festlegen, anhand derer wir überprüfen können, welche Alternative des Auffüllens für die geforderte Menge verwendet werden muss. Die Bedingung kann mit den gegebenen Attributen und Übergabewerten mathematisch exakt definiert werden. Die einzufüllende Menge, die als Übergabeparameter in der Variablen menge vorliegt, muss zur Menge aktMenge addiert werden, die bereits in der Karaffe ist. Ist der Wert kleiner als das Fassungsvermögen maxMenge, kann die errechnete Summe dem Attribut aktMenge zugewiesen werden. Ist das nicht der Fall, d.h., die Behauptung (aktMenge + menge < maxMenge) ist falsch, so ist die neue Füllmenge aktMenge dem Fassungsvermögen gleichzusetzen. Auch die Alternative besitzt ein Symbol in der Struktogramm-Technik. Der nachfolgende Ausschnitt enthält im oberen Dreieck das Alternativenkriterium. Dieses Kriterium muss formal immer ein Ausdruck sein, der als Ergebnis einen Wahrheitswert, also einen Wert vom Typ **bool** liefern muss.

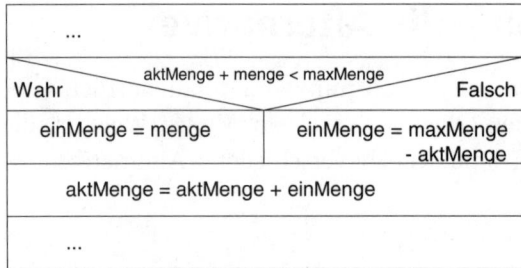

Abb. 4.4: Struktogramm – zweiseitige Alternative

Der Ausdruck aktMenge + menge < maxMenge verwendet den mathematischen Additions-Operator + sowie den Vergleichs-Operator < (kleiner als). Die neu eingeführte Variable einMenge erhält in den alternativen Wertzuweisungen als Wert immer diejenige Menge, die in die Karaffe eingefüllt wird.

Zusätzlich ergänzen wir eine Operation Ausgeben(), die Füllmenge und Fassungsvermögen einer Karaffe auf die Konsole ausgibt. Vergessen Sie nicht den Namespace System mit der Anweisung in Zeile 2 verfügbar zu machen. Seine Einbindung ist Voraussetzung für die Verwendung der Klasse Console in Zeile 22.

```
 1: // Listing 4.4
 2: using System;
 3:
 4: public class Karaffe
 5: {
 6:     /* ... */
 7:     public byte Füllen(byte menge){
 8:        byte einMenge;
 9:
10:        if (aktMenge + menge < maxMenge)
11:            einMenge = (byte)menge;
```

```
12:        else
13:            einMenge = (byte)(maxMenge - aktMenge);
14:        aktMenge+=einMenge;
15:
16:        return einMenge;
17:    }
18:    /*...*/
19:    public void Ausgeben(){
22:        Console.WriteLine("Karaffe mit {0} ]
23:            Fassungsvermögen und {1} ]
24:            Inhalt",maxMenge,aktMenge);
25:    }
26: }
```

Die auch im Struktogramm dargestellte Alternativen-Anweisung ist im C#-Programm als if-Anweisung in den Zeilen 10-13 abgebildet. Ist der Ausdruck in Zeile 10 wahr (true), wird die Anweisung in Zeile 11 ausgeführt. Das Programm übergeht anschließend die Anweisung in Zeile 13 und fährt direkt mit Zeile 14 fort. Liefert der Ausdruck in Zeile 10 falsch (false), lässt das Programm die Anweisung in Zeile 11 aus, führt die Anweisung in Zeile 13 aus und fährt dann mit der Anweisung in Zeile 14 fort.

> **HINWEIS**
> Wahrheitswerte können in C# anders als in C und C++ nicht durch die Ganzzahlen 0 und 1 ausgedrückt werden. Beachten Sie, dass Wahrheitswerte immer vom Typ bool sein müssen und somit ausschließlich Werte aus dem Wertebereich von bool, nämlich true und false, annehmen dürfen.

Die Variable einMenge ist in der Zeile 8 vereinbart und wird gemäß Vorgabe des Struktogramms eingesetzt.

Da nicht immer die gewünschte Menge eingefüllt werden kann, ist es sinnvoll, dem aufrufenden Fremd-Objekt mitzuteilen, welche Menge tatsächlich eingefüllt wurde. Dazu müssen Sie, wie in Zeile 7 dargestellt, den Rückgabetyp der Operation von void auf byte ändern. Zusätzlich ergänzen Sie als letzte Anweisung der Operation Füllen(byte menge) die Rücksprung-Anweisung return einMenge. Die return-Anweisung in Zeile 16 beendet den Operationsaufruf und springt zur aufrufenden Stelle zurück. Dabei wird der Wert der Variablen einMenge an die aufrufende Stelle zurückgegeben.

> **HINWEIS**
> Die Addition zweier Zahlen vom Typ byte liefert im Ergebnis nicht wie intuitiv vermutet auch ein Ergebnis vom Typ byte, sondern ein Ergebnis vom Typ int. Um das Additionsergebnis vom Typ int der Variablen einMenge vom Typ byte zuzuweisen, muss das Ergebnis mit dem Cast-Operator (byte) in diesen Datentyp explizit konvertiert werden.

Testen Sie das Programm, indem Sie Ihre Startklasse folgendermaßen aufbauen.

```
 1: // Listing 4.5
 2: class Start{
 3:     static void Main(string[] args){
 4:         Karaffe kleineKaraffe = new Karaffe(5),
 5:                 großeKaraffe = new Karaffe(7);
 6:
 7:         kleineKaraffe.Füllen();
 8:         kleineKaraffe.Ausgeben();
 9:         kleineKaraffe.Leeren();
10:         kleineKaraffe.Ausgeben();
11:         kleineKaraffe.Füllen(4);
```

```
12:        kleineKaraffe.Ausgeben();
13:        kleineKaraffe.Füllen(5);
14:        kleineKaraffe.Ausgeben();
15:     }
16: }
```

Das Programm erzeugt eine Bildschirmausgabe, die 4 Ausgabezeilen durch den jeweiligen Aufruf der Operation Ausgeben() des Objekts kleineKaraffe in den Zeilen 8, 10, 12 und 14 enthält.

Karaffe mit 5 l Fassungsvermögen und 5 l Inhalt
Karaffe mit 5 l Fassungsvermögen und 0 l Inhalt
Karaffe mit 5 l Fassungsvermögen und 4 l Inhalt
Karaffe mit 5 l Fassungsvermögen und 5 l Inhalt

Der Aufruf der Operation Füllen(4) liefert als Ergebnis den byte-Wert 4. Das bedeutet, dass 4 Liter in das Gefäß eingefüllt werden konnten. Der Aufruf Füllen(5) in Zeile 13 gibt dagegen den Wert 1 zurück, folglich konnte nur 1 Liter zusätzlich in die Kanne eingefüllt werden. Die Rückgabewerte werden in der Main()-Operation der Startklasse nicht ausgewertet.

Ein Beispiel für die Weiterverwendung des Rückgabewerts zeigen die folgenden Anweisungen, die Sie in die Main()-Operation der Startklasse integrieren können. Dabei sollen 3 Liter Wein in die kleine Karaffe eingefüllt werden. Die tatsächlich eingefüllte Menge wird in der Variablen einMenge festgehalten und anschließend auf dem Bildschirm ausgegeben.

```
byte einMenge;
einMenge = kleineKaraffe.Füllen(3);
System.Console.WriteLine("zugefüllt {0}l", einMenge);
```

Nachdem Sie am Beispiel die Alternative kennen gelernt haben, fassen wir die wesentlichen Elemente noch einmal kurz zusammen. Formal ist die zweiseitige Alternative folgendermaßen aufgebaut:

```
if (Ausdruck)
    Anweisung1
[else
    Anweisung2]
```

Ist die *Bedingung* wahr, d.h. der Ausdruck liefert `true`, wird `Anweisung1` ausgeführt. `Anweisung2` wird ausgelassen und es wird mit der auf `Anweisung2` folgenden Anweisung fortgefahren.

Liefert die Bedingung dagegen `false`, wird `Anweisung1` ausgelassen und `Anweisung2` ausgeführt, bevor mit der auf die `Anweisung2` folgenden Anweisung fortgefahren wird.

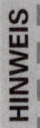
HINWEIS: Der `else`-Bereich in eckigen Klammern kann auch entfallen, wenn im `false`-Fall keine Anweisung ausgeführt werden soll.

Damit haben Sie die einseitige Alternative, die `if`-Anweisung ohne `else`-Zweig, und die zweiseitige Alternative, die `if`-Anweisung mit integriertem `else`-Zweig kennen gelernt.

Die switch-Anweisung – viele Alternativen

C# bietet neben der `if-else`-Anweisung, wie die meisten Universalsprachen, auch eine Mehrfach-Alternative, die *switch-Anweisung*, an. Diese Anweisung wird dann angewendet, wenn je nach Wert eines ordinalen Ausdrucks mehr als zwei alternative Handlungsabläufe im Programm festgelegt werden sollen.

Wir wollen die Operation Ausgeben() der Klasse Karaffe so erweitern, dass sie für eine leere Karaffe den Zusatz „leer", für eine Karaffe, die nur 1 Liter Wein enthält, den Zusatz „fast leer" und für alle Füllmengen darüber die relative Füllmenge in Prozent ausgibt. Auch für den Spezialfall der Mehrfach-Alternative existiert eine symbolische Darstellung in der Struktogrammtechnik.

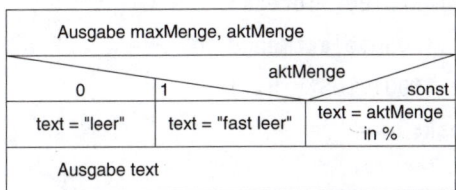

Abb. 4.5: Struktogramm – Mehrfach-Alternative

Das Struktogramm zeigt die erweiterte Ausgabe. Nachdem zunächst das Fassungsvermögen und die Füllmenge ausgegeben sind, wird der Zusatz der Ausgabe in einer Mehrfach-Alternative festgelegt. Im oberen Dreieck ist zunächst die Steuermarke aktMenge festgelegt, deren Wert entscheidet, welche der drei alternativen Anweisungen ausgeführt wird. Im gleichen Feld unterhalb des oberen Dreiecks sind die verschiedenen Werte der Steuermarke aufgeführt, für die eine Handlungsalternative existiert.

Besitzt die Steuermarke aktMenge den Wert 0, wird die darunter liegende linke Anweisung text = "leer", für den Wert 1 text = "fast leer" und für alle anderen Werte der Steuermarke die mit sonst bezeichnete Anweisung text = aktMenge in % ausgeführt. Nur eine der Alternativen wird in einem Programmlauf ausgeführt. Setzen Sie die Logik des Ablaufs in der Operation Ausgabe() der Klasse Karaffe um, indem Sie dort eine switch-Anweisung einbauen.

```
1: // Listing 4.6
2: /* ... */
3: public class Karaffe {
4:     /* ... */
```

```
5:     public void Ausgeben(){
6:        string text;
7:        switch(aktMenge)
8:        {
9:           case 0: text = "leer";break;
10:          case 1: text = "fast leer";break;
11:          default: text = ((double)aktMenge /
12:                   maxMenge *100).ToString() +
13:                   " %";break;
14:       }
15:       Console.WriteLine("Karaffe mit {0} l " +
16:                "Fassungsvermögen und {1} l " +
17:                "Inhalt {2}",
18:                maxMenge,aktMenge, text);
19:    }
20: }
```

Die switch-Anweisung in den Zeilen 7-14 definiert zunächst den Wert der Variablen aktMenge als Steuermarke. Die Alternativen sind in dem Block in den Zeilen 8-14 festgelegt. Das Schlüsselwort case leitet jeweils eine Alternative ein, die ausgeführt wird, wenn der Konstanten-Wert hinter case dem Steuermarken-Wert entspricht. Hinter dem Doppelpunkt werden die Anweisungen festgelegt, die in dieser Alternative ausgeführt werden sollen.

> **HINWEIS**
> Der Wert des Steuermarken-Ausdrucks kann von einem integralen Datentyp, also sbyte, byte, short, ushort, int, uint, long, ulong und char, sein. Beachten Sie, dass Sie im Unterschied zu anderen Programmiersprachen alternativ auch einen Ausdruck vom Datentyp string als Steuermarke einsetzen dürfen. Damit besitzen Sie eine komfortable Möglichkeit, Zeichenketten zur Steuerung alternativer Abläufe einzusetzen.

Letzte Anweisung einer Alternative ist immer eine Sprungmarke. Als Standard verwenden wir die Sprungmarke break, die dafür sorgt, dass der aktuell ausgeführte Block verlassen wird und das Programm mit der Anweisung in Zeile 15 fortfährt.

> **HINWEIS**
> Verwenden Sie keine anderen Sprungmarken als break, da nur so gewährleistet ist, dass die switch-Anweisung gemäß der Mehrfach-Alternative der strukturierten Programmierung arbeitet. Beachten Sie, dass in C# die Angabe einer Sprungmarke für jeden case- und den default-Bereich Pflicht ist.

Das Schlüsselwort default kennzeichnet die Alternative, die ausgeführt wird, wenn keine der case-Alternativen greift. In unserem Fall sind das alle Füllmengen, die größer als 1 Liter sind. Bei der Berechnung der prozentualen Füllmenge dividieren wir die aktuelle Menge durch die Füllmenge. Zu beachten ist dabei, dass die Division zweier Ganzzahlen im Ergebnis immer nur den ganzzahligen Anteil des Divisionsergebnisses liefert. Daher verwenden wir den cast-Operator (double) in Zeile 11 zur expliziten Typumwandlung des Operanden aktMenge in eine Fließkommazahl. Somit ist das Ergebnis der Division ebenfalls eine Fließkommazahl, die im Ergebnis auch den Nachkomma-Anteil enthält.

Im Unterschied zur Vorgabe des Struktogramms, das zwei Ausgabeanweisungen vorsieht, integriert die Operation Ausgabe() der Klasse Karaffe beide Teile der Ausgabe in einer Anweisung in Zeile 15-18. Die Operation WriteLine(...) erhält vier Übergabewerte. Der erste Parameter enthält die auszugebende Zeichenkette. Die Zeichenkette enthält drei Platzhalter in geschweiften Klammern, die der Reihenfolge nach durch die Werte der folgenden Übergabeparameter ersetzt werden. So ersetzt die Operation WriteLine(...) den Platzhalter {0} durch den Wert von maxMenge, Platzhalter {1} durch den Wert von aktMenge und Platzhalter {2} durch den Wert von text.

Der formale Aufbau der switch-Anweisung zeigt zusammenfassend noch einmal den Zusammenhang von Steuermarke Ausdruck1, den beliebig vielen case-Bereichen Konstanten-Ausdruck2 und dem wahlweise vorhandenen default-Bereich.

```
switch (Ausdruck1)
{
   case Konstanten-Ausdruck2:
      Anweisung3
      Sprung-Anweisung4
   [default:
      Anweisung5
      Sprung-Anweisung6]
}
```

4.4 Die Iteration – Wiederholung

Zur Lösung des Karaffen-Rätsels werden wir sicherlich mehr als einmal eine Karaffe füllen, umfüllen oder entleeren. In ein C#-Programm umgesetzt bedeutet dies, dass Anweisungen wiederholt ausgeführt werden. Hier bietet die strukturierte Programmierung die Konstruktion der Wiederholungsanweisung an. Im Grundsatz existieren zwei verschiedene Möglichkeiten, eine Wiederholung darzustellen.

Die while-Schleife – erst prüfen, dann arbeiten

Die erste Form der Schleife ist die *kopfgesteuerte Schleife*.

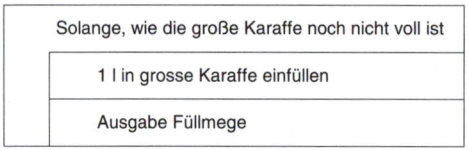

Abb. 4.6: Struktogramm – Kopfgesteuerte Schleife

Wie bei der einfachen Alternative steuert eine Bedingung in Form eines Ausdrucks, der vom Typ bool ist, ob die Anweisungen im Schleifenkörper ausgeführt werden oder nicht. Zuerst wird geprüft, ob der Ausdruck wahr (true) ist. Ist das der Fall, führt das Programm die Anweisungen im Schleifenrumpf aus; ist der Ausdruck nicht wahr (false), so verlässt das Programm die Wiederholungsanweisung und fährt mit der nächsten Anweisung, die auf die Schleifenkonstruktion folgt (in der Abbildung nicht mehr vorhanden), fort. Solange die Karaffe noch nicht voll ist, wird immer wieder ein Liter Wein eingefüllt. Das bedeutet, dass in diesem Fall die beiden Anweisungen in der Schleife immer wieder ausgeführt werden. Im Fall der Karaffe ist sichergestellt, dass nach einer endlichen Anzahl von Füll-Operationen das Fassungsvermögen erreicht und damit die Schleifenbedingung *noch nicht voll* eben nicht mehr erfüllt ist. Die Ausführung der Anweisungen im Schleifenkörper wird dann beendet.

Um feststellen zu können, ob eine Karaffe voll ist, vergleichen Sie die beiden Attribute aktMenge und maxMenge der Klasse Karaffe. Besitzen sie denselben Wert, so ist die Karaffe voll. Die Information benötigen wir jedoch innerhalb der Main()-Operation der Startklasse. Um das Prinzip der Datenkapselung einzuhalten, sollten Sie aus der Main()-Operation der fremden Startklasse nicht direkt auf diese Attribute zugreifen. Definieren Sie in der Klasse Karaffe eine Operation bool IsVoll(), die true liefert, wenn die Karaffe voll ist (aktMenge == maxMenge), und false, wenn nicht (aktMenge < maxMenge).

```
1: // Listing 4.7
2: /*...*/
3: public class Karaffe{
4: /*...*/
5:    public bool IsVoll(){
6:        return aktMenge == maxMenge;
7:    }
8: }
```

Die Zeilen 5-7 zeigen die Operation IsVoll(). Der Rückgabewert ergibt sich aus einer Vergleichs-Operation, die den Vergleichs-Operator == in Zeile 6 verwendet. Die Vergleichs-Operation liefert je nach Wert der Operanden true oder false. Dieser Wert wird dann als Antwort mittels return-Statement an die aufrufende Stelle zurückgegeben.

Der Aufruf der Operation erfolgt in der Main()-Operation der Klasse Start, in der wir die Schleife gemäß Struktogramm-Vorgabe einbauen.

```
1: // Listing 4.8
2: class Start{
3:    static void Main(string[] args){
4:        Karaffe  kleineKaraffe = new Karaffe(5),
5:                 großeKaraffe = new Karaffe(7);
6:
7:        kleineKaraffe.Füllen(3);
8:        while(!kleineKaraffe.IsVoll()){
9:            kleineKaraffe.Füllen(1);
10:           kleineKaraffe.Ausgeben();
11:       }
12:    }
13: }
```

Die Schleife in den Zeilen 8-11 wird durch das Schlüsselwort while, gefolgt von der Schleifenbedingung, eingeleitet. Die Bedingung enthält einen Aufruf der eben erstellten Operation IsVoll(). Solange die Bedingung im Schleifenkopf wahr (true) ist, werden die Anweisungen im Schleifenrumpf (Zeilen 9-11) ausgeführt. Die Operation IsVoll() liefert jedoch genau umgekehrt true, wenn die Karaffe voll ist, und false, wenn die Karaffe nicht voll ist. Damit der gesamte Bedingungsausdruck true liefert, negieren wir das Ergebnis des Operationsaufrufs IsVoll() mit Hilfe des einstelligen !-Operators (sprich: „Nicht-Operator"). Jetzt liefert der Gesamtausdruck true, wenn die Karaffe nicht voll ist, d.h., das Einfüllen ist erlaubt, und die Anweisungen im Schleifenkörper werden (noch einmal) ausgeführt.

> **HINWEIS** Beachten Sie, dass jede while-Schleife in ihrem Schleifenkörper dafür verantwortlich ist, dass irgendwann die Schleifenbedingung den Wert false annimmt und damit den Schleifenlauf beendet. Geschieht dies nicht, erhalten Sie eine *Endlosschleife* – das Programm wird niemals beendet.

Ersetzen Sie die Anweisung in Zeile 7 durch die Anweisung kleineKaraffe.Füllen(5). Die Schleife wird jetzt gar nicht mehr durchlaufen, da die Karaffe schon vor Auftreffen auf die Schleife in Zeile 8 voll ist.

Wie die abschließende formale Darstellung noch einmal zeigt, erfolgt die Prüfung der Bedingung vor Ausführen der Anweisungen im Schleifenkörper.

while (Ausdruck) Anweisung;

Die *fußgesteuerte Schleife*, die im folgenden Abschnitt erläutert wird, setzen wir immer dann ein, wenn die Anweisungen im Schleifenkörper mindestens ein Mal durchlaufen werden müssen. Denken Sie an eine Passwort-Abfrage, in der Sie ein Passwort, je nachdem, ob Sie es korrekt oder falsch eingeben, einmal oder auch mehrmals eingeben können, mindestens jedoch ein Mal.

Die do-while-Schleife – erst arbeiten, dann prüfen

Wenn wir vor dem Füllen in der Schleife die Karaffe entleeren, können wir sicher sein, dass mindestens eine Fülloperation erforderlich ist, um die Karaffe bis zum Fassungsvermögen zu füllen.

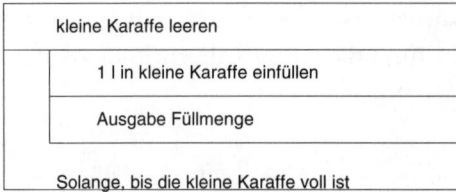

Abb. 4.7: Struktogramm – fußgesteuerte Schleife

Das Struktogramm zeigt diese fußgesteuerte Schleife. Die erste Prüfung, ob die beiden Anweisungen im Schleifenkörper, Füllen und Ausgabe, ausgeführt werden, erfolgt erst nach dem ersten Schleifenlauf. Somit ist gewährleistet, dass die Schleife mindestens einmal durchlaufen wird. Anders als bei der kopfgesteuerten Schleife, die durchlaufen wird, wenn die Schleifenbedingung wahr ist (solange, wie ...) wird die fußgesteuerte Schleife durchlaufen, solange die Schleifenbedingung nicht wahr ist (solange, bis ...). Setzen Sie auch diesen Ablauf, der im Struktogramm festgelegt ist, in der `Main()`-Operation der Startklasse in ein C#-Programm um.

```
1:  // Listing 4.9
2:  class Start {
3:      static void Main(string[] args){
4:          Karaffe kleineKaraffe = new Karaffe(5),
5:                  großeKaraffe = new Karaffe(7);
6:
7:          kleineKaraffe.Leeren();
8:          do {
9:              kleineKaraffe.Füllen(1);
10:             kleineKaraffe.Ausgeben();
11:         }
12:         while(!kleineKaraffe.IsVoll());
13:     }
14: }
```

Nachdem die Anweisung in Zeile 7 die kleine Karaffe sicherheitshalber entleert, füllt die `do-while`-Schleife (Zeile 8-12) das Gefäß wieder nach und nach bis zum Fassungsvermögen. Eingeleitet durch das Schlüsselwort do folgt die Blockanweisung des Schleifenkörpers, der die beiden Anweisungen zum Füllen und zur Ausgabe enthält. Die Schleifenbedingung in Zeile 12 wird exakt so festgelegt wie bei der `while`-Schleife. Das erstaunt ein wenig, wo doch das Struktogramm die Bedingung so formuliert, dass ein Ausdruck, der `true` liefert, zum Verlassen der Schleife führt, C# jedoch bei `true` die Anweisungen des Schleifenkörpers (noch einmal) ausführt. Damit befindet sich C# jedoch in guter Gesellschaft mit anderen Programmiersprachen.

Formal ist die `do-while`-Schleife der `while`-Schleife sehr ähnlich. Dabei kennzeichnet do lediglich die Schleife, ohne dass eine Prüfung der Schleifenbedingung erfolgt.

do Anweisung **while** (Ausdruck);

Neben den grundlegenden Wiederholungsanweisungen bietet C# noch zwei weitere kopfgesteuerte Schleifen an. Die beliebte `for`-Schleife wird hauptsächlich als Zählschleife eingesetzt. Darüber hinaus existiert die `foreach`-Schleife, die festgelegte Anweisungen für jedes Element einer Sammlung ausführt.

Die for-Schleife – immer schön mitzählen

Die *for-Schleife* wird als Zählschleife immer dann eingesetzt, wenn die Anzahl der Durchläufe bereits bei Erreichen des Schleifenkopfes bekannt ist oder ermittelt werden kann.

Da das Einfüllen der Menge 1 Liter in eine Karaffe sich bewährt hat, soll das komplette Füllen einer Karaffe bis zum Fassungsvermögen in 1-Liter-Schritten erfolgen. Nach jedem Einfüllschritt soll angezeigt werden, wie viele Liter bereits eingefüllt wurden. Zur Realisierung setzen Sie die `for`-Schleife als Zählschleife ein.

Die Anzahl der notwendigen Schleifenläufe lässt sich ermitteln durch die Differenz von Fassungsvermögen und Füllmenge. Hat eine Karaffe ein Fassungsvermögen von 7 Liter und eine Füllmenge von 2 Liter, so sind genau fünf Fülloperationen notwendig; die Anweisungen im Schleifenrumpf werden 5-mal ausgeführt.

Zunächst erweitern Sie die Klasse Karaffe um eine Auskunfts-Operation, die als Antwort den freien Platz gibt.

```
1: // Listing 4.10
2: /*...*/
3: public class Karaffe{
4:   /*...*/
5:     public byte GetFrei(){
6:       return (byte)(maxMenge - aktMenge);
7:     }
8: }
```

Mit der Operation GetFrei() der Klasse Karaffe lässt sich nun feststellen, welche Menge noch in die Karaffe eingefüllt werden kann.

```
1: // Listing 4.11
2: class Start {
3:     static void Main(string[] args)   {
4:         Karaffe kleineKaraffe = new Karaffe(5),
5:                 großeKaraffe = new Karaffe(7);
6:
7:         kleineKaraffe.Füllen(2);
8:         int frei = kleineKaraffe.GetFrei();
9:         for (int i=1; i <= frei; i++){
10:            kleineKaraffe.Füllen(1);
```

```
11:             System.Console.WriteLine("eingefüllt:"+
                      " {0} l",i);
12:        }
13:   }
14: }
```

Die for-Schleife (Zeilen 9-12) besitzt im Schleifenkopf, der mit dem Schlüsselwort for eingeleitet wird, einen dreiteiligen Steuerbereich in Zeile 9.

▶ Die Initialisierungs-Anweisung (Init-Anweisung) `int i = 1;` wird nur ein einziges Mal ausgeführt, bevor die Anweisungen des Schleifenrumpfs (Zeilen 10-12) das erste Mal durchlaufen werden.

▶ Der Ausdruck vom Typ bool (`i <= frei;`) wird vor jedem Schleifenlauf ausgewertet und funktioniert exakt so wie die Schleifenbedingung der while-Schleife – noch ein Schleifenlauf bei true, Abbruch bei false.

▶ Nach jedem Schleifenlauf wird die Update-Anweisung `i++;` ausgeführt. Sie sorgt dafür, dass die Zählvariable i nach jedem Schleifenlauf um 1 erhöht wird, bis die Schleifenbedingung false liefert. Wenn i den Wert 6 besitzt, ist die kleine Karaffe voll und das Programm fährt mit der Anweisung in Zeile 13 fort.

Die for-Schleife ist folglich eine um eine Init-Anweisung und eine Update-Anweisung angereicherte while-Schleife, die wie in unserem Beispiel häufig als Zählschleife eingesetzt wird.

```
for ([Init-Anweisung];[Ausdruck];[Update-Anweisung])
    Anweisung1
```

Die letzte Alternative zur Strukturierung von Abläufen stellt die *foreach-Schleife* dar. Mit Hilfe dieser Schleife können Sie auf einfache Weise Anweisungen definieren, die auf alle Elemente einer Liste angewendet werden.

Stellen Sie sich vor, Sie haben eine Sammlung von 10 Karaffen. Alle Karaffen sollen gefüllt werden. Umgesetzt in ein C#-Programm müssen wir zunächst 10 Objekte vom Typ `Karaffe` in einer gemeinsamen Sammlung vereinbaren. Der Datentyp `Array` bietet die Möglichkeit, eine festgelegte Anzahl von Elementen desselben Typs in einer Sammlung zusammenhängend zu verwalten. Sie werden den Datentyp `Array` noch genauer kennen lernen. An dieser Stelle beschränken wir uns auf die zum Verständnis notwendigen Konzepte.

Dazu vereinbaren wir die Karaffen-Sammlung mit der Anweisung

```
Karaffe[] alleKaraffen = new Karaffe[10];
```

Die eckigen Klammern [] legen fest, dass eine Sammlung mit einer bestimmten, hier noch nicht festgelegten Anzahl von Elementen angelegt werden soll. Die Klasse `Karaffe` bezeichnet den Typ jedes Elements in der Sammlung.

Zugriff auf die Sammlung erhalten Sie über die Variable `alleKaraffen`. Da Sammlungen vom Typ `Array` nicht beliebig viele, sondern nur eine begrenzte Anzahl von Elementen aufnehmen können, müssen Sie diese Anzahl festlegen, bevor Sie die Variable `alleKaraffen` nutzen können. Das erledigt die Initialisierung **new** `Karaffe[10]`.

Bisher existiert eine Sammlung, die Platz für 10 Karaffen geschaffen hat. Im nächsten Schritt müssen wir noch 10 Karaffen-Objekte den einzelnen Fächern der Sammlung zuordnen. Dazu müssen diese Karaffen-Objekte erst erzeugt und dann der Sammlung zugewiesen werden. Um einen bestimmten Platz in der Karaffen-Sammlung `alleKaraffen` anzuwählen dient ein Index, der immer bei 0 beginnt und in unserem Fall, einer Sammlung von 10 Elementen, bei 9 endet. Die kleinste Karaffe soll 1 Liter Fassungsvermögen, die zweitkleinste 2 Liter und die größte Karaffe 10 Liter Fassungsvermögen besitzen.

```
alleKaraffen[0] = new Karaffe(1);
alleKaraffen[1] = new Karaffe(2);
```

```
alleKaraffen[2] = new Karaffe(3);
/*...*/
alleKaraffen[9] = new Karaffe(10);
```

Auf die einzelnen Objekte greifen Sie über die Variable der Sammlung zu. Dabei geben Sie die Position des Karaffen-Objekts innerhalb der Sammlung wieder in eckigen Klammern hinter dem Sammlungsnamen an. alleKaraffen[0] bezeichnet somit das erste Karaffen-Objekt der Sammlung. Für diese Karaffe aktivieren Sie die Operation Füllen(), indem Sie wie bei jedem anderen Objekt den Aufruf mit einem Punkt getrennt an den Objektnamen anhängen.

```
alleKaraffen[0].Füllen();
alleKaraffen[1].Füllen();
alleKaraffen[2].Füllen();
/*...*/
alleKaraffen[9].Füllen();
```

Stellen Sie sich vor, dass die Sammlung nicht 10, sondern 50 oder 100 Elemente enthielte, dann benötigen Sie zum Füllen auch die entsprechende Zahl von Anweisungen. Eleganter lässt sich das Problem mit Schleifen lösen.

Verwenden Sie zunächst zum Erzeugen der Karaffen-Objekte eine Zählschleife.

```
for (byte i =0; i< alleKaraffen.Length; i++)
    alleKaraffen[i] = new Karaffe((byte)(i+1));
```

Der Laufindex i nimmt in dieser Zählschleife nacheinander die Werte 0 bis 9 an und erzeugt für diese Indexpositionen in der Sammlung Karaffen-Objekte, die mit einem Fassungsvermögen von 1-10 Litern ausgestattet sind.

Die foreach-Schleife – Sammlungen abarbeiten

Um die Karaffen zu füllen, soll für jedes Karaffen-Objekt die Operation Füllen() aufgerufen werden. Auch hier wäre die Zählschleife eine geeignete Alternative. Noch einfacher lösen Sie diese Aufgabe mit der foreach-Schleife.

```
foreach(Karaffe eineKaraffe in alleKaraffen)
    eineKaraffe.Füllen();
```

In der Schleife wird für jedes Karaffen-Objekt eineKaraffe in der Sammlung alleKaraffen die Operation Füllen() aufgerufen. Im Kopf der Schleife wird zunächst eine Variable eineKaraffe vom Typ Karaffe vereinbart. Über die Variable können Sie in jedem Schleifenlauf der Reihe nach auf alle Elemente der Karaffen-Sammlung zugreifen.

> **HINWEIS** Achten Sie darauf, dass der Typ der Elementvariablen immer mit dem Typ der Elemente der Sammlung übereinstimmen muss.

Das folgende Listing zeigt die Vereinbarung des Array alleKaraffen in Zeile 4, die Zählschleife (Zeilen 6-7), um Karaffen-Objekte zu erzeugen und der Sammlung zuzuweisen, sowie die foreach-Schleife (Zeilen 9-12), in der alle Karaffen der Reihe nach gefüllt werden.

```
1: // Listing 4.12
2: class Start{
3:    static void Main(string[] args){
4:       Karaffe[] alleKaraffen = new Karaffe[10];
5:
6:       for (byte i=0; i<alleKaraffen.Length;i++)
7:          alleKaraffen[i] = new Karaffe((byte)(i+1));
8:
```

```
 9:     foreach(Karaffe eineKaraffe in alleKaraffen){
10:         eineKaraffe.Füllen();
11:         eineKaraffe.Ausgeben();
12:     }
13:   }
14: }
```

Die Variable eineKaraffe enthält in jedem Schleifenlauf der foreach-Schleife eine Kopie der Zuordnung des entsprechenden Sammlungselements aus alleKaraffen. Somit sind keine Zuordnungsänderungen an der Sammlung über diese Variable zulässig. Folgerichtig werden Anweisungen wie eineKaraffe = ... , die eine Veränderung dieser Zuordnung lediglich für die Kopie eineKaraffe vornehmen, untersagt, um nicht gewollte Seiteneffekte zu verhindern.

> **HINWEIS**
> Die foreach-Schleife können Sie nicht einsetzen, um Elemente einer Sammlung hinzuzufügen oder zu entfernen, da die Elementvariable nur eine Kopie der Elementzuordnung zur Sammlung enthält. Somit wären Änderungen der Zuordnung unwirksam für die Sammlung. Folgerichtig verhindert der Compiler Änderungen der Zuordnung.

Die formale Darstellung der foreach-Schleife zeigt noch einmal ihren Aufbau. Innerhalb der Anweisung wird der Element-Bezeichner dazu verwendet, um auf ein Element der Sammlung zuzugreifen.

foreach (Element-Typ Element-Bezeichner **in** Sammlung)
    Anweisung

Der Element-Bezeichner ist dabei ausschließlich innerhalb des Schleifenkörpers definiert. Neben dem Datentyp Array existieren in der Klassenbibliothek des .NET Framework noch weitere Klassen, die *Collection-Klassen*, die als Sammlung in der foreach-Anweisung eingesetzt werden können.

4.5 Die Delegation – „andere" arbeiten lassen

Bisher hat unser Karaffen-Objekt alle Aufgaben mit Hilfe der verschiedenen Ablaufstrukturen selbst erledigt. Aber für Objekte gilt das Gleiche wie für alle Aktiven: Man kann, auch wenn man es will, eben doch nicht alles selber machen.

Die Zusammenarbeit verschiedener, voneinander unabhängiger Objekte ist oft notwendig. Betrachten wir den Ausgangsfall unseres Rätsels. Durch Füllen, Entleeren und Umfüllen der beiden Karaffen soll jede beliebige Zielmenge realisiert werden. Die Operationen zum Füllen und Entleeren haben Sie bereits erfolgreich umgesetzt.

Das Umfüllen von einer Karaffe in eine andere funktioniert nur, wenn beide Karaffen-Objekte an dem Vorgang aktiv mitwirken. Zunächst zerlegen wir die Operation in einzelne Arbeitsschritte. Gehen wir von dem Beispiel aus, dass die kleine Karaffe, die 5 Liter Fassungsvermögen besitzt, mit 3 Litern Wein gefüllt ist. Die große Karaffe mit 7 Litern Fassungsvermögen sei mit 5 Litern Wein gefüllt.

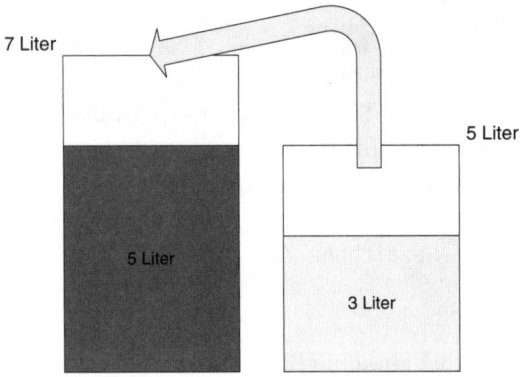

Abb. 4.8: Karaffen – vor dem Umfüllen

Das Ziel ist es nun, von der kleinen Karaffe möglichst viel Wein in die große Karaffe umzufüllen.

▶ Die kleine Karaffe versucht zunächst ihren gesamten Inhalt von 3 (aktMenge) Litern Wein in die große Karaffe umzufüllen.

▶ Die kleine Karaffe informiert die große Karaffe, Sie möchte 3 Liter (aktMenge) umfüllen.

▶ Die große Karaffe überprüft ihre freie Kapazität und informiert die kleine Karaffe, dass nur 2 Liter (maxMenge - aktMenge) eingefüllt werden können.

▶ Die kleine Karaffe füllt die große Karaffe bis zu deren Fassungsvermögen mit 2 Litern auf (großeKaraffe.Füllen(aktMenge)). Damit ist die große Karaffe mit 7 Litern Wein voll.

▶ Die kleine Karaffe enthält noch 1 Liter Wein (aktMenge -= großeKaraffe.Füllen(aktMenge)).

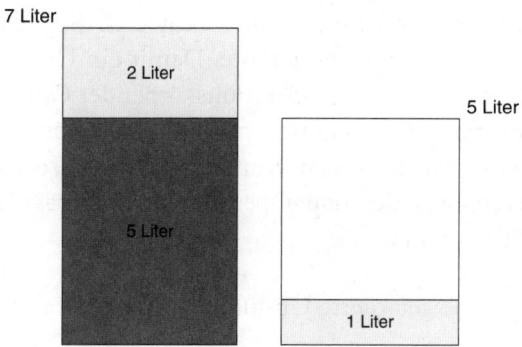

Abb. 4.9: Karaffen – nach dem Umfüllen

Diese Zusammenarbeit beim Umfüllen, die wir am Beispiel durchgespielt haben, soll nun unabhängig von konkreten Füllmengen und Fassungsvermögen, also allgemeingültig, für beliebige Gefäße mit beliebigen Füllmengen in einer Operation der Klasse Karaffe beschrieben werden.

Dazu implementieren Sie die Operation Umfüllen(...) in der Klasse
Karaffe. Wenn eine Karaffe als aktives Objekt versucht, ihren Inhalt in
eine andere Karaffe umzufüllen, muss zunächst diese andere Karaffe
festgelegt werden. Das übernimmt ein Übergabeparameter, der einen
Verweis auf die Karaffe enthält, die aufgefüllt werden soll, so dass die
Operation die folgende Struktur besitzt:

void Umfüllen(Karaffe zielKaraffe){/*...*/}

Als Antwort kann die Operation Umfüllen(...) diejenige Menge zurückgeben, die tatsächlich umgefüllt werden konnte. Folglich kann
alternativ auch der Rückgabetyp byte festgelegt werden. Im Operationskörper steht Ihnen über die Variable zielKaraffe der Zugriff auf die
Karaffe, in die der Wein umgefüllt wird, offen. Mit dem Operationsaufruf

kleineKaraffe.Umfüllen(großeKaraffe);

aus der Main()-Operation der Startklasse heraus aktivieren Sie den
Umfüllprozess von der kleinen in die große Karaffe. Damit ein Umfüllen tatsächlich stattfindet, müssen Sie im Operationskörper der Operation Umfüllen(...) die einzelnen Anweisungen festlegen. Schauen wir
uns die verbale Beschreibung der einzelnen Umfüllschritte an, so erkennen wir, dass die bereits existierende Operation Füllen(menge)
einen Teil der Funktionalität schon erfüllt.

▶ Die Operation prüft, ob die geforderte Umfüllmenge in die Karaffe
   passt.

▶ Falls die geforderte Menge nicht mehr in die Karaffe passt, so füllt
   sie lediglich bis zum Fassungsvermögen auf und gibt die aufgefüll-
   te Menge als Antwort zurück.

Wenn nun eine Karaffe die Operation Füllen(...) einer anderen Karaffe mit der eigenen Füllmenge als gewünschte Umfüllmenge aufruft,
so wird diese korrekt aufgefüllt. Die Antwort der Operation können wir

dazu verwenden, die Menge unserer ersten Karaffe anzupassen, indem wir die umgefüllte Menge von der ehemaligen aktuellen Menge abziehen.

Darüber hinaus nutzen wir die Gelegenheit und programmieren neben der Operation Umfüllen(...) noch zwei Operationen, die Antwort auf die Frage geben, ob eine Karaffe leer ist, ob sie voll ist und wie viel Liter Wein in der Karaffe schwimmen.

```
1:  // Listing 4.13
2:  using System;
3:  public class Karaffe{
4:      byte  maxMenge,
5:            aktMenge;
6:      /*...*/
7:      public void Umfüllen( Karaffe zielKaraffe){
8:          aktMenge -= zielKaraffe.Füllen(aktMenge);
9:      }
10:     public bool IsLeer(){
11:         return aktMenge == 0;
12:     }
13:     public byte GetMenge(){
14:         return aktMenge;
15:     }
16: }
```

Innerhalb der Operation Umfüllen(...) (Zeilen 7-9) können Sie nun das Umfüllen dank der Delegation des Füllens an die zielKaraffe mit einer einzigen Anweisung in Zeile 8 erledigen. Die Ermittlung der Menge Wein, die umgefüllt werden kann, und die Aktualisierung der Menge der Zielkaraffe wurden an das Objekt zielKaraffe delegiert.

Was bleibt, ist die Anpassung der eigenen Füllmenge aktMenge, die um die umgefüllte Menge nach unten korrigiert wird.

Neben der Operation Umfüllen(...) sind noch zwei Informations-Operationen implementiert, die auf Anfrage nach außen bestätigen, ob eine Karaffe leer ist: IsLeer() in den Zeilen 10-12. Die Operation GetMenge() (Zeilen 13-15) gibt die aktuelle Füllmenge zurück. Diese Operationen werden wir zur Lösung des Rätsels später verwenden.

```
 1: // Listing 4.14
 2: class Start
 3: {
 4:     static void Main(string[] args)
 5:     {
 6:         Karaffe kleineKaraffe = new Karaffe(5),
 7:                 großeKaraffe = new Karaffe(7);
 8:
 9:         kleineKaraffe.Füllen();
10:         kleineKaraffe.Ausgeben();
11:         großeKaraffe.Ausgeben();
12:
13:         kleineKaraffe.Umfüllen(großeKaraffe);
14:         kleineKaraffe.Ausgeben();
15:         großeKaraffe.Ausgeben();
16:
17:         kleineKaraffe.Füllen();
18:         kleineKaraffe.Ausgeben();
19:         großeKaraffe.Ausgeben();
20:
21:         kleineKaraffe.Umfüllen(großeKaraffe);
```

```
22:        kleineKaraffe.Ausgeben();
23:        großeKaraffe.Ausgeben();
24:    }
25: }
```

Führen Sie das Programm aus, erhalten Sie die folgende Bildschirmausgabe:

```
Karaffe mit 5 l Fassungsvermögen und 5 l Inhalt ...
Karaffe mit 7 l Fassungsvermögen und 0 l Inhalt ...
Karaffe mit 5 l Fassungsvermögen und 0 l Inhalt ...
Karaffe mit 7 l Fassungsvermögen und 5 l Inhalt ...
Karaffe mit 5 l Fassungsvermögen und 5 l Inhalt ...
Karaffe mit 7 l Fassungsvermögen und 5 l Inhalt ...
Karaffe mit 5 l Fassungsvermögen und 3 l Inhalt ...
Karaffe mit 7 l Fassungsvermögen und 7 l Inhalt ...
```

Jeweils zwei Zeilen zeigen die aktuellen Füllmengen der Karaffen nach einem Füllvorgang,

- ▶ nachdem die kleine Karaffe in Zeile 9 gefüllt ist (kleine 5, große 0),
- ▶ nach dem Umfüllen (Zeile 13) (kleine 0, große 5),
- ▶ nachdem die kleine wieder in Zeile 17 gefüllt wurde (kleine 5, große 5)
- ▶ und schließlich die kleine in die große umgefüllt ist (kleine 3, große 7).

4.6 Des Rätsels Lösung

Damit ist die Klasse `Karaffe` komplett. Sie besitzt jetzt alle notwendigen Operationen, um die vorgeschriebenen Umfüllaktionen des Rätsels ausführen zu können.

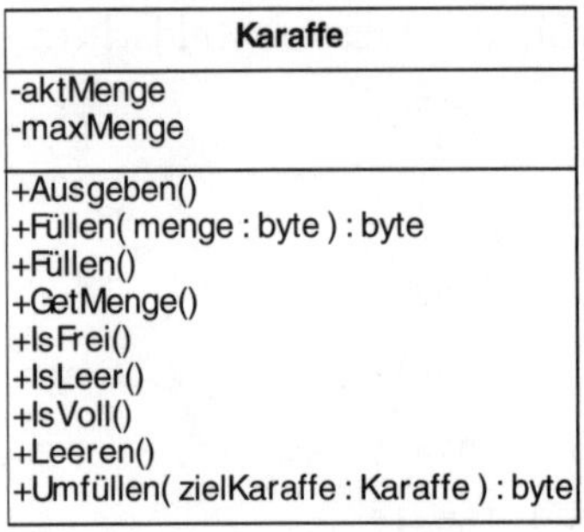

```
                Karaffe
-aktMenge
-maxMenge
+Ausgeben()
+Füllen( menge : byte ) : byte
+Füllen()
+GetMenge()
+IsFrei()
+IsLeer()
+IsVoll()
+Leeren()
+Umfüllen( zielKaraffe : Karaffe ) : byte
```

Abb. 4.10: Klasse Karaffe – mit Ausgeben und Umfüllen

Jetzt fehlt lediglich noch das Verfahren, mit dem wir alle Zielmengen in ganzen Litern zwischen 1 und 7 mit den Operationen Füllen(...), Leeren() und Umfüllen() realisieren können. Die folgende Tabelle zeigt eine Folge von Füllaktionen, die alle geforderten Zielmengen realisieren.

Nr.	Operation	Füllmenge kleine Karaffe	Füllmenge große Karaffe
1	Füllen klein	5 (Zielmenge !)	0
2	Umfüllen klein nach groß	0	5
3	Füllen klein	5	5
4	Umfüllen klein nach groß	3 Zielmenge !	7 (Zielmenge !)
5	Leeren große Karaffe	3	0
6	Umfüllen klein nach groß	0	3
7	Füllen klein	5	3

Nr.	Operation	Füllmenge kleine Karaffe	Füllmenge große Karaffe
8	Umfüllen klein nach groß	1 Zielmenge!	7
9	Leeren groß	1	0
10	Umfüllen klein nach groß	0	1
11	Füllen klein	5	1
12	Umfüllen klein nach groß	0	6 Zielmenge!
13	Füllen klein	5	6
14	Umfüllen klein nach groß	4 Zielmenge!	7
15	Leeren groß	4	0
16	Umfüllen klein nach groß	0	4
17	Füllen klein	5	4
18	Umfüllen klein nach groß	2 Zielmenge!	7

Tab. 4.1: Füll-Operationen zum Erreichen aller Zielmengen

Wenn Sie die einzelnen Füll-Operationen im Zusammenhang betrachten, erkennen Sie eine bedingte Regelmäßigkeit. Auffällig ist zunächst, dass nur von der kleinen in die große Karaffe umgefüllt wird. Darüber hinaus wird die große Karaffe gelegentlich entleert und die kleine Karaffe ab und an gefüllt. Aber auch in der Unregelmäßigkeit von Leeren und Füllen können Sie, wenn Sie genau analysieren, ein System erkennen. Die kleine Karaffe wird immer dann gefüllt, wenn Sie leer ist, und die große Karaffe immer dann geleert, wenn sie voll ist. Diese Schritte müssen so oft ausgeführt werden, bis die gewünschte Zielmenge Wein in einer der beiden Karaffen enthalten ist.

▶ Führe die folgenden Operationen durch, bis eine der beiden Karaffen die gewünschte Zielmenge enthält.

▶ Ist die kleine Karaffe leer, fülle sie auf.

▶ Ist die große Karaffe voll, entleere sie.
▶ Fülle den Wein von der kleinen in die große Karaffe um.

Mit diesem recht einfachen Verfahren lässt sich jede beliebige Zielmenge realisieren.

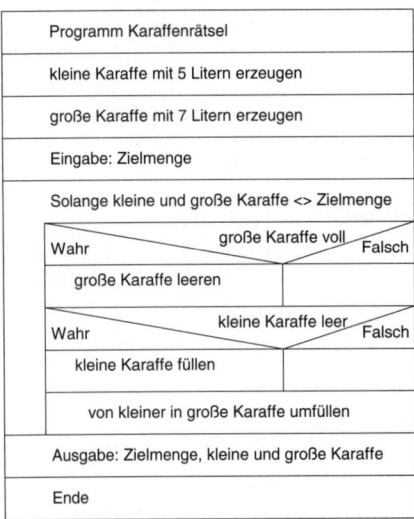

Abb. 4.11: Struktogramm – Karaffen-Rätsel

Nachdem die Lösung der Problemstellung als Struktogramm umgesetzt wurde, setzen Sie es nun in der Main()-Operation der Startklasse als C#-Programm um.

Der Kern des Verfahrens ist in den Zeilen 14-33 dargestellt. Nachdem der Benutzer die Zielmenge eingegeben hat, beginnt das Verfahren mit den Füll-Operationen.

```
1: // Listing 4.15
2: using System;
3: class Start{
4:    static void Main(string[] args){
```

```
 5:        Karaffe kleineKaraffe = new Karaffe(5),
 6:                großeKaraffe = new Karaffe(7);
 7:
 8:        Console.Write("Zielmenge: ");
 9:        byte zielmenge =
10:                Convert.ToByte(Console.ReadLine());
11:
12:        while(großeKaraffe.GetMenge()!=zielmenge &&
13:            kleineKaraffe.GetMenge()!=zielmenge){
14:
15:          if(großeKaraffe.IsVoll()){
16:            großeKaraffe.Leeren();
17:            // Console.WriteLine("Große leeren");
18:          }
19:          if(kleineKaraffe.IsLeer()){
20:            kleineKaraffe.Füllen();
21:            // Console.WriteLine("Kleine füllen");
22:          }
23:          kleineKaraffe.Umfüllen(großeKaraffe);
24:          // Console.WriteLine("in Große umfüllen");
25:          // kleineKaraffe.Ausgeben();
26:          // großeKaraffe.Ausgeben();
27:          // Console.ReadLine();
28:        }
29:        Console.WriteLine("Zielmenge realisiert");
30:        kleineKaraffe.Ausgeben();
31:        großeKaraffe.Ausgeben();
32:    }
33: }
```

Die Schleifenbedingung in den Zeilen 12-13 sorgt dafür, dass die Anweisungen des Schleifenkörpers in den Zeilen 15-28 so lange durchlaufen werden, wie sowohl die kleine Karaffe als auch die große Karaffe die Zielmenge *nicht* enthalten. Das bedeutet umgekehrt, dass die Schleife verlassen wird, sobald eine der beiden Karaffen die Zielmenge genau enthält.

Die Schleifenbedingung verwendet die logischen Operatoren != (ungleich) und && (logisches Und). Der Ungleich-Operator liefert true, wenn die Werte der Operanden ungleich sind, und false, wenn sie identisch sind. Mit dem logischen Und werden zwei Operanden vom Typ bool verbunden. Der Ausdruck liefert true, wenn beide Operanden true liefern. Sobald einer der beiden Operanden false liefert, ist der Gesamtausdruck false. Falls die kleine Karaffe leer ist, wird sie in den Zeilen 19-22 wieder gefüllt. Das Entleeren der großen Karaffe, so sie denn voll ist, erledigen die Anweisungen in den Zeilen 15-18. Bei jedem Schleifenlauf findet das Umfüllen von der kleinen in die große Karaffe in Zeile 23 statt.

> **HINWEIS**
> Entfernen Sie die Kommentarzeilen in Listing 4.15, erhalten Sie Bildschirmausgaben für alle Füll-Operationen. Bitte geben Sie keine Zielmengen außerhalb kleiner als 1 oder größer als 7 ein, da diese niemals realisiert werden können.

4.7 Zusammenfassung, Fragen und Übungen

Zusammenfassung

▶ Grundlegende Ablaufstrukturen, mit denen die Abläufe in Operationen festgelegt werden können, sind die Sequenz, die Alternative und die Wiederholung.

Zusammenfassung

- Eine Sequenz legt fest, dass Anweisungen nacheinander wie in einer ToDo-Liste abgearbeitet werden.
- Die Alternative definiert unterschiedliche Programmabläufe, die von definierten Bedingungen abhängen. Wir unterscheiden die Einfach-, Zweifach- und Mehrfach-Alternativen.
- Die if-else-Anweisung dient zur Formulierung zweiseitiger Alternativen und bei Weglassen des else-Zweigs auch einseitiger Alternativen.
- Die switch-Anweisung macht es Ihnen leicht, Mehrfach-Alternativen zu formulieren.
- Mit der Iteration vereinbaren Sie die Wiederholung bestimmter Anweisungen.
- Die kopfgesteuerte while-Schleife definiert eine Schleifenbedingung vom Typ bool, dessen Auswertung bestimmt, ob die Anweisungen im Schleifenkörper (noch einmal) ausgeführt werden.
- Die fußgesteuerte do-while-Schleife funktioniert wie die while-Schleife, mit dem Unterschied, dass die Prüfung der Schleifenbedingung nicht vor, sondern nach der Ausführung der Anweisungen im Schleifenkörper erfolgt.
- Die kopfgesteuerte for-Schleife setzen Sie immer dann ein, wenn die Anzahl der Schleifendurchläufe beim ersten Auftreffen auf den Schleifenkopf bereits ermittelt werden kann.
- Beabsichtigen Sie die gleichen Anweisungen auf die Elemente einer Sammlung anzuwenden, so automatisiert die foreach-Schleife den Zugriff auf die einzelnen Elemente.
- Die Delegation verwenden Sie, wenn Teilaufgaben einer Operation von einer Operation eines anderen Objekts übernommen werden.
- Die verschiedenen Anweisungen können Sie je nach Erfordernis beliebig miteinander kombinieren und auch ineinander verschachteln.

Fragen und Übungen

1. Erläutern Sie die drei grundlegenden Ablaufstrukturen der Strukturierten Programmierung.

2. Erstellen Sie ein Programm, das vom Benutzer den Namen und das Geschlecht erfragt und anschließend für männliche Benutzer Herzlich willkommen Herr XY und für Frauen Herzlich willkommen Frau XY auf dem Bildschirm ausgibt.

3. Erstellen Sie ein Programm, das die Zahlen von 1 bis 100 auf dem Bildschirm ausgibt.

4. Erstellen Sie ein Programm, das Bücher, die mit Titel und Autor näher beschrieben werden, in einem Regal mit 5 Plätzen verwaltet. Der Benutzer soll die 5 Bücher über die Tastatur eingeben. Anschließend werden alle Bücher mit einer foreach-Schleife auf dem Bildschirm ausgegeben.

5. Warum können in einer foreach-Schleife die Zuordnungen von Elementen zu ihrer Sammlung nicht verändert werden?

6. Programmieren Sie eine Passwort-Abfrage, bei der der Benutzer seine Eingabe so oft wiederholen muss, bis er das Passwort CSharp korrekt eingegeben hat.

7. Variieren Sie das Passwort-Programm aus Aufgabe 6 derart, dass das Programm nach drei Falscheingaben abbricht.

8. Versuchen Sie, für das Karaffen-Rätsel ein alternatives Lösungsverfahren zu finden.

5 Objekt-Gedächtnis

Objekte treten zu anderen Objekten in Beziehung. Die Art der Beziehung kann dabei jedoch sehr unterschiedlich sein. Sie können Objektbeziehungen nach deren Dauer, nach dem Verankerungspunkt und nach ihrer fachlichen Bedeutung unterscheiden.

Im vorhergehenden Kapitel haben Sie bereits die kurzfristige Bindung zweier Objekte kennen gelernt. Dabei gehen zwei Karaffen-Objekte kurzfristig eine Verbindung ein, um Wein umzufüllen. Diese Beziehung ist jedoch zeitlich gesehen sehr flüchtig, sie ist begrenzt auf den Umfüll-Prozess. Jede Beziehung zwischen Objekten wird direkt oder indirekt mit Variablen realisiert. Im Fall der Karaffen besitzt die Operation `Umfüllen(Karaffe eineKaraffe)` einen Übergabeparameter, der für die Zeit, in der die Operation aktiv ist, die Verbindung herstellt.

Aus der Sicht einer C#-Klasse ist das auffälligste Merkmal einer Beziehung der Verankerungspunkt. Sind zwei Objekte über einen bestimmten Zeitraum miteinander verbunden, so finden wir die Verankerung als Attribut im Zustand eines Objekts. Sind sie flüchtig verbunden, dann werden sie über lokale Variablen in Operationen verknüpft.

Nachdem die Karaffen-Objekte des vorangegangenen Kapitels wohlverdient im Regal ruhen, begleitet uns in diesem Kapitel das Sparschwein Rudi, das immer weiß, wie viel Geld in seinem Bauch steckt, und den Wert seines Inhalts auf Verlangen in EURO oder DM angeben kann.

Letztendlich wird Rudi sogar lernen, einen beliebigen Betrag mit möglichst wenig Münzen auszuspucken, und mutiert damit fast zu einem waschechten Goldesel. Lassen Sie sich überraschen.

5.1 Das Sparschwein-Projekt

Machen Sie sich zunächst Gedanken, wie unser Sparschwein Rudi in seiner Grundfunktionalität konzipiert werden könnte. Einer Karaffe ganz ähnlich, können wir dort etwas einfüllen und es kann auch wieder entleert werden. Darüber hinaus soll das Sparschwein immer wissen, wie viel Geld in seinem Bauch schlummert. Zunächst soll das Sparschwein ausschließlich 50-Pfennig-Münzen aufnehmen können. Im Gedächtnis des Sparschweins müssen dann lediglich die Anzahl der eingeworfenen Münzen und der Münzwert hinterlegt werden.

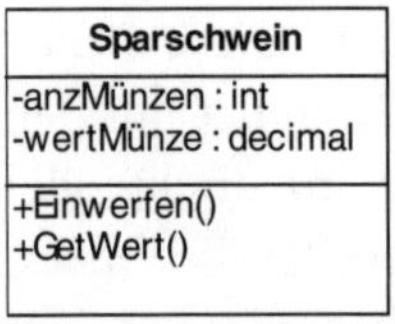

Sparschwein
-anzMünzen : int -wertMünze : decimal
+Einwerfen() +GetWert()

Abb. 5.1: Klasse Sparschwein – Grundform

Zunächst implementieren wir das Sparschwein als Klasse in einem C#-Programm. Auch in diesem Projekt erstellen Sie zusätzlich eine Startklasse, die eine Main()-Operation enthält.

```
 1: // Listing 5.1
 2: public class Sparschwein{
 3:     const decimal wertMünze = 0.5M;
 4:     int anzMünzen;
 5:
 6:     public void Einwerfen(){
 7:         anzMünzen++;
 8:     }
 9:     public decimal GetWert(){
10:         return anzMünzen * wertMünze;
11:     }
12: }
```

Das Listing setzt die Vorgaben des UML-Klassendiagramms um. Analysieren Sie das Listing, so fällt Ihnen zunächst die Verwendung von **const** (Zeile 3) auf. Damit wird eine Konstante wertMünze definiert. Für Konstanten sind außer der initialen Wertzuweisung keine weiteren Wertänderungen zulässig.

Auffällig ist weiterhin, dass der Wert der Münzen nicht als Attribut gespeichert wird. Da nur 50-Pfennig-Münzen eingeworfen werden können, lässt sich der Gesamtwert der Münzen im Bauch des Sparschwein-Objekts jederzeit in der Operation GetWert() (Zeilen 9-11) als Multiplikation von anzMünzen und wertMünze (Zeile 10) berechnen.

> **HINWEIS**
> Werte, die jederzeit aus anderen Attributwerten ermittelt werden können, bezeichnet man auch als *abgeleitete Attribute*. Die Entscheidung, ob ein abgeleitetes Attribut auch als tatsächliches Attribut implementiert wird, hängt vom Berechnungsaufwand und vom Speicherbedarf ab.

Erzeugen wir nun ein Sparschwein-Objekt rudi, in das dreimal ein 50-Pfennig-Stück eingeworfen werden soll.

rudi : Sparschwein
anzMünzen = 3
wertMünze = 0.5

Abb. 5.2: Sparschwein-Objekt – Grundform

Die Abbildung zeigt das Sparschwein-Objekt, nachdem bereits drei Münzen eingeworfen wurden. Direkt nach der Erzeugung ist es leer. Mit jeder eingeworfenen Münze wird sich der Wert von anzMünzen um den Wert 1 erhöhen. Programmieren Sie nun eine Startklasse mit einer Main()-Operation, um das Einwerfen der Geldstücke zu testen. Um zu sehen, ob Rudi korrekt arbeitet, ergänzen wir noch eine Ausgabe-Anweisung, die den Wert auf dem Bildschirm ausgibt.

```
 1: // Listing 5.2
 2: using System;
 3: public class Start{
 4:    public static void Main(){
 5:
 6:       Sparschwein rudi = new Sparschwein();
 7:       rudi.Einwerfen();
 8:       rudi.Einwerfen();
 9:       rudi.Einwerfen();
10:       Console.WriteLine("Rudi ist {0} DM wert!",
11:                         rudi.GetWert());
12:    }
13: }
```

Die Anweisungen der Zeilen 7-9 füllen rudi durch den Aufruf der Operation Einwerfen() mit drei 50-Pfennig-Münzen. Anschließend wird der mit GetWert() (Zeile 11) ermittelte Gesamtwert von Rudis Bauchinhalt auf dem Bildschirm angezeigt.

Rudi ist 1,5 DM wert!

Die Klassen Sparschwein und Start verwenden wir als Grundlage, um weitere Sprachkonzepte exemplarisch umzusetzen. Am Ende des Kapitels soll Rudi dann seine volle Funktionalität entfalten.

5.2 Die dauerhafte Beziehung – Attribute

Ein Objekt können wir als Ganzes wie ein Lebewesen betrachten. Es besitzt ein Gedächtnis und reagiert auf seine Umwelt. In seinem Gedächtnis sind alle dauerhaften Beziehungen zu anderen Objekten gespeichert.

Der Zustand, hier durch die Analogie eines Gedächtnisses umschrieben, umfasst alle Attribute, die für ein Objekt definiert werden. Dabei lassen sich konzeptionell genau zwei Arten von Attributen unterscheiden, die wir einem Objekt zuordnen können.

▶ *Beschreibende Eigenschaften* sind identitätslose Aussagen über ein Objekt. So besitzt die Füllmenge einer Karaffe keine Identität, ist jedoch als beschreibende Aussage an das Karaffen-Objekt gebunden, das wiederum eine Identität besitzt. Das Sparschwein-Objekt hat durch die Münzen in seinem Bauch einen bestimmten Wert. Dieser Wert ist als identitätslose Eigenschaft an das Sparschwein gekoppelt, das als waschechtes Objekt eine Identität besitzt.

▶ *Beziehungen* zu anderen Objekten, die eine Identität besitzen, werden dabei formal genauso gehandhabt. Ordnen wir die Karaffe einem Regal zu, besitzt die Karaffe eine Beziehung zu einem Regalplatz, der als eigenständiges Objekt ebenfalls eine Identität besitzt.

Im nächsten Abschnitt erfahren Sie, welche Möglichkeiten C# bietet, identitätslose beschreibende Eigenschaften für Objekte zu definieren. Das darauf folgende Kapitel vermittelt Ihnen Kenntnisse über Objekt-Beziehungen. Neben der konzeptionellen Unterscheidung zwischen identitätslosen Eigenschaften und Objekt-Beziehungen differenzieren wir Attribute aus konstruktionstechnischer Sicht, wie C# sie im Speicher verwaltet. Aus konstruktionstechnischer Sicht unterscheiden wir *Wert-Typen* von *Verweis-Typen*. Während ein Wert-Typ bei der Deklaration Speicherplatz für den Wert bereitstellt, definiert ein Verweis-Typ lediglich einen Zeiger, der auf einen Wert vom definierten Typ verweist.

Betrachten wir zunächst ein Beispiel für einen Wert-Typ anhand einer konventionellen, nicht EDV-gestützten Sparschweinvariante. Stellen Sie sich vor, Sie möchten ständig wissen, wie viel Geld in Ihrem bisher noch leeren, gerade neuen Sparschwein steckt. Also notieren Sie auf einem kleinen Zettel, den Sie unter das Sparschwein heften, den aktuellen Betrag, sobald Sie Geld einwerfen. Sie entscheiden sich zunächst, dass Sie ausschließlich Münzen einwerfen wollen, deren Wert mindestens 1 DM beträgt. Damit Sie sich auch in 3 Monaten noch daran erinnern, was für eine Zahl Sie dort notieren, schreiben Sie zunächst nur die Bezeichnung betragDM und lassen hinter der Kennzeichnung Platz, um mit Bleistift den aktuellen Wert des Sparschweininhalts jederzeit anpassen zu können.

`int betragDM;`

Damit Sie schnell ein kleines Vermögen ansparen können, werfen Sie alle Geldstücke, die Sie besitzen, insgesamt 32 DM, in Ihr neues Sparschwein und notieren den Betrag auf dem kleinen Zettel hinter dem Kürzel betragDM.

`betragDM = 32;`

Jedes Mal, wenn Sie Geld einwerfen oder entnehmen, ändern Sie den Betrag, damit Sie immer den aktuellen Stand kennen. Auf die gleiche Weise arbeitet auch ein C#-Programm.

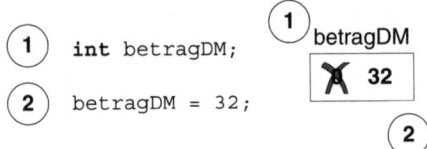

Abb. 5.3: Werte-Typen

Durch die Vereinbarung der Integer-Variablen weist der Compiler den notwendigen Speicherplatz zu, um eine Integer-Zahl zu speichern. Über die Variable betragDM können Zuweisungs- und Leseoperationen direkt nach der Deklaration auf dem reservierten Speicher ausgeführt werden.

Im Gegensatz dazu können Sie eine Variable von einem Verweis-Typ erst dann einsetzen, wenn Sie zu dem Verweis den zugehörigen Wert mit dem new-Operator erzeugt haben (Ausnahmen bestätigen hier die Regel).

```
Karaffe kleineKaraffe;
```

Stellen Sie sich vor, Sie organisieren den Weinverkauf nach dem traditionellen Karaffen-Rätsel. Sie ziehen sich mit Papier und Bleistift in ein stilles Kämmerlein zurück und schreiben zunächst unter das Kürzel *kleineKaraffe* (Karaffe kleineKaraffe;) auf. Hinter dem Kürzel lassen Sie ein wenig Platz, um den Standort zu notieren, sobald Sie die Karaffe von Hand getöpfert haben. Bisher gibt es keinen Standort, da noch keine Karaffe existiert (leerer Verweis oder *null*-Referenz).

```
kleineKaraffe = new Karaffe(5);
```

Um die Karaffe benutzen zu können, töpfern Sie die Karaffe mit einem Fassungsvermögen von 5 Litern (new Karaffe(5)). Sobald die Karaffe fertig gestellt ist, schauen Sie in Ihrem Lager nach, wo noch ein Platz frei ist. Dort stellen Sie die Karaffe hin und notieren den Standort auf Ihrem Zettel an der Stelle, an der Sie den Verweis vorgesehen haben (kleine Karaffe = /*...*/). Damit ersetzen Sie den leeren Verweis durch einen Verweis auf ein existierendes aktives Karaffen-Objekt. Erst jetzt können Sie über den Verweis auf Ihrem Zettel die Karaffe im Lager finden und zum Füllen, Leeren und Umfüllen einsetzen.

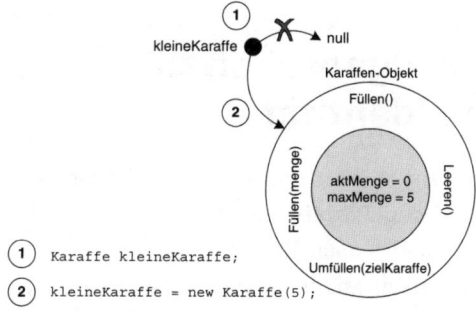

Abb. 5.4: Verweis-Typen

Übertragen wir das Beispiel wieder auf die C#-Programmierung. Bei der Vereinbarung des Verweis-Typs `Karaffe` in Schritt 1 reserviert der Compiler zunächst nur Platz für einen Verweis auf einen Speicherbereich, der später auf ein Karaffen-Objekt hinweist. Anfangs ist dieser Verweis leer. Man bezeichnet eine leere Referenz als null-Referenz, da `null` das C#-Literal für einen leeren Verweis ist. Im zweiten Schritt wird mit dem `new`-Operator Speicher für ein Karaffen-Objekt reserviert. Anschließend wird ein Karaffen-Objekt mit einem Fassungsvermögen von 5 Litern erzeugt und die reservierte Speicherstelle in der Variablen `kleineKaraffe` gespeichert.

> **HINWEIS**
> Alle Variablen, über die Sie auf Objekte zugreifen, die aus Klassen erzeugt sind, werden als Verweis-Typen generiert.

Dabei nimmt Ihnen der Compiler die Speicherverwaltung komplett ab. Er reserviert den Speicher automatisch und gibt ihn auch automatisch wieder frei, wenn er feststellt, dass er nicht mehr benötigt wird. Zuständig für die Freigabe ist der bereits erwähnte Garbage Collector, der als Wächter Ihres Speichers im Hintergrund unsichtbar aktiv ist. Über den Variablennamen, das haben Sie ja bereits im vorherigen Kapitel intuitiv gemacht, können Sie auf die Operationen des Objekts zugreifen.

5.3 Beschreibende Eigenschaften – Attribute ohne Identität

Nachdem Sie erfahren haben, dass es konzeptionell und konstruktionstechnisch gesehen verschiedene Unterscheidungsmerkmale für Attribute gibt, setzen wir uns zunächst nach konzeptioneller Sicht mit den beschreibenden Attributen auseinander. Dabei wollen wir hier lediglich einen Überblick über die in C# vordefinierten Typen geben.

Grundsätzlich legt ein Datentyp immer einen Wertebereich fest und darüber hinaus, welche Operationen mit diesem Wert ausgeführt werden können.

Integral-Typen

Mit den hier aufgelisteten *Integral-Typen* können Sie mathematische Berechnungen durchführen. Dabei geben wir Ihnen in der folgenden Tabelle die verschiedenen Typen mit einer kurzen Beschreibung und einem Zuweisungsbeispiel an.

Integral-Typen	Beschreibung	Beispiel
sbyte	8-bit, Vorzeichen	sbyte wert = 12;
short	16-bit, Vorzeichen	short wert = 12;
int	32-bit, Vorzeichen	int wert = 12;
long	64-bit, Vorzeichen	long wert1 = 12;
		long wert2 = 34L;
byte	8-bit, Vorzeichen	byte wert1 = 12;
		byte wert2 = 34U;
ushort	16-bit, ohne Vorzeichen	ushort wert1 = 12;
		ushort wert2 = 34U;
uint	32-bit, ohne Vorzeichen	uint wert1 = 12;
		uint wert2 = 34U;
ulong	64-bit, ohne Vorzeichen	ulong wert1 = 12;
		ulong wert2 = 34U;
		ulong wert3 = 56L;
		ulong wert4 = 78UL;

Tab. 5.1: Integral-Typen

Die Tabelle zeigt Ihnen zu den verschiedenen Integral-Typen Beispiele für die Wertzuweisung, die Sie ähnlich auch in der Dokumentation des .NET Framework nachschlagen können.

> **HINWEIS**
> Alle vordefinierten C#-Datentypen stellen so genannte *Alias-Namen* dar, die stellvertretend für Typen des .NET Framework stehen. Tatsächlich werden vom Compiler die zugeordneten Typen des .NET Framework verwendet. Schauen Sie sich in der Dokumentation beispielhaft die Klassen `Double` und `Decimal` an.

Versuchen Sie, in der `Main()`-Operation einer Startklasse mit Variablen von Integral-Typen mathematische Berechnungen aller Art durchzuführen. Sehen Sie sich dazu auch den EURO-Rechner aus dem zweitem Kapitel noch einmal an.

Zahlen mit Nachkommastellen

Neben den integralen Typen, mit denen Sie Ganzzahlen verarbeiten können, existieren *Fließkomma-Typen*, mit denen Sie Zahlen und Berechnungen auch mit Nachkommastellen bilden können.

Fließkomma-Typen	Beschreibung	Beispiel
float	32-bit, einfach genau	float val = 1.23F;
double	64-bit, doppelt genau	double val1 = 1.23;
		double val2 = 4.56D;

Tab. 5.2: Tab. 5.2: Fließkomma-Typen

Von der Konstruktion her anders aufgebaut, bietet der *Dezimal-Typ* insbesondere für finanzmathematische Berechnungen eine hohe Genauigkeit. Aufgrund seines Aufbaus ist sein Wertebereich verhältnismäßig klein. Dafür rechnet er im Gegenzug aber sehr genau.

> **HINWEIS**
>
> Schauen Sie sich den Quellcode des EURO-Rechners noch einmal ganz genau an. Hier wird für die Umrechnung der Datentyp `decimal` verwendet. Tests beim Erstellen des EURO-Rechners zeigen, dass bei Verwendung des Datentyps `double` erhebliche Rundungsfehler entstehen.

Dezimal-Typ	Beschreibung	Beispiel
decimal	128-bit, präzise Darstellung mit 28-29 signifikanten Stellen	decimal wert = 1.23M;

Tab. 5.3: Dezimal-Typ

Mathematische Operatoren

Die folgenden Operatoren stehen Ihnen für alle bisher dargestellten Typen zur Verfügung. Die Beispiele in der rechten Spalte der Tabellen können Sie in einer Main()-Operation einer Startklasse ausführen. Verfolgen Sie mit dem Debugger die Wertänderungen der verwendeten Variablen.

Operator	Beschreibung	Beispiel
+	Additions-Operator: Addiert die Werte der beiden Operanden.	int a =3, b = 4, erg; erg = a + b; // (→ 7)
-	Subtraktions-Operator: Subtrahiert die Werte zweier Operanden.	int a =3, b = 4, erg; erg = a - b; // (→ -1)
/	Divisions-Operator: Dividiert den Wert des linken Operanden durch den Wert des rechten Operanden. Sind beide Operanden von einem Inte-	int a =3, b = 2, erg1; erg1 = a / b; // (→ 1)

Operator	Beschreibung	Beispiel

	gral-Typ, wird die ganzzahlige Division durchgeführt. Ist mindestens ein Operand von einem Fließkomma- oder Dezimal-Typ, erfolgt die exakte Division. Das Ergebnis ist immer vom Typ des genauesten Operanden.	`double c = 3; d = 2;`
		`erg2;`
		`erg2 = c / b; //` (→ 1,5)

`*`	Multiplikations-Operator: Multipliziert die Werte der beiden Operanden.	`int a= 3, b=4, erg;` `erg = a * b; //` (→ 12)

`%`	Modulo-Operator: Ermittelt den Rest der ganzzahligen Division der Operandenwerte.	`int a = 11, b = 3;`
		`double erg;`
		`erg = a % b; //` (→ 2)

`++`	Inkrement-Operator: Erhöht den Wert des Operanden um den Wert 1. Dabei liefert ein vorangestelltes ++ bereits den korrigierten Wert, während ein nachgestelltes ++ den alten Wert liefert.	`int a = 4; int erg;`
		`erg = ++a; //` (→ 5)
		`erg = a; //` (→ 5)
		`erg = a++; //` (→ 5)
		`erg = a; //` (→ 6)

`--`	Dekrement-Operator: Vermindert den Wert des Operanden um den Wert 1. Dabei liefert ein vorangestelltes --a bereits den korrigierten Wert, während ein nachgestelltes a-- den alten Wert liefert.	`int a = 4; int erg;`
		`erg = --a; //` (→ 3)
		`erg = a; //` (→ 3)
		`erg = a--; //` (→ 3)
		`erg = a; //` (→ 2)

Tab. 5.4: Operatoren – Berechnungen

Über die oben dargestellten Operatoren hinaus existieren Operatoren, die eine mathematische Grundoperation mit einer Zuweisung kombinieren. Dabei basieren alle Operationen auf dem Prinzip, dass die Variable links vom Operator den ersten Operanden der Berechnung liefert. Gleichzeitig erhält dieselbe Variable als Ergebnis den neuen berechneten Wert zugewiesen. Somit besitzt der linke Operator eine Doppelfunktion.

Operator	Beschreibung	Beispiel
+=	Additions-Zuweisungs-Operator: Die Variable links vom Operator erhält den um den Wert des rechten Operanden erhöhten eigenen Wert. Dabei entspricht die Zuweisung a+=b der Zuweisung a=a+b.	`int a = 3;` `a += 4; // (→ 7)`
-=	Subtraktions-Zuweisungs-Operator: Die Variable links vom Operator erhält den um den Wert des rechten Operanden verminderten eigenen Wert. Dabei entspricht die Zuweisung a-=b der Zuweisung a=a-b.	`int a = 3;` `a -= 2; // (→ 1)`
*=	Multiplikations-Zuweisungs-Operator: Die Variable links vom Operator erhält den mit dem Wert des rechten Operanden multiplizierten eigenen Wert. Dabei entspricht die Zuweisung a*=b der Zuweisung a=a*b.	`int a = 3;` `a *= 4; // (→ 12)`

/=	Divisions-Zuweisungs-Operator: Die Variable links vom Operator erhält den durch den Wert des rechten Operanden dividierten eigenen Wert. Dabei entspricht die Zuweisung a/=b der Zuweisung a=a/b.	`int a = 3;`
		`a /= 2; // (→ 1)`
		`double b = 3;`
		`b /= 2; // (→ 1,5)`

%=	Modulo-Zuweisungs-Operator: Die Variable links vom Operator erhält den Modulo-Wert der Modulo-Operation	`int a = 11;` `a %= 3; // (→ 2)`

Operator	Beschreibung	Beispiel
	des eigenen Werts mit dem Wert des rechten Operanden. Dabei entspricht die Zuweisung a%=b der Zuweisung a=a%b.	`double b = 11,5;` `b %= 4; // (→ 3,5)`

Tab. 5.5: Operatoren – Berechnung und Zuweisung

Der Wahrheits-Typ

Der Datentyp `bool` wird häufig verwendet, um Bedingungen für Alternativen und Wiederholungsanweisungen zu formulieren. Sehen Sie sich dazu noch einmal den Quellcode des Karaffen-Rätsels an. Beachten Sie dabei insbesondere die Bedingung der `while`-Schleife in der `Main()`-Operation der Startklasse, aber auch die Operation `Füllen(menge)` in der Klasse `Karaffe`.

Wahrheits-Typ	Beschreibung	Beispiel
bool	true oder false	`bool val1 = true;` `bool val2 = false;`

Tab. 5.6: Wahrheits-Typ

Während der sehr kleine Wertebereich des Typs `bool` recht einfach und überschaubar ist, muss man bei den folgenden logischen Operatoren schon genauer nachdenken, um die Beispiele nachzuvollziehen.

Operatoren für logische Auswertungen

Bei den *logischen Operatoren* unterscheiden wir *Vergleichs-Operatoren* und *Verknüpfungs-Operatoren*. Bei den Vergleichs-Operatoren können die Werte aller Typen verglichen werden. Einzige Ausnahme bildet der *Negations-Operator* (vgl. Tabelle 5.8).

Die Verknüpfungs-Operatoren berechnen dagegen logische Ausdrücke ausschließlich mit logischen Operanden.

Operator	Beschreibung	Beispiel
==	Gleichheits-Operator: Testet, ob beide Operanden denselben Wert besitzen.	`int a = 2, b = 3; bool erg;` `erg = a == b` (→ false)
!=	Ungleich-Operator: Testet, ob die Operanden ungleiche Werte besitzen.	`int a = 2, b = 3; bool erg;` `erg = a != b` (→ true)
<	Kleiner-Operator: Testet, ob der Wert des linken Operanden kleiner als der des rechten Operanden ist.	`int a = 2, b = 3; bool erg;` `erg = a < b` (→ true)
>	Größer-Operator: Testet, ob der Wert des linken Operanden größer als der Wert des rechten Operanden ist.	`int a = 2, b = 3; bool erg;` `erg = a > b` (→ false)
<=	Kleiner-Gleich-Operator: Testet, ob der Wert des linken Operanden kleiner oder gleich dem Wert des rechten Operanden ist.	`int a = 2, b = 3; bool erg;` `erg = a <= b` (→ true)
>=	Größer-Gleich-Operator: Testet, ob der Wert des linken Operanden größer oder gleich dem Wert des rechten Operanden ist.	`int a = 2, b = 3; bool erg;` `erg = a > =b` (→ false)

Tab. 5.7: Operatoren – Wertvergleich

Neben den bereits dargestellten Operatoren, die immer ein Ergebnis vom Typ bool liefern, gibt es noch die Vergleichs-Operatoren, die Operanden vom Typ bool logisch miteinander verknüpfen.

Operator	Beschreibung	Beispiel

&	Und-Operator: Testet, ob beide Operanden den Wert true besitzen. Wertet immer beide Operanden-Ausdrücke aus.	bool a = false, b = true, d = false, erg;
		 erg = a & (d=b);
		 // (→ false)
		 erg = d == true;
		 // (→ true)

&&	Und-Operator: Testet, ob beide Operanden den Wert true besitzen. Wertet den rechten Operanden-Ausdruck nur dann aus, wenn der linke Operanden-Wert true ist. Liefert der linke Operand false, steht das Gesamtergebnis false bereits fest.	bool a = false, b = true, d = false, erg;
		 erg = a && (d=b);
		 // (→ false)
		 erg = d == true;
		 // (→ false)

|	Oder-Operator: Testet, ob mindestens einer der Operanden den Wert true besitzt. Wertet immer beide Operanden aus.	bool a = true, b = false, d = true, erg;
		 erg = a | (d=b);
		 // (→ true)
		 erg = d==false;
		 // (→ false)

||	Oder-Operator: Testet, ob einer der beiden Operanden den Wert true besitzt. Wertet den rech-	bool a = true, b = false, d = true, erg;

Operator	Beschreibung	Beispiel

	ten Operanden-Ausdruck nur dann aus, wenn der linke Operanden-Wert `false` ist. Liefert der linke Operand `true`, steht das Gesamtergebnis `true` bereits fest.	`erg = a || (d=b);`
		`// (→ true)`
		
		`erg = d==false;`
		`// (→ true)`

^	Exklusiv-Oder-Operator: Testet, ob genau einer der beiden Operanden den Wert `true` besitzt.	`bool a = true, b = false, erg;`
		
		`erg = a ^ b;`
		`// (→ true)`
		
		`b = true;`
		`erg = a ^ b;`
		`// (→ false)`

!	Negations-Operator: Kehrt den Wert eines Ausdrucks vom Typ `bool` um. `!false` entspricht `true` und `!true` entspricht `false`.	`bool wert = true, erg;`
		
		`erg = !wert`
		`//(→ false)`

Tab. 5.8: Operatoren – Logische Verknüpfung

Auch für die logischen Operatoren existieren kombinierte Zuweisungsoperatoren &=, |= und ^=. Wegen ihrer geringeren Bedeutung werden wir sie an dieser Stelle nicht besprechen.

Der Zeichen-Typ

Bleibt als letzter einfacher Typ noch `char`, der die gleichen Operationen wie die Integral-Typen verwendet. Im Unterschied zu den Integral-Typen repräsentieren die Werte des `char`-Typs jedoch Zeichen des UNICODE-Zeichensatzes, dessen erste 128 Zeichen dem ASCII-Zeichensatz entsprechen.

Zeichen-Typ	Beschreibung	Beispiel
Char	Beliebiges UNICODE-Zeichen	`char val = 'h';`

Tab. 5.9: Zeichen-Typ

Damit sind die wichtigsten einfachen Typen und deren Operationen im Handbuchstil zusammengefasst. Informationen über Bit-Operatoren finden Sie in der Hypertext-Hilfe des .NET Framework.

> **HINWEIS** Detaillierte Informationen über einzelne Datentypen, Wertebereiche und Operatoren erhalten Sie in der Hypertext-Hilfe des .NET Framework SDK.

Die Konvertierung von einfachen Typen

In den vorangegangenen Beispielen haben wir die Erfahrung gemacht, dass wir manchmal Werte verschiedener Typen in Berechnungen nebeneinander verwenden können, und manchmal eben auch nicht.

Zunächst wollen wir für unser Sparschwein Rudi eine Klasse definieren und zusätzlich eine Startklasse mit `Main()`-Operation erstellen.

Im Grundsatz gilt, dass eine Konvertierung von einem Datentyp in einen anderen immer dann automatisch im Hintergrund durchgeführt wird, wenn dadurch keine Wertveränderung eintreten kann. Das bedeutet, dass eine Konvertierung von einem kleineren in einen umfassenderen Wertebereich unschädlich ist.

Konvertieren von	Konvertieren nach
sbyte	short, int, long, float, double oder decimal
byte	short, ushort, int, uint, long, ulong, float, double oder decimal

Konvertieren von	Konvertieren nach
short	int, long, float, double, oder decimal
ushort	int, uint, long, ulong, float, double oder decimal
int	long, float, double oder decimal
uint	long, ulong, float, double oder decimal
long	float, double oder decimal
char	ushort, int, uint, long, ulong, float, double oder decimal
float	double
ulong	float, double oder decimal

Tab. 5.10: Automatische Konvertierung

Muss jedoch einmal ein Wert für die Ausführung einer Operation in einen Typ konvertiert werden, für den keine automatische Konvertierung definiert ist, weigert sich der Compiler mit einer Fehlermeldung, das Programm zu übersetzen.

```
1: // Listing 5.3
2: public class Start{
3:    public static void Main(){
4:
5:    Sparschwein rudi = new Sparschwein();
6:    rudi.Einwerfen();
7:    double wert = rudi.GetWert();
8:    }
9: }
```

Den Versuch, die obige Startklasse zu übersetzen, kommentiert der Compiler mit einer Fehlermeldung:

...Implizite Konvertierung des Typs 'decimal' zu 'double' nicht möglich.

Der Versuch, einen Wert vom Typ `decimal` einer Variablen vom Typ `double` zuzuweisen, ist gemäß der Konvertierungsregeln nicht zulässig. In diesem speziellen Fall ist zwar der Wertebereich des Typs `double` größer als der des Typs `decimal`. Das bedeutet, der Wert ginge bei einer Umwandlung von `decimal` nach `double` nicht verloren, jedoch besteht die Möglichkeit, dass der umgewandelte Wert weniger genau als der Ausgangswert ist.

Im Fall unseres Sparschweins besitzt jeder mögliche Münzwert maximal eine Nachkommastelle. Damit ist eine Konvertierung von `decimal` nach `double` ohne Genauigkeitsverlust möglich. Um den Compiler anzuweisen, eine Konvertierung vorzunehmen, setzen wir den *Cast-Operator* ein. Damit wird aus dem Versuch einer impliziten Umwandlung eine explizite Umwandlung.

```
7:    double wert = (double) rudi.getWert();
```

Fügen Sie in Zeile 7 direkt hinter den Gleichheitszeichen den Cast-Operator (**double**) ein. Damit übernehmen Sie als Programmierer die Verantwortung für die Konvertierung, der Compiler ist entlastet und übersetzt das Programm anstandslos. Den Cast-Operator in der Form

(Typ)Ausdruck

können Sie sowohl auf Wert-Typen als auch auf Verweis-Typen anwenden. Im Folgenden beschäftigen wir uns mit den vordefinierten Verweis-Typen.

Verweis-Typen – string und Array

Zu Beginn dieses Kapitels haben Sie den Unterschied zwischen Wert-Typen und Verweis-Typen bereits kennen gelernt. Die beiden vordefinierten Verweis-Typen `string` und `Array` nehmen im Vergleich zu allen anderen Verweis-Typen eine Sonderstellung ein.

Der Typ `string` dient dazu, endlich lange Zeichenketten von UNICODE-Zeichen zu verwalten. Obwohl der String ein Verweis-Typ ist, gelten für ihn die gleichen Zugriffsregeln wie für Wert-Typen.

Wir erweitern die Klasse `Sparschwein` um ein Attribut `name`, das eine Zeichenkette mit einer Bezeichnung des Sparschweins verwaltet. Zusätzlich erstellen Sie einen Individual-Konstruktor, der als Argument diesen Namen erhält, sowie eine Zugriffsoperation `GetName()`.

```
 1: // Listing 5.4
 2: public class Sparschwein{
 3:    /*...*/
 4:    string name;
 5:
 6:    public Sparschwein(string name){
 7:        this.name = name;
 8:    }
 9:    public string GetName(){
10:        return name;
11:    }
12:    /*...*/
13: }
```

Die Klasse `Sparschwein` enthält jetzt zusätzlich die Variable `name`, den Individual-Konstruktor (Zeilen 6-8) und die Operation `GetName()`, die den Wert dieses Strings auf Anfrage nach außen mitteilt.

```
 1: // Listing 5.5
 2: using System;
 3: public class Start{
 4:    public static void Main(){
 5:
 6:       Sparschwein rudi = new Sparschwein("Rudi");
 7:       rudi.Einwerfen();
 8:       string name = rudi.GetName() + " Rüssel";
 9:       Console.WriteLine(name);
10:    }
11: }
```

Die Main()-Operation der Startklasse ruft in Zeile 6 den Individual-Konstruktor mit dem Übergabewert "Rudi" auf. In Zeile 8 wird eine lokale Variable name vom Typ **string** definiert. Dieser Variablen wird der Name des Sparschweins, der zuvor mit der Zeichenkette " Rüssel" verbunden wurde, zugewiesen. Die beiden Zeichenketten "Rudi" + " Rüssel" werden demnach zu einer Zeichenkette "Rudi Rüssel" zusammengefügt.

> **HINWEIS**
> Ist ein Operand des Plus-Operators eine Zeichenkette, so wird das Plus-Zeichen als Verkettungs-Operator für Zeichenketten gedeutet. Der Compiler kennt unterschiedliche Bedeutungen für den Operator +, der vom Typ der Operanden abhängt.

In Zeile 8 wird der Wert der Variablen name ausgegeben. Das Programm erzeugt also die folgende Bildschirmausgabe:

Rudi Rüssel

Zur Bearbeitung von Zeichenketten stehen eine ganze Reihe von Operationen in der Klasse String zur Verfügung. Fügen Sie am Ende der Main()-Operation der Startklasse die folgenden Anweisungen ein:

```
10: name = name.Insert(5, "mit dem ");
11: Console.WriteLine(name);
12: name=name.Replace("Rüssel","Ringelschwänzchen");
13: Console.WriteLine(name);
```

Die Operationen Insert(...) fügt in Zeile 10 hinter dem fünften Zeichen die Zeichenfolge mit dem ein. Anschließend ersetzt Replace(...) in Zeile 12 "Rüssel" durch "Ringelschwänzchen".

Beachten Sie, dass die Operationen nicht mit der Original-Zeichenkette name, sondern mit einer Kopie arbeiten. Sie verwenden die Original-Zeichenfolge intern und erzeugen als Ergebnis eine neue Zeichenkette. Als Antwort geben die Operationen einen Verweis auf die neu generierte Zeichenkette zurück. Damit die Variable name auf die neue Zeichenkette verweist, muss die Referenz durch name = ... (Zeilen 10,12) zugewiesen werden.

Die Bildschirmausgabe der erweiterten Main()-Operation zeigt die zweimal veränderte Zeichenfolge.

Rudi Rüssel

Rudi mit dem Rüssel

Rudi mit dem Ringelschwänzchen

> **HINWEIS** Informieren Sie sich auch in der Hypertext-Hilfe des .NET Framework, welche Operationen die Klasse String zur Verfügung stellt. Sie finden dort eine Fülle von Bearbeitungsoperationen zur Manipulation von Zeichenketten.

Mit dem Typ Array existiert in C# neben dem Typ string ein weiterer besonderer Verweis-Typ. Sie haben Arrays bereits eingesetzt, als wir die foreach-Schleife kennen gelernt haben.

Stellen Sie sich vor, das Sparschwein fasst höchstens 10 Münzen, deren Wert beliebig sein kann. Das bedeutet, dass wir einen Münzspeicher mit 10 Plätzen im Bauch des Sparschweins vorsehen müssen. Den Münzspeicher vereinbaren wir als Array vom Typ decimal. Das bedeutet, dass in unserem Speicher Münzen eine endliche Anzahl von decimal-Zahlen hinterlegt werden können.

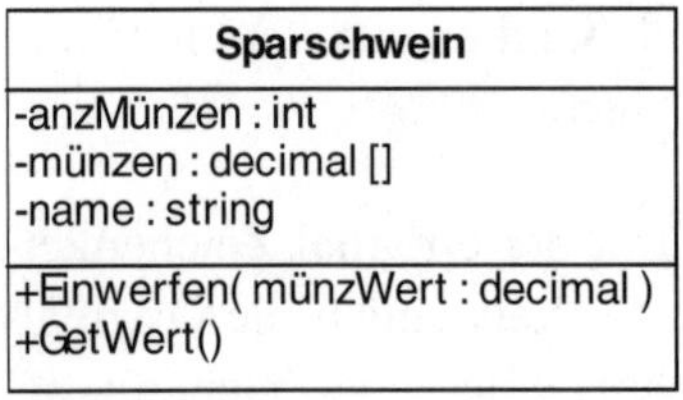

Sparschwein
-anzMünzen : int -münzen : decimal [] -name : string
+Einwerfen(münzWert : decimal) +GetWert()

Abb. 5.5: Klassendiagramm – Sparschwein mit Münzspeicher

Die eckigen Klammern hinter der Typangabe (münzen : decimal []) symbolisieren im Klassendiagramm den Typ *Array*. Die Änderungen der Verwaltung der Münzen innerhalb unseres Sparschweins wirken sich auch auf die Operationen Einwerfen() und GetWert() aus.

Die Vereinbarung des neuen Attributs Münzen als Array nehmen Sie mit der Anweisung

```
decimal[] münzen; // Vereinbarung
```

vor. Damit ist zunächst lediglich ein leerer Verweis (null-Referenz) auf ein Feld mit decimal-Zahlen angelegt. Erst die Anweisung

```
münzen = new decimal[10]; // Initialisierung
```

sorgt dafür, dass Speicherplatz für 10 decimal-Zahlen reserviert und der Standort der Variablen Münzen zugewiesen wird. Sie erhalten Zugriff auf die einzelnen Zahlen über einen Index, der in eckigen Klammern an den Variablennamen (münzen) angehängt wird. Der Index beginnt immer bei 0 und endet bei der Anzahl der Array-Elemente – minus 1. Das bedeutet für ein Array mit 10 Elementen, dass die Elemente über die Indexzahlen 0 bis 9 erreichbar sind. Mit der Anweisung

```
münzen[4] = 0.5; // Wertzuweisung
```

weisen Sie dem fünften Element den Wert 0.5 zu. Die Abbildung stellt die Schritte im Überblick dar.

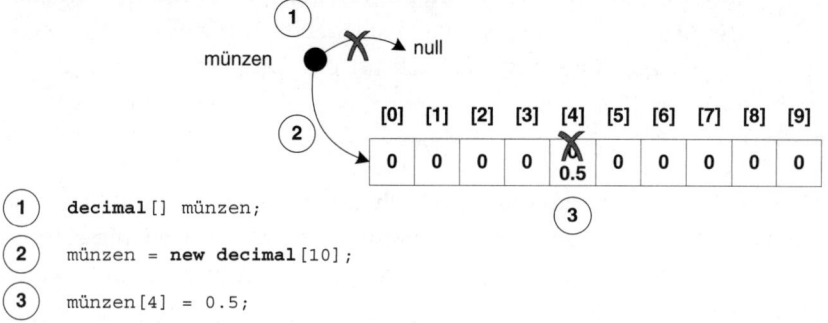

① `decimal[] münzen;`
② `münzen = new decimal[10];`
③ `münzen[4] = 0.5;`

Abb. 5.6: Array – Vereinbarung, Initialisierung und Wertzuweisung

Im ersten Schritt wird zunächst ein Verweis generiert, der im zweiten Schritt auf ein neu erstelltes Array umgelenkt wird. Damit existiert der durchgestrichene Verweis (null-Referenz) nicht mehr. Die Anweisung in Schritt 3 verändert den Wert des vierten Elements. Deutlich zu sehen ist, dass eine Array-Variable nur einen Verweis enthält.

Alternativ können Sie die Vereinbarung, die Initialisierung und die Wertzuweisung in einem Schritt vornehmen. Dabei weisen Sie einer Array-Variablen ein Feld mit allen enthaltenen Werten direkt zu. Im folgenden Beispiel weisen wir der Array-Variablen münzen das komplette Feld zu, das in geschweiften Klammern {1,...} angegeben wird und im Inneren die einzelnen Elementwerte durch Kommata getrennt auflistet.

Mit der Anweisung

```
decimal[] münzen={1, 2, 1, 2, 0.5, 5, 0.01, 2, 1, 5};
```

wird ebenfalls ein Feld mit 10 Elementen erzeugt. Im Gegensatz zur Initialisierung mit dem new-Operator werden gleichzeitig auch die angegebenen Werte als Elementwerte festgelegt.

> **HINWEIS**
> Achten Sie darauf, dass die Größe des Arrays der Element-Anzahl in den geschweiften Klammern entspricht. Nachdem durch die Anzahl der Elemente implizit die Größe des Arrays festgelegt ist, gibt es keine Möglichkeit zur Größenänderung. Die Größenkonstanz gilt auch für die Initialisierung mit dem new-Operator.

Die Abbildung zeigt, dass im Vergleich zur Initialisierung mit dem new-Operator bei der literalen Initialisierung weniger Anweisungsschritte notwendig sind. Gleichzeitig besitzen alle Elemente einen individuell festgelegten Anfangswert.

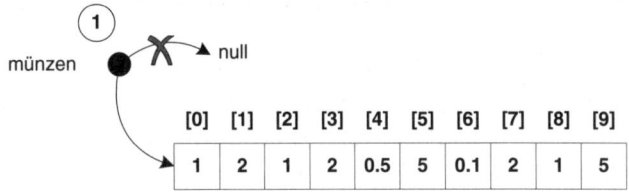

(1) `decimal[] münzen = {1, 2, 1, 2, 0.5, 5, 0.1, 2, 1, 5};`

Abb. 5.7: Array – Literale Initialisierung

Die Konstruktion der Array-Variablen ist in beiden Fällen identisch. Für unser Sparschwein vereinbaren wir nun eine etwas abgewandelte Klasse. Die Darstellung des Listings ist aufgrund seiner Länge mehrfach durch kommentierende Ausführungen unterbrochen. Die Zeilennummern der Anweisungen sind jedoch fortlaufend, so dass Sie die

Anweisungen in Ihrem Programmiereditor problemlos wieder zu einem Quelltext zusammenfügen können.

```
 1: // Listing 5.6
 2: using System;
 3: public class Sparschwein{
 4:     string name;
 5:     decimal[] münzen = new decimal[10];
 6:     int anzMünzen;
```

Die beschreibenden Attribute Name und Münzen sind neu hinzugekommen. Der Name wird als Zeichenkette (Zeile 4) und der Münzspeicher als decimal-Array (Zeile 5) vereinbart. Die Obergrenze von 10 Münzen wird durch die Initialisierung mit dem new-Operator in einem Arbeitsgang festgelegt. Die Anzahl der eingeworfenen Münzen anzMünzen bleibt als Attribut in Zeile 6 weiterhin erhalten.

```
 7:     public Sparschwein(string name){
 8:         this.name = name;
 9:     } // Ende Individual-Konstruktor
```

Über den Individual-Konstruktor können Sie bei der Initialisierung direkt den Namen Ihres neu zu erstellenden Sparschwein-Objekts bestimmen. Der Übergabeparameter name erhält dazu beim Aufruf eine beliebige Zeichenfolge als Übergabewert mit auf den Weg. Der Konstruktor weist den Wert des Übergabeparameters dem Attribut name zu.

```
10:     public string GetName(){
11:         return name;
12:     }
```

Mit der Operation GetName() sind Sie in der Lage, von außen den Namen des Sparschweins zu erfragen. Die Operation gibt ihn als Zeichenkette zurück.

Auch die Operation Einwerfen(...) wird an die neuen Gegebenheiten angepasst. Da wir per Definition den Platz auf 10 Münzen begrenzt haben, erfährt der Aufrufer, ob die eingeworfene Münze noch Platz findet (Antwort true) oder nicht (Antwort false). Dazu ist in Zeile 13 der Rückgabetyp bool vereinbart.

```
13:     public bool Einwerfen(decimal münze){
14:         bool passtNoch = false;
15:         if (anzMünzen < münzen.Length){
16:             münzen[anzMünzen++] = münze;
17:             passtNoch = true;
18:         }
19:         return passtNoch;
20:     }
```

In Zeile 14 wird die lokale Variable passtNoch mit false initialisiert. Das geschieht frei nach dem Beamten-Motto „Erst mal geht gar nichts". Wenn aber weniger als 10 Münzen im Münzspeicher liegen (Zeile 15), dann wird die Münze in den Münzspeicher aufgenommen (Zeile 16). Das Attribut Length ist für alle Arrays verfügbar und enthält immer die festgelegte Größe – in unserem Fall 10. Nach der Zuweisung wird der Wert des Münzzählers anzMünzen um den Wert 1 erhöht (++-Operator) und die Variable passtNoch in Zeile 17 auf true gesetzt. Damit erhalten Sie über die return-Anweisung (Zeile 19) immer die korrekte Antwort, ob die Münze aufgenommen wurde.

Die Wertermittlung ist für unterschiedliche Münzwerte natürlich ungleich schwieriger als bisher.

```
21:     public decimal GetWert(){
22:         decimal wert = 0;
23:         foreach(decimal münze in münzen){
24:             wert+=münze;
```

```
25:         }
26:         return wert;
27:     }
```

Um den korrekten Wert des Münzspeichers zu ermitteln, ist es notwendig, die einzelnen Münzwerte zu addieren – da kommt die foreach-Schleife wie gerufen. Sie durchläuft alle Elemente in dem Münzspeicher-Array münzen und addiert die Münzwerte über die Element-Variable münze in der Variablen wert (Zeile 24) auf. Der resultierende Gesamtwert wird anschließend (Zeile 26) zurückgegeben.

Damit Sie die wichtigen Attributwerte einfach auf dem Bildschirm ausgeben können, integrieren wir noch die Operation Ausgeben(), die den Namen und den Gesamtwert des Sparschwein-Objekts anzeigt.

```
28:     public void Ausgeben(){
29:         Console.WriteLine("{0} ist {1} DM wert!",
30:                     name,
31:                     GetWert());
32:     }
33: }
```

Damit haben Sie die Verwendung einfacher Typen in einem Array kennen gelernt. Wie Sie jedoch bereits im vorhergehenden Kapitel am Karaffen-Beispiel gesehen haben, kann ein Array nicht nur Elemente einfacher Typen aufnehmen. Grundsätzlich stehen als Grundtyp eines Arrays alle Typen zur Verfügung.

Stellen Sie sich vor, Sie bauen ein Regal für 5 Sparschweine. Sie beabsichtigen, zunächst nur die ersten beiden Plätze mit den Sparschweinen „Rudi" und „Oink" zu besetzen, die anderen Plätze bleiben leer. Dazu nehmen wir wiederum einige Änderungen in der Main()-Operation der Klasse Start vor.

```
① Sparschwein[] regal;
② regal = new Sparschwein[5];
③ regal[0] = new Sparschwein("Rudi");
  regal[1] = new Sparschwein("Oink");
④ regal[0].Einwerfen(5);
```

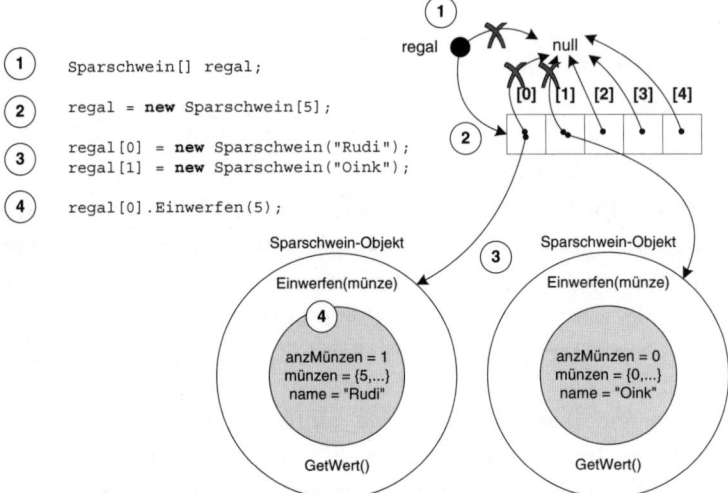

Abb. 5.8: Array – Regal mit Sparschweinen

Die Abbildung zeigt, dass im Fall von Objekten, die als Elemente in einem Array verwaltet werden, ein zweistufiges Verweis-Typen-System vorliegt. Zuerst erstellen Sie in Schritt 1 mit der Vereinbarung der Variablen regal einen Verweis auf eine Sammlung von Objekten. Die Variable enthält zunächst wieder einen leeren Verweis – die null-Referenz.

Im zweiten Schritt legen Sie nun die Größe des Sparschwein-Regals auf 5 Elemente fest. Der new-Operator lässt dabei schon vermuten, dass der Compiler intern Speicher zur Aufnahme unserer 5 Sparschweine belegt. Damit Sie über die Variable regal auf den reservierten Speicher zugreifen können, wird die alte null-Referenz gekappt und durch den neuen Verweis ersetzt. Wenn Sie die Abbildung genau analysieren, enthält der reservierte Speicher auch wieder nur leere Verweise (null-Referenzen).

Erst durch die Zuweisung der Speicherorte der neu erstellten Objekte im dritten Schritt werden die leeren Verweise durch Referenzen auf die frisch erstellten Sparschwein-Objekte „Rudi" und „Oink" gelenkt.

> **HINWEIS**
>
> Beachten Sie, dass die Initialisierung eines Arrays mit dem new-Operator keine Array-Elemente erzeugt, wenn Objekte oder andere Verweis-Typen-Elemente in dem Array verwaltet werden sollen. Jedes Objekt (Verweis-Typen-Element) muss individuell erzeugt werden. Das Array nimmt dann lediglich eine Referenz auf das Objekt (Verweis-Typen-Element) in seinem Feld auf.

Die folgende Startklasse mit enthaltener Main()-Operation erstellt ein Regal mit den zwei Sparschweinen „Rudi" und „Oink" und füttert Oink mit einer 5-DM-und einer 2-DM-Münze, bevor der Gesamtwert der Münzen für Oink auf dem Bildschirm ausgegeben wird.

```
 1: // Listing 5.7
 2: using System;
 3: public class Start{
 4:    public static void Main(){
 5:
 6:       Sparschwein[] regal;
 7:       regal = new Sparschwein[5];
 8:
 9:       regal[0] = new Sparschwein("Rudi");
10:       regal[1] = new Sparschwein("Oink");
11:
12:       regal[1].Einwerfen(5);
13:       regal[1].Einwerfen(2);
14:
15:       regal[1].Ausgeben();
17:    }
18: }
```

Wir möchten abschließend auf die Möglichkeiten mehrdimensionaler Arrays in einem kurzen Ausblick eingehen.

Neben Objekten, die aus Klassen abgeleitet sind, können auch Elemente von `string`-Typen oder gar `Array`-Typen selber in einem Array verwaltet werden. Dabei ist das Grundprinzip der Konstruktion identisch. Sie erhalten ein zweistufiges Verweissystem.

Darüber hinaus können Arrays auch mehrdimensional definiert werden. Falls Ihr Regal 3 Regalböden mit Platz für jeweils 5 Sparschweine bietet, sieht die Deklaration folgendermaßen aus:

```
Sparschwein[,] regal;
regal = new Sparschwein[3,5];
regal[0,0] = new Sparschwein("Rudi");
```

Dabei werden die 15 Verweise intern in einem zusammenhängenden Speicherbereich verwaltet. Die Variante eines zweistufigen Verweissystems bietet mehr Flexibilität, da jeder Regalboden unterschiedlich viele Plätze für Sparschweine anbieten kann.

```
Sparschwein[][] regal;
regal = new Sparschwein[3][];
regal[0] = new Sparschwein[5];
regal[1] = new Sparschwein[6];
regal[2] = new Sparschwein[4];
regal[0][0] = new Sparschwein("Rudi");
```

Der erste Regalboden enthält 5, der zweite 6 und der dritte 4 Plätze für Sparschweine. Damit liegt hier sogar ein dreistufiges Verweissystem vor. Sie sollten mit Arrays experimentieren. So verlieren Sie schnell den anfänglichen Respekt vor ihrer vermeintlichen Komplexität und besitzen sehr flexible Möglichkeiten.

Abschließend sehen Sie die beiden Verweis-Typen string und Array noch einmal wie die anderen Typen auch in einer Tabelle zusammengefasst.

Verweis-Typ	Beschreibung	Beispiel
string	Zeichenfolge von UNICODE-Zeichen	`string s = "hello";`

Array	Endliche Reihung eines Grundtyps. Als Grundtyp können sowohl Wert- als auch Verweis-Typen eingesetzt werden. Array-Variablen können literal {...} oder per new-Operator initialisiert werden.	`int erg1 = int;`
		`int[] a = {1,3,5,7};`
		`erg = a[0]; // (→ 1)`
		`string erg2;`
		`string[] b =`
		`new string[2];`
		`b[0] = "Sparschwein";`
		`b[1] = "Rudi";`
		`erg = b[1];`
		`// (→ "Rudi")`

Tab. 5.11: Verweis-Typen

Nachdem wir den Münzspeicher in unser Sparschwein integriert und die Sparschweine in das Regal gestellt haben, wollen wir die Münzen nicht mehr über ihre Werte, sondern mit sprechenden Namen übergeben.

Wert-Typen als Verweis-Typen – Boxing mit dem Typ object

Um am Ende der Diskussion vordefinierter Typen noch ein bisschen Verwirrung zu stiften, wandeln wir Wert-Typen in Verweis-Typen und wieder zurück zu Wert-Typen.

Das Verfahren des *Boxing* wandelt einen Wert-Typ in einen Verweis-Typ. Damit können Sie einen Wert-Typ dort einsetzen, wo ein Verweis-Typ erwartet wird. Die folgenden Anweisungen können Sie in eine beliebige Operation integrieren.

```
int anzMünzen = 5;
object boxAnzMünzen;
boxAnzMünzen = anzMünzen;
```

Die Variable boxAnzMünzen ist vom Typ object, der als Basis-Typ aller Klassen ein Verweis-Typ ist. Die Anweisung boxAnzMünzen = anzMünzen weist der Variablen boxAnzMünzen einen Verweis auf den Wert der Variablen anzMünzen zu.

Das *Unboxing* als Umkehroperation zum Boxing kann aus einem „geboxten" Objekt wieder einen Wert-Typ ableiten. Voraussetzung ist allerdings, dass der ursprüngliche Wert-Typ bekannt ist.

```
int unboxAnzMünzen = (int) boxAnzMünzen;
Console.WriteLine("Wert: {0}", boxAnzMünzen);
Console.WriteLine("Wert: {0}", unboxAnzMünzen);
```

Beide Ausgabe-Anweisungen (Zeile 5,6) geben auf dem Bildschirm die Zeile

```
Wert: 5
```

aus. Die Operation WriteLine(...) ist folglich in der Lage, den durch Boxing erzeugten Wert automatisch durch Unboxing zurückzuverwandeln.

Verweis-Typ	Beschreibung	Beispiel

Object	Basistyp aller Klassen: Ist Typ-kompatibel zu allen Referenz-Typen und durch das Boxing sogar zu Wert-Typen.
	Ein Parameter vom Typ object kann damit Werte aller Typen entgegennehmen.
		`object obj , box;`
		`double zahl = 1.3;`
		`Sparschwein sp ;`
		`sp = new Sparschwein("Oink");`
		`obj = sp;`
		`// (→ Objekt Oink)`
		`box = zahl;`
		`// (→ Objekt 1.3)`
		`zahl = (double) box ;`
		`// (→ 1.3)`

Tab. 5.12: Verweis-Typ `object`

Aufzählungen als eigene Typen – Enumeration

Um die Handhabung der Operation Einwerfen(...) zu erleichtern, wollen wir nun festlegen, welche Münzen in das Sparschwein eingeworfen werden dürfen. Dafür definieren wir einen *Aufzählungstyp*. Er beginnt mit dem Schlüsselwort enum, gefolgt von einer Aufzählung von Konstanten, und kann an den Stellen definiert werden, wo auch eine Klasse definiert werden kann.

```
1: // Listing 5.8
2: public enum DM : int {
3:     Pfennig =1, ZweiPfennig =2, FünfPfennig =5,
4:     Groschen =10, FünfzigPfennig=50,
5:     Mark = 100, ZweiMark =200, FünfMark =500};
```

Verwenden Sie in Ihrem Programm die Aufzählungs-Konstanten, so ersetzt der Compiler sie durch die zugeordneten Werte des Basis-Typs, in diesem Fall `int`. Da als Basis-Typen ausschließlich Integral-Typen zulässig sind, vereinbaren wir die Werte als Pfennigbeträge, müssen aber im Hinterkopf behalten, dass diese Werte noch umgerechnet werden müssen.

Der Typ `DM` kann jetzt genauso wie andere Typen zur Vereinbarung von Variablen eingesetzt werden. Zunächst ändern wir die Operation `Einwerfen(...)` der Klasse `Sparschwein`, um als Argument Werte des enum-Typs `DM` verwenden zu können.

```
 1: // Listing 5.9
 2: public bool Einwerfen(DM münze){
 3:   bool passtNoch = false;
 4:   if (anzMünzen < münzen.Length){
 5:     münzen[anzMünzen++] = (int)münze/100M;
 6:     passtNoch = true;
 7:   }
 8:   else Console.WriteLine("passt nicht mehr");
 9:   return passtNoch;
10: }
```

Der Typ des Übergabeparameters in Zeile 2 ist nun auf den neuen enum-Typ `DM` geändert. Damit können die in dem Typ vereinbarten Werte als Übergabewerte eingesetzt werden. Da die zugehörigen Werte der Aufzählungs-Konstanten den Münzwert in Pfennigen festlegen, dividieren wir den Wert in Zeile 5 durch 100, da das Sparschwein Münzwerte als DM-Beträge in den Münzspeicher aufnimmt. Um Berechnungen durchzuführen, müssen wir den übergebenen Münzwert der Variablen `münze` per Cast-Operator (Zeile 5) in einen originären Typ, in diesem Fall (`int`), konvertieren.

Jetzt sind die Sparschwein-Objekte gerüstet, um Münzen des definierten enum-Typs zu verarbeiten. Im letzten Schritt müssen alle Aufrufe der Operation Einwerfen(...) in der Main()-Operation der Startklasse angepasst werden. Werte des enum-Typs werden immer über den Typ-Namen und die angehängten, durch einen Punkt getrennten Aufzählungs-Konstanten angesprochen.

```
regal[1].Einwerfen(DM.Groschen);
regal[1].Einwerfen(DM.Groschen);
regal[1].Einwerfen(DM.FünfzigPfennig);
regal[1].Ausgeben();
```

Das Beispiel zeigt die Verwendung der enum-Konstanten DM.Groschen und DM.FünfzigPfennig als Übergabewerte der Operation Einwerfen(...).

HINWEIS Die Aufzählungs-Konstanten werden vom Compiler standardmäßig durch Werte vom Basis-Typ int ersetzt. Sie können bei der Definition jedoch jeden anderen Integral-Typen hinter dem Typ-Namen durch einen Doppelpunkt getrennt als Basis-Typ vereinbaren. Die Angabe des Werts einer Aufzählungs-Konstanten ist optional. Wird sie nicht angegeben, wird der Wert des Vorgängers um 1 erhöht. Der Startwert ist 0, wenn der ersten Aufzählungs-Konstanten kein Wert zugeordnet wird.

Operationen wie Attribute handhaben – Eigenschaften

In Kapitel 3 haben Sie für den Zugriff auf Auto-Attribute Get- und Set-Operationen definiert. Damit können Sie alle Zugriffe auf ein Attribut realisieren.

C# bietet Ihnen eine Alternative zum Setzen und Auslesen von Attributen. Diese Alternative nennt sich etwas irreführend *Eigenschaft* (property). Man benutzt Sie wie ein Attribut, intern arbeitet die „Eigenschaft" jedoch mit Operationen. Im Folgenden wollen wir in die Klasse Sparschwein die Eigenschaft meinName integrieren. Über diese Eigenschaft soll der Name des Sparschweins neu vereinbart und auch ausgelesen werden können.

```
1: // Listing 5.10
2: using System;
3: public class Sparschwein{
4:     string name;
5:     /*...*/
6:     public string meinName {
7:         get{return name;}
8:         set{name = value;}
9:     }
10:    /*...*/
11: }
```

Die Eigenschaft meinName vereinbaren die Zeilen 6-8. Dabei werden hinter die Eigenschaftsbezeichnung Get- und Set-Operationen in geschweiften Klammern angehängt. Die Get-Operation definiert, welchen Wert die Eigenschaft bei einem entsprechenden Aufruf zurückgibt. Die Set-Operation legt fest, was mit dem übergebenen Wert geschehen soll. Die vordefinierte Variable value enthält immer den zugewiesenen Wert.

In der Main()-Operation der Startklasse können wir jetzt die Eigenschaft wie ein Attribut benutzen.

```
1: // Listing 5.11
2: using System;
```

```
3:  public class Start {
4:      public static void Main() {
5:          Sparschwein rudi = new Sparschwein("Oink");
6:          Console.WriteLine("Mein Name ist {0}",
7:                           rudi.meinName);
8:
9:          rudi.meinName = "Rudi";
10:
11:         Console.WriteLine("Mein Name ist {0}",
12:                          rudi.meinName);
13:         Console.WriteLine("Mein Name ist {0}",
14:                          rudi.GetName());
15:     }
16: }
```

Die Main()-Operation der Startklasse verwendet die Eigenschaft zum Setzen und Auslesen des Namens. Zunächst legt der Individual-Konstruktor in Zeile 5 den Namen des Sparschweins mit "Oink" fest. Der Individual-Konstruktor speichert die Zeichenkette im Attribut Name des Sparschwein-Objekts rudi.

Der Ausdruck rudi.meinName in der Ausgabeanweisung in den Zeilen 6 und 7 gibt als Antwort den Wert des Sparschwein-Attributs Name, in diesem Fall "Oink", zurück. Intern ruft dieser Ausdruck im Sparschwein-Objekt rudi die Get-Operation der Eigenschaft meinName auf, die mit der Anweisung **return** Name die dort abgelegte Zeichenfolge zurückgibt.

Die Zeile 9 benutzt die Eigenschaft meinName als Operand einer Zuweisung wie ein gewöhnliches Attribut. Auch wird intern im Sparschwein-Objekt rudi stellvertretend eine Operation ausgeführt. Im Falle der Zuweisung ist das folgerichtig die Set-Operation. Die Anweisung Name

= value innerhalb der Set-Operation weist den Wert "Rudi" dem Attribut Name zu. Die beiden Ausgabe-Anweisungen in den Zeilen 11-14 nutzen zur Ausgabe von Rudis Namen alternativ die Eigenschaft meinName und die Operation getName(). Beides führt erwartungsgemäß zur Ausgabe des Namens Rudi. Führen Sie jetzt die Main()-Operation der Startklasse aus, dann erhalten Sie die folgende Bildschirmausgabe:

```
Mein Name ist Oink
Mein Name ist Rudi
Mein Name ist Rudi
```

Bleibt kritisch zu fragen, warum ein Sprachkonstrukt, das zusätzlich erlernt werden muss, das aber keine funktionale Erweiterung bietet, notwendig ist. Die Funktionen der Eigenschaften können auch mit gewöhnlichen Operationen umgesetzt werden.

Objekte wie ein Array handhaben – Indizierer

Auch *Indizierer* bieten ähnlich wie Eigenschaften einen Zugriff, der anders aussieht, als er eigentlich ist.

Indizierer dienen dazu, einen einfachen Zugriff auf Sammlungen in Objekten zu ermöglichen. Wir wollen jetzt eine Klasse SparSammlung erstellen, die maximal 50 Sparschweine verwalten kann. In der Sammlung soll immer der aktuelle Gesamtwert aller Sparschweine erfragt werden können. Der Zugriff auf die einzelnen Sparschweine der Sammlung wird über einen Indizierer geregelt.

Um uns einen Überblick zu verschaffen, welche Attribute und Operationen unser Sparschwein mittlerweile besitzt, stellen wir es zusammen mit der neuen Klasse SparSammlung dar.

Die Sparschwein-Sammlung dient der Verwaltung von zunächst maximal 50 Sparschweinen. Dabei sollen Sparschweine möglichst einfach und flexibel in die Sammlung eingefügt und auch wieder entfernt werden können. Um den Überblick zu behalten, integrieren wir eine Operation in die Sammlung, die uns jederzeit den Gesamtwert aller Sparschweine angibt.

```
 1: // Listing 5.12
 2: class Sparsammlung {
 3:     const int maxSchweine = 50;
 4:     Sparschwein[] alleSchweine =
 5:                 new Sparschwein[maxSchweine];
```

Zeile 2 vereinbart zunächst die Konstante maxSchweine, die in Zeile 3 zur Festlegung der Größe des Sparschwein-Arrays alleSchweine dient. Damit können maximal 50 Schweine in einem Sparsammlung-Objekt verwaltet werden.

Um einen flexiblen Zugriff von außen auf die bis zu 50 Sparschwein-Objekte in der Sammlung zu ermöglichen, vereinbaren wir einen Indizierer. In unserem Fall dient der Indizierer dazu, die einzelnen Sparschweine in der Sammlung direkt über einen Index anzusprechen.

```
 6:     public Sparschwein this [int i]{
 7:         get{
 8:             return alleSchweine[i];
 9:         }
10:         set{
11:             alleSchweine[i] = value;
12:         }
13:     }
```

Im Kopf eines Indizierers wird dieser Index über das Schlüsselwort this vereinbart, das ein Synonym für das aktuelle Sparsammlungs-Objekt darstellt. Darüber hinaus müssen Sie noch den Typ der Elemente vereinbaren, auf die Sie in dem Sparsammlungs-Objekt zugreifen. Das sind die einzelnen Sparschwein-Objekte, die vom Typ `Sparschwein` sind. Der Körper des Indizierers (Zeilen 6-12) ähnelt dem Körper einer Eigenschaft. Auch hier können Sie eine Get-Operation und eine Set-Operation definieren. Den vereinbarten Index `i` verwenden Sie nun, um in den beiden Zugriffsoperationen auf die Objekte `alle Schweine[i]` (Zeilen 7 und 10), die vom vereinbarten Typ `Sparschwein` sind, zuzugreifen.

> **HINWEIS** Achten Sie darauf, dass Sie den Index eines Indizierers ausschließlich dazu verwenden, um auf Elemente des im Indizierer-Kopf vereinbarten Typs zuzugreifen. Eine Zuwiderhandlung wird prompt mit einem Compilerfehler bestraft.

Den Zugriff über den Indizierer realisieren wir in der später folgenden `Main()`-Operation einer Startklasse.

Zunächst vervollständigen wir die Klasse wie folgt:

```
14:     public decimal GetWert(){
15:        decimal gesamtWert = 0;
16:        foreach(Sparschwein schwein in
17:                     alleSchweine) {
18:           if (schwein != null){
19:              schwein.Ausgeben();
20:              gesamtWert += schwein.GetWert();
21:           }
22:        }
23:        return gesamtWert;
24:     }
25: }
```

Nachdem Sie den Indizierer für Objekte der Klasse Sparsammlung definiert haben, definieren Sie nun ein Sparsammlungs-Objekt und setzen den Indizierer dazu ein, Objekte der Sammlung zuzuordnen.

```
1: // Listing 5.13
2: using System;
3: public class Start {
4:     public static void Main() {
5:         Sparsammlung meineSchweine =
6:             new Sparsammlung();
```

In den Zeilen 4 und 5 wird das Sparsammlungs-Objekt meineSchweine definiert. In dem neu erzeugten Objekt können Sie nun bis zu 50 Sparschwein-Objekte verwalten. Den Indizierer setzen Sie ein, um der Sammlung die beiden frisch erzeugten Sparschweine Rudi und Oink zuzuordnen.

```
7:     meineSchweine[0] = new Sparschwein("Rudi");
8:     meineSchweine[1] = new Sparschwein("Oink");
```

Der Zugriff auf die Sparsammlungs-Objekte erfolgt so, als ob sie in einem Array organisiert wären. Da jedoch intern die Bedeutung des angegebenen Index beliebig verwendet werden kann, muss sich nicht jeder Indizierer so verhalten, wie wir es vielleicht intuitiv erwarten. Dieses Problem besteht jedoch in unserem Beispiel nicht, so dass auch die folgenden Operationsaufrufe wie erwartet ausgeführt werden.

```
 9:     meineSchweine[0].Einwerfen(DM.FünfMark);
10:     meineSchweine[0].Einwerfen(DM.ZweiMark);
11:     meineSchweine[1].Einwerfen(DM.Groschen);
12:     meineSchweine[1].Einwerfen(
13:             DM.FünfzigPfennig);
14:
```

```
16:        Console.WriteLine("Gesamtwert ist {0} DM",
17:                      meineSchweine.GetWert());
18:    }
19: }
```

Sie sehen an den Ausführungen, dass wir Eigenschaften und Indizierer eher als bedenkliche Konstrukte ansehen. Dennoch stellen wir sie dar, damit Sie sich Ihr eigenes Urteil bilden können.

5.4   Das Sparschwein – in C# ein Goldesel

Nachdem Sie sich mit dem Aufbau von Klassen, den Ablaufstrukturen in Operationen, den Datentypen und Operatoren auseinander gesetzt haben, wollen wir das frisch erworbene Wissen in unserem Sparschwein-Projekt umsetzen.

Das Konzept – eigentlich ganz simpel

Nachdem der Aufbau des Sparschweins im Verlauf dieses Kapitels mehrfach geändert wurde, entschließen wir uns zu einem kompletten Neudesign. Dabei greifen wir auf die Erfahrungen der letzten Abschnitte zurück.

Abb. 5.9: Das EURO-Sparschwein – Konzept

- ▶ Das Sparschwein nimmt ausschließlich EURO-Münzen entgegen. Münzen werden dabei immer einzeln eingeworfen.
- ▶ Das Sparschwein nimmt nur Münzen bis zu einer festgelegten Anzahl entgegen. Diese Anzahl wird bei der Konstruktion eines Sparschweins individuell festgelegt.
- ▶ Neben der Festlegung der maximalen Anzahl von Münzen erhält das Sparschwein noch einen beliebigen Namen.
- ▶ Jede Münze wird beim Einwerfen registriert und in ein entsprechendes Münzfach geleitet. Für jede der 8 EURO-Münzarten müssen Sie demnach ein eigenes Fach einrichten.
- ▶ Der Gesamtwert aller Münzen im Bauch des Sparschweins soll sowohl in EURO als auch in DM vom Sparschwein angegeben werden können.
- ▶ Außerdem erfahren Sie auf Anfrage seinen Namen.
- ▶ Unser Sparschwein besitzt im Gegensatz zu vielen anderen Sparschweinen auch eine Möglichkeit, Geld wieder auszugeben. Dabei soll es einen geforderten EURO-Betrag dann auswerfen, wenn er mit den vorhandenen Münzen realisiert werden kann. Es ist jedoch zusätzlich (als Nebenbedingung) zu beachten, dass möglichst wenig Münzen ausgeworfen werden, da niemand gerne viel Kleingeld mit sich trägt.

Da die Problemstellung in ihrer Struktur noch überschaubar ist und die Abläufe intuitiv nachvollziehbar sind, soll kein formales Fachkonzept getrennt vom Entwurf erstellt werden. Wir erledigen beides im nächsten Entwurfsschritt.

Der Entwurf – jetzt wird's komplexer

Im Entwurf werden Sie jetzt die verbal beschriebenen Eigenschaften des Sparschweins konkretisieren, erweitern und formalisieren. Dazu kann ein Klassendiagramm der UML helfen, eine objektorientierte Struktur für unser Sparschwein aufzubauen.

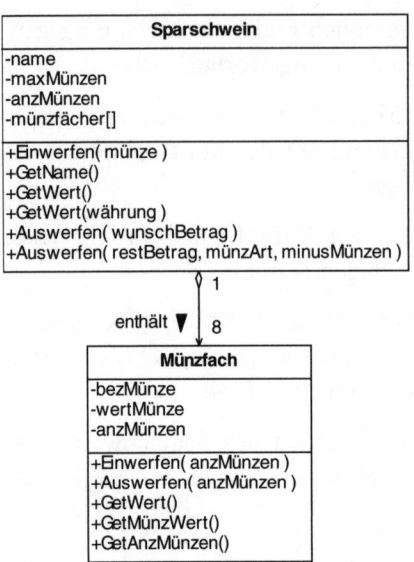

Abb. 5.10: Sparschwein – Klassenstruktur

Das Sparschwein besitzt einige identitätslose beschreibende Eigenschaften. Der Name (name), die Kapazität (maxMünzen) und die Anzahl der aktuell im Bauch vorhandenen Münzen (anzMünzen) beschreiben es näher.

Darüber hinaus hat das Sparschwein in seinem Bauch acht intelligente Münzfächer, die eine eigene Identität besitzen und somit ebenfalls Objekte darstellen. Konzeptionell wird diese Verbindung von den Münzfächern und dem Sparschwein als *Aggregation* bezeichnet, da die Münzfächer als eigenständige Objekte in einem Sparschwein-Objekt Teile eines Ganzen darstellen. Wir kommen im folgenden Kapitel auf derartige Beziehungen zwischen Objekten ausführlich zurück.

Die konzeptionell als Verbindungslinie zwischen den beiden Klassen Sparschwein und Münzfach dargestellte Aggregation wird realisiert durch das Attribut münzfächer[] des Sparscheins, das als Array beliebig viele Verweise auf Objekte vom Typ Münzfach verwalten kann.

Über diese Verbindung nutzt das Sparschwein die Intelligenz der Münzfächer zur Erledigung der ihm aufgetragenen Aufgaben. Jedes Münzfach kennt die Bezeichnung (bezMünze), den Wert (wertMünze) und die Anzahl (anzMünzen) der enthaltenen Münzen und kann somit einfache Verwaltungsaufgaben wahrnehmen.

▶ Bei der Erzeugung eines Sparschwein-Objekts (Sparschwein(...)) legen Sie zunächst den Namen und die maximale Anzahl aller Münzen fest. Darüber hinaus werden in einem Arbeitsgang auch die zugehörigen Münzfächer-Objekte erzeugt und als Verweise im Attribut münzfächer[...] hinterlegt. Für jedes Münzfach wird der Wert der einzelnen Münze in Cent und der Name der Münzart festgelegt (Münzfach(...)).

▶ Werfen Sie eine Münze mit der Operation Einwerfen(...) in das Sparschwein ein, so erhöht das Sparschwein lediglich die Anzahl der enthaltenen Münzen anzMünzen und leitet die Münze durch Aufruf der dort gegebenen Operation Einwerfen(...) an das entsprechende Münzfach münzfach[...]weiter. Das Münzfach registriert die Münze ebenfalls, indem es sein eigenes Attribut anzMünzen um den Wert 1 erhöht.

▶ Soll der Gesamtwert aller Münzen ermittelt werden, so arbeitet das Sparschwein-Objekt in seiner Operation GetWert() ebenfalls eng mit den Münzfächern zusammen. Das Sparschwein befragt jedes Münzfach durch den Aufruf der dort gegebenen Operation GetWert() nach dem Wert seiner Münzen und summiert die Werte der einzelnen Münzfächer zu einem Gesamtwert auf, der dann als Antwort zurückgegeben wird.

▶ Das Auswerfen von Geldbeträgen Auswerfen(...) ist Chefsache und wird verantwortlich vom Sparschwein durchgeführt, da Zugriffe auf alle Münzfächer erfolgen und die Zusammenstellung der Münzen, die ausgeworfen werden sollen, doch recht komplex ist. Die einzelnen Münzfächer geben Auskunft über ihren Gesamtwert (GetWert()), den Wert einer einzelnen Münze (GetMünzWert()) und die Anzahl der im Münzspeicher vorhandenen

Geldmünzen (`GetAnzMünzen()`). Das Sparschwein prüft mit Hilfe dieser Angaben, ob und in welcher Münzzusammenstellung das Auswerfen erfolgt. Falls die Operation `Auswerfen()` des Sparschweins eine Lösung gefunden hat, beauftragt sie die beteiligten Münzfächer, die ermittelte Anzahl von Münzen auszuwerfen (`Auswerfen(...)`). Wie das Lösungsverfahren im Einzelnen aussieht, sehen Sie im folgenden Abschnitt.

Damit sind die wichtigsten Funktionen der beteiligten Objekte sowie deren Zusammenspiel im Ansatz festgelegt. Im Folgenden programmieren wir diesen Entwurf in C#.

Die Umsetzung in C# – Details sind gefragt

Wenn Sie das Sparschwein in Aktion sehen wollen, implementieren Sie das zugegeben nicht gerade kurze Listing. Für Ihre Mühe werden Sie jedoch belohnt, indem Sie einige Tricks und Kniffe lernen, um Operationen sinnvoll auf verschiedene Klassen zu verteilen.

```
1: // Listing 5.14
2: public enum EU{
3:    Cent1, Cent2, Cent5, Cent10, Cent20, Cent50,
4:    EURO1, EURO2};
```

Der Aufzählungstyp EU definiert zunächst seinen Wertebereich über alle EURO-Münzen. Mit Hilfe dieses Typs werden wir später gewährleisten, dass ausschließlich EURO-Münzen in ein Sparschwein eingeworfen werden können.

```
1: // Listing 5.15
2: public enum Währung {
3:    EURO, DM };
```

Der Aufzählungstyp Währung definiert Werte, die eine typsichere und sprechende Angabe der Währung ermöglichen, um die Währung zu bestimmen, in der der Gesamtwert des Sparschweininhalts angegeben wird.

Die Klasse Münzfach beschreibt den Aufbau aller 8 Münzfach-Objekte, die später Teil des Sparschwein-Objekts sein werden.

```
1: // Listing 5.16
2: public class Münzfach{
3:     string bezMünze;
4:     int wertMünze;
5:     int anzMünzen;
```

In den Zeilen 3-5 bestimmen Sie die Attribute für die Bezeichnung einer Münze (bezMünze), ihren Wert (wertMünze) und die Anzahl der Münzen im Münzspeicher (anzMünzen). Sie sehen, dass die technische Repräsentation nicht dem realen Vorbild entspricht, bei dem ja jede Münze als eigenständiges Objekt in einem Münzspeicher liegt. Dies verdeutlicht auch den Unterschied zwischen einem objektorientierten Fachmodell, das sich an der Realität orientiert, und dem Entwurf, der technisch effiziente Strukturen konstruiert.

> **HINWEIS**
> Die allseits beschworene Durchgängigkeit objektorientierter Methoden bezieht sich somit allein auf die formale Notation, nicht aber auf die Gestaltungsinhalte, die im Übergang von einem Fachmodell zu einem technischen Entwurf durchaus inhaltlich voneinander verschieden sind.

Der Individual-Konstruktor Münzfach(...) legt bei der Erzeugung eines Münzfach-Objekts die Bezeichnung und den Münzwert der in diesem Fach verwalteten Münzen fest.

```
6:    public Münzfach(string bezMünze,int wertMünze)
7:    {   this.bezMünze = bezMünze;
8:        this.wertMünze = wertMünze;
9:    }
```

Da die Bezeichner der Übergabeparameter mit den Bezeichnern der Attribute identisch sind und sie somit verdecken, müssen die Attribute zwingend mit dem this-Zeiger, der immer auf Elemente des aktuellen Objekts verweist, angesprochen werden.

Um eine beliebige Anzahl von Münzen in das Münzfach aufzunehmen, erhöhen Sie den Wert des Attributs this.anzMünzen, das als Münzzähler arbeitet, um den Wert des Übergabeparameters anzMünzen.

```
10:   public void Einwerfen(int anzMünzen) {
11:       this.anzMünzen += anzMünzen;
12:   }
```

Soll eine beliebige Anzahl von Münzen (anzMünzen) aus dem Münzfach herausgenommen werden, so wird der Münzzähler this.anzMünzen in Zeile 21 um den geforderten Wert vermindert. Sollten weniger Münzen als die geforderte Anzahl vorhanden sein (Zeile 15), so bleibt das Münzfach unangetastet (Zeile 19) und es werden keine Münzen entnommen.

```
13:   public int Auswerfen(int anzMünzen) {
14:       int anzRaus;
15:       if (this.anzMünzen >= anzMünzen) {
16:           anzRaus = anzMünzen;
17:       }
18:       else    {
19:           anzRaus = 0;
```

```
20:        }
21:        this.anzMünzen -= anzRaus;
22:        return anzRaus;
23:    }
```

Als Antwort wird in jedem Fall die Anzahl der aus dem Münzfach entfernten Münzen anzRaus in Zeile 22 zurückgegeben.

```
24:    public int GetWert(){
25:        return anzMünzen*wertMünze;
26:    }
```

Die Operation GetWert() (Zeilen 24-26) berechnet den Gesamtwert aller Münzen in einem Münzfach als Produkt aus der Anzahl der Münzen und dem festgelegten Münzwert. Der errechnete Wert wird als Antwort zurückgegeben.

Den Wert einer einzelnen Münze erfragen Sie über die Operation GetMünzWert().

```
27:    public int GetMünzWert(){
28:        return wertMünze;
29:    }
```

Auch die Anzahl der Münzen ist abrufbereit als Antwort der Operation GetAnzMünzen().

```
30:    public int GetAnzMünzen(){
31:        return anzMünzen;
32:    }
33: }
```

Damit ist der Aufbau eines Münzfachs vollständig implementiert. Das folgende Listing zeigt nun, wie die Münzfächer in das Sparschwein integriert werden.

```
 1: // Listing 5.17
 2: using System;
 3: public class Sparschwein {
 4:     string name;
 5:     int maxMünzen;
 6:     int anzMünzen;
 7:     Münzfach[] münzfächer;
```

Neben den Attributen (Zeilen 4-6), die den Namen (name), die maximale Gesamtanzahl (maxMünzen) von Münzen sowie die tatsächliche Anzahl (anzMünzen) festhalten, stellt die Array-Variable münzfächer (Zeile 7) eine Verbindung zu einer beliebigen, noch festzulegenden Anzahl von Münzfächern her.

> **HINWEIS** Mit der Vereinbarung der Variablen münzfächer als Array vom Typ Münzfach erzeugen Sie zunächst nur einen Verweis auf null, keinesfalls jedoch ein Münzfach-Objekt.

Erst der Aufruf des Konstruktors der Klasse Sparschwein sorgt dafür, dass die Größe des Arrays münzfächer auf acht Elemente festgelegt wird (Zeile 11). Darüber hinaus erzeugt er acht Münzfach-Objekte – eins für jede Münzart (Zeilen 13-28).

```
 8:     public Sparschwein(string name, int maxMünzen)
 9:     { this.name = name;
10:       this.maxMünzen = maxMünzen;
11:       münzfächer = new Münzfach[8];
12:
```

```
13:        münzfächer[(int)EU.Cent1] =
14:               new Münzfach("1-Cent", 1);
15:        münzfächer[(int)EU.Cent2] =
16:               new Münzfach("2-Cent",2);
17:        münzfächer[(int)EU.Cent5] =
18:               new Münzfach("5-Cent",5);
19:        münzfächer[(int)EU.Cent10] =
20:               new Münzfach("10-Cent",10);
21:        münzfächer[(int)EU.Cent20] =
22:               new Münzfach("20-Cent",20);
23:        münzfächer[(int)EU.Cent50] =
24:               new Münzfach("50-Cent",50);
25:        münzfächer[(int)EU.EURO1] =
26:               new Münzfach("1-EURO",100);
27:        münzfächer[(int)EU.EURO2] =
28:               new Münzfach("2-EURO",200);
29:    }
```

Als Index verwenden wir nach (int) umgewandelte Werte des Aufzählungstyps EU. So ergibt der Ausdruck (int) EU.Cent1 den Wert 0 und der Ausdruck (int) EU.EURO2 den Wert 7. Der Name sowie der Münzwert eines jeden Münzfachs werden als Übergabeparameter den Individual-Konstruktoren übergeben, die die Werte in den Attributen festlegen (z.B. Zeile 28).

Um eine Münze in das Sparschwein einzuwerfen, arbeitet die Operation Einwerfen(...) des Sparschweins mit der gleichnamigen Operation des entsprechenden Münzfachs eng zusammen. Das Sparschwein überprüft zunächst, ob die maximal zulässige Anzahl von Münzen schon vorher erreicht war (Zeile 32). Passt die Münze noch, überlässt das Sparschwein dem zugehörigen Münzspeicher durch Aufruf der

Operation Einwerfen(1) in Zeile 33 die Registrierung im zugehörigen Münzspeicher. Die Erhöhung der Gesamtanzahl der Münzen, die sich übergreifend auf alle Münzfächer bezieht, nimmt das Sparschwein wieder selbst vor (Zeile 34).

```
30:     public bool Einwerfen(EU münze){
31:       bool passtNoch = false;
32:       if (anzMünzen < maxMünzen)      {
33:         münzfächer[(int) münze].Einwerfen(1);
34:         anzMünzen++;
35:         passtNoch = true;
36:       }
37:       return passtNoch;
38:     }
```

Als Antwort wird der boolsche Wert der Variablen passtNoch zurückgegeben, der Ihnen anzeigt, ob die Münze der angegebenen Münzart in das entsprechende Münzfach weitergeleitet werden konnte oder vorher schon die maximale Anzahl von Münzen erreicht war.

```
39:     public string GetName(){
40:       return this.name;
41:     }
```

Die Operation GetName() gibt Auskunft über den Namen des Sparschweins, der mit Aufruf des Konstruktors festgelegt wurde.

Die Operation GetWert() zeigt ein weiteres Beispiel für die Zusammenarbeit des Sparschweins mit seinen Münzfächern. Um den Gesamtwert aller im Bauch des Sparschweins vorhandenen Münzen zu ermitteln, erfragt das Sparschwein nacheinander von allen Münzfächern deren aktuellen Wert, um daraus den Gesamtwert als Summe der Einzelwerte der Münzfächer-Inhalte zu berechnen.

```
42:     public int GetWert() {
43:        int wert=0;
44:        foreach(Münzfach münzfach in münzfächer)
45:        {
46:            wert += münzfach.GetWert();
47:        }
48:        return wert;
49:     }
```

In Zeile 44 wird die foreach-Schleife dazu verwendet, jedes einzelne Element münzfach im Array münzfächer auf seinen Wert zu befragen (Zeile 46). Zeile 48 gibt den in der Variablen wert aufsummierten Gesamtwert aller Münzfächer als Antwort an die aufrufende Stelle zurück.

Die folgende Operation GetWert(...), die als Übergabeparameter einen Wert vom Typ Währung verlangt, basiert ebenfalls auf der eben erläuterten Operation GetWert(). Sie rechnet die Ergebnisse, die intern in den Münzspeichern als Cent-Werte ermittelt werden, jedoch in EURO oder DM um. Dazu verwendet die Operation wiederum die EURO-Konstante vonEUROnachDM, um jetzt einen Betrag von Cent nach EURO oder (anders als im Beispiel zu Kapitel 2) von EURO nach DM umzuwandeln.

Falls der Aufrufer der Operation im Übergabeparameter Währung.EURO als Wert übergibt, ruft die Operation intern die parameterlose GetWert()-Operation auf und dividiert ihn durch die decimal-Zahl 100m.

> **HINWEIS** Achten Sie darauf, dass der Operand 100m vom Typ decimal ist, da sonst die Division zweier Integerzahlen nur die ganzzahlige Division ausführt.

```
50:     public decimal GetWert(Währung währung){
51:         decimal wert = 0;
52:         decimal vonEUROnachDM = 1.95583m;
53:         switch (währung) {
54:             case Währung.EURO :
55:                 wert = this.GetWert() / 100m;
56:                 break;
57:             case Währung.DM   :
58:                 wert = this.GetWert(Währung.EURO) *
59:                        vonEUROnachDM;
60:
61:                 // Abschneiden ab 4.Nachkommastelle
62:                 wert = (decimal) Math.Floor(
63:                        (double) wert * 1000)/10;
64:                 // Runden ab x.xx5 nach oben;
65:                 wert = (decimal) Math.Floor(
66:                        (double) wert + 0.5)/100;
67:                 break;
68:         };
69:         return wert;
70:     }
```

Verlangt der Aufrufer die Wertangabe in DM (Währung.DM), so verzweigt die switch-Anweisung nach Zeile 57. Dort ruft die aktuell ausgeführte Operation sich selbst rekursiv auf (this.GetWert(Währung.EURO)), um zunächst den EURO-Wert des Sparschweins zu ermitteln, der anschließend analog dem aus Kapitel 2 bekannten Verfahren in einen DM-Wert umgerechnet und zurückgegeben wird.

In dieser – in der aktuellen Version – zweifachen Alternative haben wir bewusst die switch-Anweisung verwendet, um leicht weitere Währungsumrechnungen in andere Fremdwährungen integrieren zu können. Dazu ist dann zusätzlich noch eine Erweiterung des Aufzählungstyps Währung erforderlich.

Die folgende Operation Auswerfen(...) lässt unser Sparschwein zum Goldesel oder besser gesagt zum EURO-Esel werden. Die Operation gibt, wenn es möglich ist, den Betrag mit möglichst wenig Münzen aus. Ist eine Ausgabe möglich, antwortet sie mit true, sonst mit false.

```
71:     public bool Auswerfen(double wunschBetrag) {
72:         return Auswerfen((int)(wunschBetrag*100),
73:                 (int) EU.EURO2, 0)==0;
74:     }
```

Das eigentliche Kernverfahren zur Ermittlung der auszuzahlenden Münzen delegiert die Operation an die gleichnamige Operation Auswerfen (int restBetrag, int münzArt, int minusMünzen) (Zeilen 75 ff.), die in Zeile 72 aufgerufen wird.

Die Operation gibt als Antwort true zurück, wenn der Betrag ausgezahlt werden konnte, und false, wenn mit den vorhandenen Münzen der Betrag nicht ausgezahlt werden kann.

Dieses Kernverfahren besteht aus einer Operation Auswerfen(...), die sich selbst so lange aufruft (Zeilen 94, 100), bis eine Münzfolge ermittelt ist, die genau dem auszuzahlenden Betrag entspricht, oder bis klar ist, dass keine Münzzusammenstellung den auszuzahlenden Betrag realisieren kann. Sollte es mehr als eine Möglichkeit geben, den auszuzahlenden Betrag zu realisieren, so soll diejenige Variante gewählt werden, die mit den wenigsten Münzen realisiert werden kann.

Befinden sich im Bauch des Sparschweins zwei 10-Cent-Münzen und eine 20-Cent-Münze, so soll die Ausgabe einer 20-Cent-Münze erfolgen. Die Lösung mit zwei 10-Cent-Münzen darf in diesem Fall nicht realisiert werden, da noch eine Lösung mit weniger Münzen existiert.

Folglich sollten in der Auszahlungsmenge von Münzen möglichst viele Münzen mit einem hohen Münzwert berücksichtigt werden. Das Lösungsverfahren sollte daher so aufgebaut sein, dass zunächst geprüft wird, wie viele der vorhandenen 2-EURO-Münzen in der Auszahlungsmenge untergebracht werden können. Falls danach noch ein Rest übrig bleibt, muss geprüft werden, wie viele 1-EURO-Münzen in die Auszahlungsmenge übernommen werden können. Bleibt immer noch ein Restbetrag der auszuzahlenden Menge übrig, wird das Münzfach mit dem nächstkleineren Münzwert überprüft, bis entweder der Auszahlungsbetrag erreicht ist oder bis feststeht, dass so der Auszahlungsbetrag nicht realisierbar ist.

Betrachten Sie die nächste Aufgabe. Im Sparschwein befinden sich folgende Münzen:

▶ drei 2-Cent-Münzen (Gesamtwert 6 Cent),

▶ zwei 5-Cent-Münzen (Gesamtwert 10 Cent)

Damit ergibt sich ein Gesamtwert von 16 Cent. Soll jetzt ein Betrag von 11 Cent ausgezahlt werden, stellt unser Verfahren zunächst fest, dass zwei 5-Cent-Münzen in der Lösungsmenge untergebracht werden können, jedoch noch ein Rest von 1 Cent bleibt, der mit den übrigen 2-Cent-Münzen nicht realisiert werden kann.

Somit kommen wir mit möglichst großen Münzen in der Auszahlungsmenge nicht zum Ziel. Wir müssen die Zuweisung von zwei 5-Cent-Münzen zur Lösungsmenge zurücknehmen und versuchen, ausgehend von einer 5-Cent-Münze weniger, den Auszahlungsbetrag mit kleineren Münzen zu realisieren.

Damit besitzt die Auszahlungsmenge nur noch eine 5-Cent-Münze. Im zweiten Schritt können dann drei 2-Cent-Münzen der Auszahlungsmenge zugeordnet werden und der Wert der Auszahlungsmenge (eine 5-Cent-Münze und drei 2-Cent-Münzen) entspricht dem geforderten Auszahlungsbetrag von 11 Cent. Also führt die maximale Berücksichtigung großer Münzen nicht immer zum gewünschten Betrag. Beachten Sie, dass dieses Verfahren der Rücknahme von bereits zugeordneten Münzen über mehrere Ebenen erfolgen kann.

> **HINWEIS**
> Die systematische Rücknahme von Lösungsschritten und das darauf folgende Einschlagen eines anderen Lösungsweges bezeichnet man als *Backtracking*-Verfahren.

Die Zuordnung von Münzen zu einer Auszahlungsmenge erfolgt für jede Münzart nach dem gleichen Schema. Dabei variieren jedoch der jeweilige Restwert (restBetrag), der noch durch weitere Münzen gedeckt werden soll, die Münzart (münzArt), die im nächsten Schritt zur Deckung dieses Restbetrags herangezogen werden soll, und die maximal zu berücksichtigende Anzahl von Münzen (minusMünzen), die bei jeder Rücknahme einer Teillösung verringert werden kann. Diese drei Werte werden als Parameter an die Operation Auswerfen(...) übergeben.

▶ Zunächst werden so viele Münzen wie möglich in der Auszahlungsmenge untergebracht (Zeilen 81-91). Dazu wird der Rest des auszuzahlenden Betrags restBetrag durch den Münzwert des aktuell betrachteten Münzfachs münzfächer[münzArt].GetMünzWert() ganzzahlig dividiert. Sollte bereits ein früherer Versuch für die aktuelle Münzart gescheitert sein, berücksichtigen Sie jetzt weniger Münzen. In diesem Falle eines wiederholten Versuchs besitzt der Übergabeparameter minusMünzen. einen Wert größer Null, so dass durch seine Subtraktion (Zeile 83) entsprechend weniger Münzen berücksichtigt werden. Sollten weniger Münzen als vorgesehen im Münzfach vorhanden sein (Zeilen 85-86), so wird nur die vorhandene Anzahl in der Variablen rausMünzen zur Entnahme vorgesehen (Zeilen 87-88).

```
 75:      private int Auswerfen(int restBetrag,
 76:                     int münzArt, int minusMünzen){
 77:        int rausMünzen = 0;
 78:        int restBetragAnfang = restBetrag;
 79:        bool irrWeg = false;
 80:
 81:        rausMünzen = restBetrag /
 82:            münzfächer[münzArt].GetMünzWert() -
 83:            minusMünzen;
 84:
 85:        if (münzfächer[münzArt].GetAnzMünzen() <
 86:                          rausMünzen)
 87:          rausMünzen =
 88:            münzfächer[münzArt].GetAnzMünzen();
 89:        if (rausMünzen >= 0) {
 90:          restBetrag -= rausMünzen *
 91:             münzfächer[münzArt].GetMünzWert();
 92:
 93:          if (restBetrag > 0 && münzArt > 0) {
 94:            restBetrag = Auswerfen(restBetrag,
 95:                          münzArt-1, 0);
 96:
 97:          if (restBetrag > 0 &&
 98:              minusMünzen < rausMünzen){
 99:             irrWeg = true;  // Sackgasse
100:             restBetrag = Auswerfen(
101:                          restBetragAnfang,
102:                          münzArt,
103:                          minusMünzen+1);
104:          }
```

```
105:        }
106:        if (restBetrag == 0 && !irrWeg) {
107:          Console.WriteLine(
108:            "Auswerfen: {0} {1} Münzen",
109:            rausMünzen, (EU)münzArt);
110:
111:          this.münzfächer[münzArt].
112:            Auswerfen(rausMünzen);
113:        }
114:      }
115:      return restBetrag;
116:    }
117: }
118:
119:
```

▶ Sollte noch ein Restbetrag übrig bleiben, so versuchen wir diesen zunächst im Münzfach mit dem nächstkleineren Münzwert (Zeilen 94-95) zu decken. Dazu rufen wir die Operation Auswerfen(...) erneut auf, greifen jedoch auf das nächstkleinere Münzfach münzArt − 1 zu, falls noch nicht die kleinste Münzart (Zeile 93) erreicht ist.

▶ Solange noch ein Restbetrag zur Auszahlung übrig bleibt, kommt die Operation an dieser Stelle nicht weiter und ruft sich selbst mit der Angabe des verbleibenden Restbetrags und der Angabe der nächstkleineren Münzart auf, es sei denn, die kleinste Münzart ist bereits erreicht.

▶ In diesem Fall befinden wir uns in einer Lösungssackgasse. Wir dürfen keine vorgesehenen Münzen in die Ausgabemenge übernehmen und markieren den Irrweg in der Variablen irrWeg. Jetzt bleibt uns nur noch, für die eingangs in der Variablen restBetragAnfang (Zeile 78) gespeicherte anfängliche Restmenge einen neuen Weg einzuschlagen (Zeile 100). Das funktioniert jedoch nur dann, wenn wir damit noch mehr als eine Münze entnehmen (Zeile 98) können. Dabei berücksichtigen wir genau eine Münze weniger als bisher. Dazu übergeben wir `minusMünzen + 1` (Zeile 103) beim erneuten Aufruf der Operation `Auswerfen(...)`, so dass beim nächsten Durchlauf bei der Verringerung der anfänglichen Restmenge eine Münze weniger (Zeile 81-83) berücksichtigt wird.

▶ Erst wenn der Restbetrag eliminiert werden konnte, oder, wenn das nicht der Fall ist, keine weiteren Rückschritte möglich sind, erfolgt kein weiterer Aufruf der Operation `Auswerfen(...)`. Das geschieht immer dann, wenn wir für alle Münzarten von 2 Euro bis 2 Cent alle möglichen Lösungsversuche schrittweise zurückgenommen haben. Die Münzart `münzArt` besitzt in diesem Fall den Wert 0 und verhindert in Zeile 93 einen erneuten Aufruf der Operation `Auswerfen(...)` (Zeilen 94-95).

▶ Bisher konnte noch kein Operationslauf vollständig beendet werden, da ständig neue Operationsaufrufe sich vorgedrängelt haben. Jetzt ist es an der Zeit, Schritt für Schritt die verschiedenen Operationsaufrufe derselben Operation `Auswerfen(...)` in rückwärtiger Reihenfolge ihres Aufrufs zu beenden.

▶ Nur für den Fall, dass der Restbetrag vollständig eliminiert werden konnte (Zeile 106), erfolgt nun die Entnahme von Münzen. Dabei dürfen bei der Entnahme (Zeilen 111-112) nur Aufrufe berücksichtigt werden, die *nicht* in eine Sackgasse mündeten und dort die Marke `irrWeg` gesetzt haben. Sind alle Rekursionsebenen abgearbeitet, dann sind alle Münzen in der korrekten Anzahl entnommen. Jede Entnahme wird auf dem Bildschirm (Zeilen 107-109) zu Testzwecken dokumentiert.

Ein rekursives Verfahren, wie wir es hier zur Lösung verwenden, ist zwar sehr elegant, jedoch gerade für Einsteiger sehr schwer nachzuvollziehen. Ebenso schwerfällig erscheint unser Versuch, die dynamischen Abläufe plastisch und verständlich in einer sequentiellen Form zu Papier zu bringen.

Nutzen Sie daher die nachfolgend abgebildete Startklasse, um das Verfahren auf Herz und Nieren zu testen. Sie wissen ja: „Grau ist alle Theorie". Verwenden Sie auf jeden Fall den Debugger, um die Anweisungen und Aufrufebenen der sich selbst aufrufenden Operation Auswerfen(...) Schritt für Schritt nachzuvollziehen.

```
 1: // Listing 5.18
 2: using System;
 3: public class Start {
 4:    public static void Main() {
 5:        Sparschwein rudi = new Sparschwein(
 6:                          "Rudi", 25);
 7:        rudi.Einwerfen(EU.Cent50);
 8:        rudi.Einwerfen(EU.Cent10);
 9:        rudi.Einwerfen(EU.Cent10);
10:        rudi.Einwerfen(EU.Cent10);
11:        rudi.Einwerfen(EU.Cent10);
12:        rudi.Einwerfen(EU.Cent5);
13:        rudi.Einwerfen(EU.Cent5);
14:        rudi.Einwerfen(EU.Cent5);
15:        rudi.Einwerfen(EU.Cent2);
16:        rudi.Einwerfen(EU.Cent2);
17:        rudi.Einwerfen(EU.Cent2);
18:        Console.WriteLine(
19:           "{0}'s Wert: {1} EURO ({2} DM)\n",
20:           rudi.GetName(),
21:           rudi.GetWert( Währung.EURO),
22:           rudi.GetWert(Währung.DM));
23:        double wunschBetrag = 0.51;
24:        Console.WriteLine("\nAuswerfen: {0} EURO\n",
25:                          wunschBetrag);
```

```
26:        if (rudi.Auswerfen(wunschBetrag)) {
27:            Console.WriteLine(
28:                "\n{0}'s Wert: {1} EURO ({2} DM))",
29:                rudi.GetName(),
30:                rudi.GetWert(Währung.EURO),
31:                rudi.GetWert(Währung.DM));
32:        }
33:        else
34:            Console.WriteLine(
35:                "Betrag kann nicht ausgeworfen werden");
36:    }
37: }
```

Die `Main()`-Operation der Startklasse erzeugt zunächst ein Sparschwein-Objekt mit Namen Rudi (Zeilen 5-6), das bis zu 25 Münzen in seinen Bauch aufnehmen kann. Die anschließenden Anweisungen füllen Rudis Bauch mit elf Münzen (drei 2-Cent-Münzen, drei 5-Cent-Münzen, vier 10-Cent-Münzen, eine 50-Cent-Münze) in einem Gesamtwert von 1,11 EURO.

Die darauf folgende Anweisung (Zeilen 18-22) gibt den resultierenden Gesamtbetrag in EURO und DM auf dem Bildschirm aus. Anschließend versucht das Programm mit dem Aufruf rudi.Auswerfen(wunsch Betrag) (Zeile 26), den vorher in der Variablen wunschBetrag festgelegten und auf dem Bildschirm angezeigten Wert von 0,51 EURO (Zeilen 23-25) auszuwerfen.

Je nach Ausgang (Zeile 26) des Vorhabens wird der nach dem Auswerfen noch verbliebene Gesamtwert der Münzen in Rudis Bauch (Zeilen 27-30) oder aber eine Misserfolgsmeldung (Zeilen 33-35) auf dem Bildschirm ausgegeben. Für den Fall, dass Rudi Münzen auswirft, dokumentiert die Ausgabeanweisung der Operation Auswerfen(...) (Zeilen 107-109) für jede Münzart die ausgeworfene Anzahl von Münzen. Das Programm erzeugt die folgende Bildschirmausgabe:

Rudi's Wert: 1,11 EURO (2,17 DM)

Auswerfen: 0,51 EURO

Auswerfen: 3 Cent2 Münzen
Auswerfen: 1 Cent5 Münzen
Auswerfen: 4 Cent10 Münzen
Auswerfen: 0 Cent20 Münzen
Auswerfen: 0 Cent50 Münzen
Auswerfen: 0 EURO1 Münzen
Auswerfen: 0 EURO2 Münzen

Rudi's Wert: 0,6 EURO (1,17 DM)

Die folgenden Schritte zeigen für das gefüllte Sparschwein einen Teil des Vorgehens der Operation Auswerfen(...). Bis zum Erreichen des ersten Irrwegs werden die Schritte ausführlich kommentiert. Der zweite und dritte Lösungsversuch werden anschließend im Überblick dargestellt.

Zunächst startet der Aufruf der Operation mit den Parameterwerten 51 für den auszuzahlenden Betrag, 7 für den Index des Münzfachs 2-EURO und 0, so dass so viele 2-EURO-Münzen wie möglich berücksichtigt werden.

Ebene 1 (51 Cent, 7 Münzfach 2-EURO, 0 Münzen weniger)

▶ Die Berechnung der Anzahl (Zeilen 81-83) von Münzen 51 / 200 – 0 ergibt den Wert 0, der der Variablen rausMünzen in der Zeile 81 zugewiesen wird. Ein Wert von 0 kann nicht weiter nach unten korrigiert werden (Zeilen 85-88).

▶ Der Restbetrag vermindert sich nicht, da rausMünzen den Wert 0 besitzt (Zeilen 90-91).

▶ Da restBetrag mit 51 größer als 0 ist und die münzArt mit dem Wert 7 größer als 0, erfolgt ein erneuter Aufruf der Operation Auswerfen(...) (Zeile 94-95).

Ebene 2 (51 Cent, 6 Münzfach 1-EURO, 0 Münzen weniger)

▶ Die Berechnung der Anzahl (Zeilen 81-83) von Münzen 51 / 100 − 0 ergibt den Wert 0, der der Variablen rausMünzen in der Zeile 81 zugewiesen wird. Ein Wert von 0 kann nicht weiter nach unten korrigiert werden (Zeilen 85-88).

▶ Der Restbetrag vermindert sich nicht, da rausMünzen den Wert 0 besitzt (Zeilen 90-91).

▶ Da restBetrag mit 51 größer als 0 ist und die münzArt mit dem Wert 6 größer als 0, erfolgt ein erneuter Aufruf der Operation Auswerfen(...) (Zeilen 94-95).

Ebene 3 (51 Cent, 5 Münzfach 50-Cent, 0 Münzen weniger)

▶ Die Berechnung der Anzahl (Zeilen 81-83) von Münzen 51 / 50 − 0 ergibt den Wert 1, der der Variablen rausMünzen in der Zeile 81 zugewiesen wird. Da eine 50-Cent-Münze vorhanden ist, muss die Anzahl nicht nach unten korrigiert werden (Zeilen 85-88).

▶ Für die positive Anzahl zu entnehmender Münzen kann jetzt der Wert von restBetrag um 50 (1 * 50) auf den Wert 1 (51 - 50) vermindert werden (Zeilen 90-91).

▶ Da restBetrag mit dem Wert 1 größer als 0 ist und die Münzart mit 5 größer 0, erfolgt der nächste Aufruf der Operation Auswerfen(...) (Zeilen 94-95).

Ebene 4 (1 Cent, 4 Münzfach 20-Cent, 0 Münzen weniger)

▶ Die Berechnung der Anzahl (Zeilen 81-83) von Münzen 1 / 20 – 0 ergibt den Wert 0, der der Variablen rausMünzen in der Zeile 81 zugewiesen wird. Eine Korrektur nach unten erfolgt nicht (Zeilen 85-88).

▶ Der Restbetrag vermindert sich nicht, da rausMünzen den Wert 0 besitzt (Zeilen 90-91).

▶ Da restBetrag mit dem Wert 1 größer als 0 ist und die Münzart mit 4 größer 0, erfolgt der nächste Aufruf der Operation Auswerfen(...) (Zeilen 94-95).

Ebene 5 (1 Cent, 3 Münzfach 10-Cent, 0 Münzen weniger)

▶ Die Berechnung der Anzahl (Zeilen 81-83) von Münzen 1 / 10 – 0 ergibt den Wert 0, der der Variablen rausMünzen in der Zeile 81 zugewiesen wird. Eine Korrektur nach unten erfolgt nicht (Zeilen 85-88).

▶ Der Restbetrag vermindert sich nicht, da rausMünzen den Wert 0 besitzt (Zeilen 90-91).

▶ Da restBetrag mit dem Wert 1 größer als 0 ist und die Münzart mit 3 größer 0, erfolgt der nächste Aufruf der Operation Auswerfen(...) (Zeilen 94-95).

Ebene 6 (1 Cent, 2 Münzfach 5-Cent, 0 Münzen weniger)

▶ Die Berechnung der Anzahl (Zeilen 81-83) von Münzen 1 / 5 – 0 ergibt den Wert 0, der der Variablen rausMünzen in der Zeile 81 zugewiesen wird. Eine Korrektur nach unten erfolgt nicht (Zeilen 85-88).

▶ Der Restbetrag vermindert sich nicht, da rausMünzen den Wert 0 besitzt (Zeilen 90-91).

▶ Da restBetrag mit dem Wert 1 größer als 0 ist und die Münzart mit 2 größer 0, erfolgt der nächste Aufruf der Operation Auswerfen(...) (Zeilen 94-95).

Ebene 7 (1 Cent, 1 Münzfach 2-Cent, 0 Münzen weniger)

▶ Die Berechnung der Anzahl (Zeilen 81-83) von Münzen 1 / 2 – 0 ergibt den Wert 0, der der Variablen rausMünzen in der Zeile 81 zugewiesen wird. Eine Korrektur nach unten erfolgt nicht (Zeilen 85-88).

▶ Der Restbetrag vermindert sich nicht, da rausMünzen den Wert 0 besitzt (Zeilen 90-91).

▶ Da restBetrag mit dem Wert 1 größer als 0 ist und die Münzart mit 1 größer 0, erfolgt der nächste Aufruf der Operation Auswerfen(...) (Zeilen 94-95).

Ebene 8 (1 Cent, 0 Münzfach 1-Cent, 0 Münzen weniger)

▶ Die Berechnung der Anzahl (Zeilen 81-83) von Münzen 1 / 1 – 0 ergibt den Wert 1, der der Variablen rausMünzen in der Zeile 81 zugewiesen wird. Eine Korrektur nach unten erfolgt, da kein 1-Cent-Stück vorhanden ist (Zeilen 85-88).

▶ Der Restbetrag vermindert sich nicht, da rausMünzen den Wert 0 besitzt (Zeilen 90-91).

▶ Da restBetrag mit dem Wert 1 größer als 0 ist und die Münzart mit 0 nicht größer 0, erfolgt kein erneuter Aufruf der Operation Auswerfen(...) (Zeilen 94-95) und es wird keine Münze entnommen (Zeilen 106-112).

Abb. 5.11: Sparschwein – Auswerfen 1. Versuch (Irrweg)

Ebene 7 (1 Münzfach 2-Cent)

▶ Da minusMünzen mit einem Wert von 0 gleich dem Wert von rausMünzen ist, erfolgt kein erneuter Aufruf von Auswerfen(...) (Zeilen 97-104). restBetrag mit dem Wert 1 verhindert die Münzentnahme (Zeilen 106-113).

Ebene 6 (2 Münzfach 5-Cent)

▶ Da minusMünzen mit einem Wert von 0 gleich dem Wert von rausMünzen ist, erfolgt kein erneuter Aufruf von Auswerfen(...) (Zeilen 97-104). Der restBetrag mit dem Wert 1 verhindert die Münzentnahme (Zeilen 106-113).

Ebene 5 (3 Münzfach 10-Cent)

▶ Da minusMünzen mit einem Wert von 0 gleich dem Wert von rausMünzen ist, erfolgt kein erneuter Aufruf von Auswerfen(...) (Zeilen 97-104). Der restBetrag mit dem Wert 1 verhindert die Münzentnahme (Zeilen 106-113).

Ebene 4 (4 Münzfach 20-Cent)

▶ Da minusMünzen mit einem Wert von 0 gleich dem Wert von rausMünzen ist, erfolgt kein erneuter Aufruf von Auswerfen(...) (Zeilen 97-104). Der restBetrag mit dem Wert 1 verhindert die Münzentnahme (Zeilen 106-113).

Ebene 3 (Index 5 Münzfach 50-Cent)

▶ Da minusMünzen mit einem Wert von 0 kleiner als der Wert 1 von rausMünzen ist, wird der Irrweg-Markierer irrWeg gesetzt (Zeile 99), die Auswahl des 50-Cent-Stücks zurückgenommen, indem für den ursprünglichen Restbetrag restBetragAnfang, der den Wert 51 besitzt, und die Münzart 5 das gleiche Verfahren für eine Münze weniger 1 ausgeführt wird.

Ebene 4 (51 Cent, 5 Münzfach 50-Cent, 1 Münze weniger)

▶ Das Verfahren läuft nach dem gleichen Schema weiter.

Da bei der Berücksichtigung einer Münze weniger im neuen Versuch keine 50-Cent-Münze berücksichtigt wird, kann das Verfahren vier 10-Cent-Münzen im ersten Schritt und im zweiten Schritt zwei 5-Cent-Münzen zur Auszahlung vorsehen. Die Lösung scheitert jedoch ebenso wie der erste Versuch, da keine 1-Cent-Münze im Sparschwein vorhanden ist.

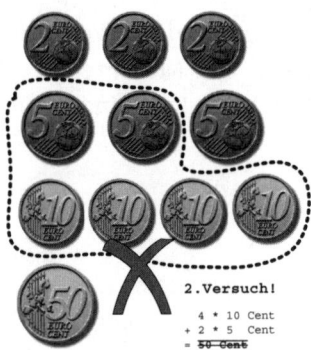

2.Versuch!
4 * 10 Cent
+ 2 * 5 Cent
= ~~50 Cent~~

Abb. 5.12: Sparschwein – Auswerfen 2. Versuch (Irrweg)

Für die 2-Cent-Münzen kann ebenso wie im ersten Lösungsschritt kein Alternativweg beschritten werden, da keine Münze in der Auszahlungsmenge vorgesehen ist. Ein Auswerfen findet ebenfalls nicht statt, da der Restbetrag mit dem Wert 1 größer als 0 ist.

Die Fortsetzung auf der Ebene der 5-Cent-Münzen bringt die Rücknahme der Zuordnung von zwei 5-Cent-Münzen verbunden mit einer Irrweg-Markierung und der Prüfung, den ursprünglichen Restbetrag von 11 Cent mit einer 5-Cent-Münze weniger zu realisieren.

Nach der Zuordnung einer 5-Cent-Münze kann der Restbetrag von 6 Cent mit drei 2-Cent-Münzen realisiert werden.

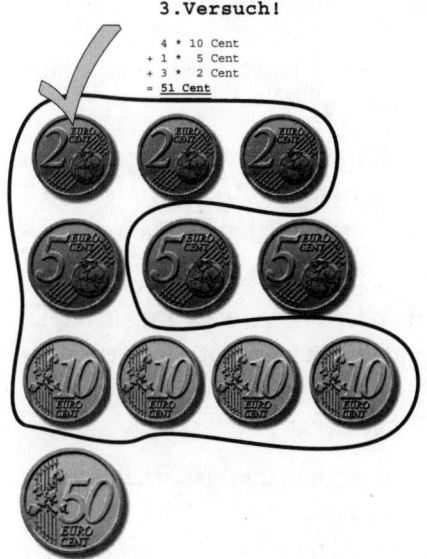

Abb. 5.13: Sparschwein – Auswerfen 3. Versuch (Lösung gefunden)

Alle noch nicht beendeten Operationsaufrufe werden jetzt in rückwärtiger Aufruffreihenfolge beendet. Jede Ebene, auf der keine Irrweg-Markierung gesetzt wurde, ist dabei mit der jeweils ermittelten Anzahl von Münzen, die auch Null betragen kann, an der Auszahlung beteiligt.

Unser Sparschwein wirft den Betrag immer mit der geringstmöglichen Anzahl von Münzen aus, da es immer zuerst Münzen mit hohem Wert der Ausgabemenge zuordnet, bevor es Münzen mit geringerem Wert berücksichtigt. So wäre in diesem Fall eine Realisierung auch mit drei 10-Cent-Münzen, drei 5-Cent-Münzen und drei 2-Cent-Münzen möglich. Diese Lösung benötigt jedoch eine Münze mehr.

5.5 Zusammenfassung, Fragen und Übungen

Zusammenfassung

▶ Ein Objekt besitzt in seinem Zustand beschreibende Attribute und Beziehungen zu anderen Objekten.

▶ Für beschreibende Attribute stehen einfache und höhere Typen zur Verfügung. Für jeden vordefinierten Typ ist ein Wertebereich und die auf diesem Wertebereich ausführbaren Operationen definiert.

▶ Typen sind entweder als Wert- oder als Verweis-Typen implementiert. Ein Wert-Typ legt direkt Speicherplatz für den Wert fest, während der Verweis-Typ lediglich eine leere Referenz auf einen Wert vom vereinbarten Typ erzeugt.

▶ Typumwandlungen können als implizite (automatische) Konvertierung oder als explizite, vom Programm erzwungene Umwandlung durch den Einsatz des Cast-Operators erfolgen. Setzen Sie den Cast-Operator ein, so sind Sie als Programmierer für den theoretisch denkbaren Wert- oder Genauigkeitsverlust verantwortlich.

▶ `string`, `object` und `Array` sind vordefinierte Verweis-Typen, die im System eine besondere Bedeutung besitzen.

Zusammenfassung

▶ Arrays sind semidynamische Verweis-Typen und können als ineinander verschachtelte Strukturen ungleichförmige Strukturen ausbilden. Dabei unterscheiden sich verschachtelte Arrays von mehrdimensionalen Arrays.

▶ Für Objektbeziehungen existieren Klassen-Typen. Klassen-Typen sind Zuordnungs-Typen, die lediglich einen Verweis auf ein Objekt enthalten.

▶ Ereignisse und Indizierer sind Konzepte, die den Zugriff auf ein Objekt vereinfachen. Sie verwischen jedoch nach außen die klare Unterscheidbarkeit zwischen Zugriffen auf Attribute und Zugriffen auf Operationen.

Fragen und Übungen

1. Was unterscheidet einen Verweis-Typ von einem Wert-Typ?
2. Erläutern Sie die bei der Typumwandlung möglichen Überläufe und Genauigkeitsverluste am Beispiel der Datentypen float, double und decimal.
3. Was ist mit der Technik des Boxing und des Unboxing gemeint?
4. Warum bezeichnet man Arrays in C# als semidynamisch.
5. Warum stellen Indizierer und Ereignisse nicht nur eine Vereinfachung, sondern auch eine Gefahr dar.
6. Erstellen Sie eine Klasse Regal. In dem Regal sind zwei Ebenen. Auf jeder Ebene ist Platz für 5 Karaffen. Erstellen Sie ein UML-Klassendiagramm, das die beiden Klassen und ihre Beziehungen darstellt.
7. Erstellen Sie für die Klasse Regal eine C#-Klasse. Programmieren Sie eine Startklasse mit einer Main()-Operation, die 3 Karaffen in das Regal einordnet.

Fragen und Übungen

8. Erstellen Sie eine C#-Klasse für einen Wassertank, der eine Höchstmenge, eine Mindestmenge und eine Sollmenge für seinen Inhalt besitzt. Darüber hinaus ist der Tank fest mit einem Überlaufgefäß verbunden, das bis zu 30% der Sollmenge aufnimmt, wenn die Höchstmenge überschritten ist (Überlauf). Sollte das Überlaufgefäß gefüllt sein, so wird der Zulauf zum Tank aus Sicherheitsgründen gesperrt. Bevor das Überlaufgefäß nicht komplett geleert wurde, kann kein Wasser in den Tank eingelassen werden. Simulieren Sie verschiedene Füllszenarien in einer Startklasse.

6 Objekt-Beziehungen

In den vorangegangenen Kapiteln haben Sie erfahren, wie Sie Klassen und Objekte aufbauen, wie Sie Aktivitäten von Operationen festlegen und wie Sie beschreibende Eigenschaften einem Objekt zuordnen. Ansatzweise sind wir auch darauf eingegangen, wie Sie Beziehungen zwischen Objekten aufbauen, die gemeinsam eine Aufgabe erledigen.

In den folgenden Abschnitten erarbeiten wir zunächst systematisch den Aufbau, die Nutzung und das Beenden von Objekt-Beziehungen. In den vorhergehenden Kapiteln haben Sie bereits erfahren, wie Karaffen-Objekte Beziehungen zu einem Regal aufbauen, in dem sie stehen. Das Sparschwein wiederum enthält in seinem Innern Münzfächer, mit denen es gemeinsam die Münzen verwaltet. Derartige Beziehungen sind als Attributwerte in Attributen verankert und können im Lauf der Existenz eines Objekts durch eine einfache Wertzuweisung verändert oder beendet werden. Daher bezeichnen wir sie auch als *dynamische Beziehungs-Typen*.

Anschließend betrachten wir Beziehungen, die in der Klasse fest verankert sind und sich somit während der Existenz eines Objekts nicht ändern können. Diese elementaren *statischen Beziehungstypen* beziehen sich auf den Aufbau von Klassen und beinhalten die Übernahme von fremden Klassendefinitionen und Schnittstellen in Form der *Vererbung*.

Damit Sie in Systemen, die viele Klassen und Schnittstellen beinhalten, den Überblick behalten, können Sie ausgewählte Klassen und Schnittstellen zu den bereits zu Beginn kurz erläuterten *Namensräumen* (Namespaces) zusammenfassen. Diese Organisationseinheiten können auch zu übergeordneten Namensräumen zusammengefasst werden, so dass eine hierarchische Struktur von Namensräumen aufgebaut wird.

Namensräume sind Organisationseinheiten, die ähnlich aufgebaut sind wie die Organisation von Unternehmen. Wie Sie es aus Organigrammen kennen, die Mitarbeiter Abteilungen zuordnen und Abteilungen zu Oberabteilungen zusammenfassen, lassen sich Klassen und Interfaces in Namensräumen zusammenfassen, die ihrerseits wieder eine hierarchische Struktur besitzen können. Stellen Sie sich Namensräume wie ein Organigramm für Klassen und Interfaces vor, das diese Elemente bestimmten Namensräumen zuordnet, die ihrerseits zu übergeordneten Namensräumen zusammengefasst werden können.

Nachdem unser Auto in der Garage zu rosten beginnt, die Ampel darauf wartet, zu leuchten, die Karaffen bereits im Regal einstauben und unser Sparschwein Rudi entleert auf die ausgespuckten EURO-Münzen starrt, bringen wir unsere Ersparnisse zur Bank. Um den Überblick über unser kleines Vermögen zu bewahren, erstellen wir in diesem Kapitel eine Kontenverwaltung.

6.1 Das Konten-Projekt

Kern unserer Überlegungen für die Geldanlage ist ein Sparkonto, das wir bei einer Bank eröffnen. Uns interessiert zunächst nur die Kontonummer, der Name des Kontoinhabers sowie der aktuelle Kontostand. Darüber hinaus sollen Einzahlungen und Auszahlungen beliebiger Beträge vorgenommen werden können.

Sparkonto
-kontonr -inhaber -kontostand
+Einzahlen(betrag) +Auszahlen(betrag) +GetKontostand()

Abb. 6.1: Klasse Sparkonto – Grundform

Zusätzlich zu den hier abgebildeten Strukturinformationen enthält die Klasse Sparkonto in C# einen Individual-Konstruktor (Zeilen 7-10), der den Namen des Inhabers (inhaber) und die Kontonummer (kontonr), die als Parameter übergeben werden, den entsprechenden Attributen zuweist.

```
1: // Listing 6.1
2: using System;
3: public class Sparkonto {
4:     string inhaber;
5:     int kontonr;
6:     double kontostand;
```

In der Klasse Sparkonto vereinbaren Sie den Kontoinhaber inhaber als Zeichenkette, die Kontonummer kontonr als Ganzzahl und den Kontostand kontostand als Fließkommazahl.

Der Individual-Konstruktor, den Sie zum Einrichten eines Objekts aufrufen, erhält als Übergabewert den Namen des Inhabers sowie die Kontonummer.

```
7:     public Sparkonto(string inhaber, int kontonr){
8:         this.inhaber = inhaber;
9:         this.kontonr = kontonr;
10:    }
```

Die übergebenen Werte legt der Konstruktor in den Zeilen 8-9 als Attributwerte fest. Damit sind die Angaben dauerhaft, über die Laufzeit des Konstruktors hinaus, im Sparkonto-Objekt verfügbar.

Um eine Einzahlung vorzunehmen, definieren Sie die Operation Einzahlen(...), die bei ihrem Aufruf immer die Angabe eines Betrags benötigt, der dem Sparkonto-Objekt gutgeschrieben werden soll.

```
11:    public void Einzahlen(double betrag){
12:        kontostand += betrag;
13:    }
```

Jede Einzahlung erhöht den Wert des Attributs kontostand um den angegebenen Betrag.

Den entgegengesetzten Weg beschreitet die Operation Auszahlen(...). Sie benötigt ebenfalls die Angabe eines Betrags, der jedoch in diesem Fall ausgezahlt werden soll.

```
14:    public bool Auszahlen(double betrag){
15:        bool gedeckt;
16:        if (gedeckt = kontostand >= betrag)
17:            kontostand -= betrag;
18:        return gedeckt;
19:    }
```

Im Unterschied zu einer Einzahlung darf aber nicht jeder beliebige Betrag ausgezahlt werden. Nur wenn der Kontostand höher als der Auszahlungsbetrag ist, also eine Auszahlung nicht zu einem negativen Kontostand führen würde, darf der Betrag vom Konto abgehoben werden. Die Operation Auszahlen(...) zahlt den geforderten Betrag nur dann aus, wenn dadurch der Kontostand nicht negativ wird - daher die bedingte Anweisung in Zeile 16.

Die Operation GetKontoStand() ermöglicht die Abfrage des aktuellen Kontostands.

```
20:    public double GetKontostand(){
21:        return kontostand;
22:    }
23: }
```

Die folgende Startklasse erzeugt ein Sparkonto, führt einige Kontobewegungen durch und gibt anschließend den Kontostand aus.

```
1:  // Listing 6.2
2:  using System;
3:  class Start {
4:      public static void Main(string[] args) {
5:          Sparkonto meinKonto =
6:                  new Sparkonto("Micha", 4711);
7:          meinKonto.Einzahlen(100);
8:          meinKonto.Einzahlen(300);
9:          meinKonto.Auszahlen(1150);
10:         meinKonto.Auszahlen(150);
11:         Console.WriteLine("Kontostand: {0} EURO",
12:                 meinKonto.GetKontostand());
13:     }
14: }
```

Führen Sie die Startklasse aus, so erhalten Sie die folgende Bildschirmausgabe, die nach allen Kontobewegungen einen Kontostand von 250 EURO anzeigt.

```
Kontostand: 250 EURO
```

Nachdem das Sparkonto-Objekt meinKonto erzeugt wurde (Zeilen 5-6), zahlen Sie die Beträge 100 € und 300 € zunächst ein (Zeilen 7-8), bevor die erste Auszahlung von 1150 € (Zeile 9) abgelehnt wird, da aus der Auszahlung ein negativer Kontostand resultieren würde. Die letzte Auszahlung von 150 € wird hingegen vorgenommen (Zeile 10) und der resultierende Kontostand von 250 € ausgegeben (Zeilen 11-12).

Ausgehend von diesem Sparkonto-Objekt demonstrieren die nächsten Abschnitte die Handhabung von Objekt-Beziehungen in C#.

6.2 Assoziation – „LAG" von Objekten

Nachdem Sie Beziehungen zwischen Objekten bereits zwischen Karaffen und Regalen sowie zwischen Sparschwein-Objekten und den in ihnen enthaltenen Münzfächern aufgebaut haben, werden Sie in diesem Abschnitt am Beispiel des Sparkontos lernen, wie Objekte Beziehungen aufbauen, nutzen und wieder beenden können.

Phasen einer Objekt-Beziehung

Wenn wir Objekte in einer Analogie mit Menschen gleichsetzen, indem wir ihnen ein Gedächtnis (Zustand bzw. Gesamtheit der Attribute) und eine Reaktionsmöglichkeit auf Umweltereignisse (Verhalten bzw. Gesamtheit der Operationen) zuschreiben, erscheint es nur konsequent, wenn wir die Beziehungen von Objekten ebenfalls mit menschlichen Beziehungen vergleichen.

Betrachten wir den Lebenszyklus eines Objekts von seiner Erzeugung bis zu seiner Vernichtung, so sind die Beziehungen, die es im Laufe seiner Existenz eingeht, mit *LAG*s (Lebensabschnittsgemeinschaften) von Menschen vergleichbar.

Bevor wir von einer Beziehung profitieren können, muss diese zunächst aufgebaut werden. Das bedeutet, dass die Beteiligten sich als Beziehungspartner zunächst anerkennen und die Möglichkeiten und Fähigkeiten des anderen verstehen müssen, um Aufgaben möglichst effizient gemeinsam bewältigen zu können. Bietet eine Beziehung den Beteiligten keine Vorteile mehr, so kann die Bindung wieder gelöst werden.

Beziehung aufbauen

Der erste Schritt einer Beziehung ist immer die bewusste Anerkennung eines Beziehungspartners. Genau wie „im richtigen Leben" gibt es auch zwischen Objekten einseitige und zweiseitige Beziehungen oder, wenn mehr als zwei Objekte beteiligt sind, auch mehrseitige Beziehungen.

Eine derartige einseitige Beziehung geht im folgenden Beispiel auch ein
Sparkonto-Objekt mit einem Kunden-Objekt ein.

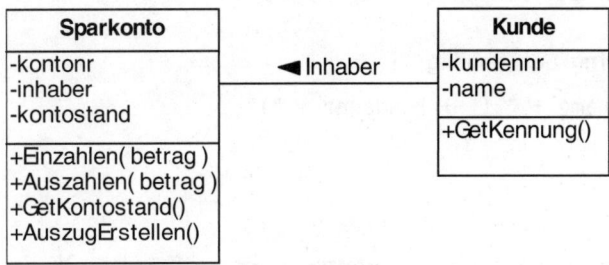

Abb. 6.2: Sparkonto – Beziehung aufbauen

Um den Aufbau einer Beziehung zu demonstrieren, erstellen wir eine
neue Klasse Kunde. Konto-Objekte können dann Beziehungen zu Kunden-Objekten aufbauen, die den oder die Inhaber eines Kontos festlegen. Vereinbaren Sie zunächst die Klasse Kunde mit den Attributen
kundennr und name.

```
1: // Listing 6.3
2: public class Kunde {
3:     int kundennr;
4:     string name;
```

Dem folgenden Individual-Konstruktor übergeben Sie zur Erzeugung
eines Kunden-Objekts den Namen und die Kundennummer. Der Konstruktor weist die übergebenen Werte den entsprechenden Attributen
zu.

```
5:     public Kunde(string name, int kundennr) {
6:         this.kundennr = kundennr;
7:         this.name = name;
8:     }
```

Zu Dokumentationszwecken stellt jedes Kunden-Objekt auf Anfrage eine Kennung, die sich aus dem Kundennamen und der Kundennummer zusammensetzt, zur Verfügung.

```
9:    public string GetKennung(){
10:       return name + " (" + kundennr + ")";
11:   }
12: }
```

Damit das Sparkonto-Objekt eine Beziehung zu einem Kunden-Objekt aufbauen kann, müssen wir in der Klasse Sparkonto das bisher als Zeichenkette behandelte Attribut inhaber nun als Verweis auf ein eigenständiges Kunden-Objekt definieren. Das Attribut inhaber ist somit in der Lage, eine Beziehung zu einem Kunden-Objekt herzustellen.

```
1: // Listing 6.4
2: using System;
3: public class Sparkonto {
4:    Kunde inhaber;
5:    /*...*/
```

Da jedes Sparkonto zwingend bereits zu Beginn seiner Existenz einen Inhaber besitzen muss, ist der Konstruktor die geeignete Operation, um eine solche Beziehung aufzubauen. Dazu wird der Übergabeparameter inhaber mit einem Verweis auf den Kontoinhaber gefüttert.

```
6:    public Sparkonto(Kunde inhaber, int kontonr){
7:       this.inhaber = inhaber;
8:       this.kontonr = kontonr;
9:    }
10:   /*...*/
```

Der Konstruktor trägt dann diesen Verweis im gleichnamigen Attribut des Objekts ein (Zeile 7). Damit ist die Beziehung vom Sparkonto zu seinem Inhaber über die Zeit, in der der Konstruktor aktiv ist, hinaus im Konto-Objekt verfügbar.

Die Operation AuszugErstellen() zeigt, wie das Sparkonto-Objekt seine Beziehung zum Kunden-Objekt nutzt, um die Kennung eines Kunden in einem Kontoauszug auszugeben.

```
11:     public void AuszugErstellen(){
12:         Console.WriteLine("Konto: {0}, Inhaber: "+
13:             "{1}, Kontostand: {2} EURO",
14:             kontonr,
15:             inhaber.GetKennung(),
16:             kontostand);
17:     }
18: }
```

Dazu ruft die Operation in der Zeile 15 über das Beziehungsattribut inhaber die Operation GetKennung() auf, die dann als Argument der Ausgabeanweisung zusammen mit der Kontonummer und dem Kontostand auf dem Bildschirm ausgegeben wird.

Mit der alleinigen Verankerung der Beziehung im Attribut inhaber der Klasse Sparkonto liegt eine einseitige oder einseitig navigierbare Beziehung vor. Ein Sparkonto-Objekt kennt das als Inhaber zugeordnete Kunden-Objekt und kann seine Operation GetKennung() (Zeile 15) aufrufen. Das Kunden-Objekt hat dagegen keinen Zugriff auf die ihm zugeordneten Sparkonto-Objekte.

Die folgende Startklasse erzeugt ein Sparkonto-Objekt, führt einige Ein- und Auszahlungen aus und gibt anschließend den Kontoauszug auf dem Bildschirm aus.

```
 1: // Listing 6.5
 2: using System;
 3: class Start {
 4:     static void Main(string[] args) {
 5:         Kunde einKunde = new Kunde("Tom", 102);
 6:
 7:         Sparkonto einKonto =
 8:                 new Sparkonto(einKunde, 4711);
 9:         einKonto.Einzahlen(100);
10:         einKonto.Einzahlen(300);
11:         einKonto.Auszahlen(150);
12:
13:         einKonto.AuszugErstellen();
14:     }
15: }
```

Das in Zeile 5 erzeugte Kunden-Objekt, das Sie über die Variable ein-Kunde ansprechen können, soll Kontoinhaber des Sparkonto-Objekts einKonto sein. Durch die Übergabe des Verweises einKunde bei der Erzeugung des Konto-Objekts an dessen Konstruktor ist einKunde als Kontoinhaber festgelegt.

Da der Konstruktor den Verweis auf das Kunden-Objekt dauerhaft im Attribut inhaber des Sparkonto-Objekts verankert, ist diese Beziehung über die Laufzeit des Konstruktors hinaus verfügbar. Die Beziehung ist erst dann beendet, wenn entweder das Sparkonto-Objekt aufgelöst wird oder eine andere Operation explizit den Verweis entfernt.

Beziehung leben

Nachdem das Sparkonto eingerichtet und damit auch die Beziehung zu seinem Inhaber festgelegt ist, nutzt das Sparkonto-Objekt nach der Durchführung einiger Kontobewegungen (Zeilen 9-11) in der Operation `AuszugErstellen()` diese Beziehung, um den Namen des Kontoinhabers und seine Kundennummer auf dem Kontoauszug anzugeben. Die Anweisung in Zeile 13 ruft dazu lediglich die Operation auf. Der Zugriff auf den Inhaber ist, wie Sie im vorhergehenden Listing bereits gesehen haben, intern im Körper der Operation geregelt. Der Aufruf der Operation gibt den folgenden einfachen Kontoauszug, der bisher lediglich das Konto, den Kontoinhaber und den Kontostand enthält, auf dem Bildschirm aus.

```
Konto: 4711, Inhaber: Tom (102), Kontostand: 250 EURO
```

Um die speziellen Fähigkeiten des Kunden-Objekts zu nutzen, muss das Sparkonto-Objekt neben der Zugriffsmöglichkeit, die über das Attribut `inhaber` festgelegt ist, auch deren Operationen kennen.

Während Menschen in der Lage sind zu lernen, welche Fähigkeiten andere Menschen besitzen und bereit sind zur Verfügung zu stellen, ist in einem Software-Objekt der Programmierer dafür verantwortlich, diese Kenntnisse, die nur er besitzt, umzusetzen. So inspiziert der Programmierer während der Erstellung der Klasse `Sparkonto` die Klasse `Kunde` und implementiert dann den Aufruf von `GetKennung()` des Kunden-Objekts innerhalb der Operation `AuszugErstellen()` des Sparkonto-Objekts. Der Programmierer nutzt also sein Wissen über den Aufbau und die Verwendungsmöglichkeit des Kunden-Objekts, um diese Kenntnisse als interne Operationsaufrufe in Operationen eines Sparkonto-Objekts zu verwenden.

HINWEIS Während Menschen auch Beziehungen zu fremden, bisher unbekannten Menschen aufbauen können, ist das für Software-Objekte nur sehr begrenzt möglich. Zwar existieren im .NET Framework Ansätze zur Ermittlung von Informationen über unbekannte fremde Objekte (Namespace `System.Reflection`), sie vermitteln jedoch ausschließlich die formalen Aspekte einer Kopplung wie die Aufrufkonvention von Operationen, nicht jedoch ihre inhaltliche Bedeutung.

Beziehung beenden

Im Laufe seines Daseins kann es vorkommen, dass der Kontoinhaber wechselt. So ist z.b. denkbar, dass ein Vater seinem heranwachsenden Sprössling zunächst auf seinen eigenen Namen ein Sparkonto eröffnet hat, das er zum zehnten Geburtstag dann seinem Sohn überlässt. Für ein Konto ist es entscheidend, dass immer ein Kontoinhaber existiert. Somit ist die Beendigung einer Beziehung zwischen einem Konto und seinem Inhaber nur möglich, wenn im gleichen Atemzug ein neuer Inhaber festgelegt wird.

Diesen Wechsel wollen wir nun durch die Ergänzung der Operation InhaberWechseln() in der Klasse Sparkonto vornehmen.

```
1: // Listing 6.6
2: using System;
3: public class Sparkonto {
4:    /*...*/
5:    public void InhaberWechseln(Kunde neuInhaber){
6:       this.inhaber = neuInhaber;
7:    }
8: }
```

```
1: // Listing 6.7
2: using System;
3: class Start {
4:    static void Main(string[] args) {
5:       Kunde einKunde = new Kunde("Micha", 101);
6:
7:       Sparkonto einKonto = new
8:                Sparkonto(einKunde, 4711);
9:
```

```
10:       einKonto.Einzahlen(100);
11:       einKonto.Einzahlen(300);
12:       einKonto.Auszahlen(150);
13:       einKonto.AuszugErstellen();
14:
15:       Kunde einSohn = new Kunde ("Chiron", 103);
16:       einKonto.InhaberWechseln(einSohn);
17:       einKonto.AuszugErstellen();
18:    }
19: }
```

Der Aufruf der Operation InhaberWechseln(...) beendet in Zeile 16 die Beziehung zu dem alten Kontoinhaber mit dem Namen Micha und stellt gleichzeitig eine Beziehung zum neuen Inhaber Chiron her. Chiron ist nun Inhaber desselben Kontos mit der Kontonummer 4711, wie die folgenden Bildschirmausgaben der Startklasse zeigen.

Konto: 4711, Inhaber: Micha (101), Kontostand: 250 EURO

Konto: 4711, Inhaber: Chiron (103), Kontostand: 250 EURO

Beziehungsmengen – Kardinalität

Bisher erlaubt die Klasse Sparkonto ausschließlich die Zuordnung genau eines Kontoinhabers. Denkbar ist aber auch, dass ein Vater für sich und seinen Sohn ein Gemeinschaftskonto einrichtet, damit er auch nach dem zehnten Geburtstag seines Sohnes Zugriff auf das Konto besitzt.

Jetzt ist es also denkbar, dass ein neuer Kontoinhaber hinzugefügt wird, ohne dass der oder die bisherigen Kontoinhaber ausscheiden.

Darüber hinaus kann ein Inhaber ausscheiden, ohne dass ein neuer Inhaber an seine Stelle rücken muss, wenn nach dem Ausscheiden noch mindestens ein Inhaber verbleibt.

Die hier im Beispiel beschriebenen zulässigen Zuordnungsmengen einer Objekt-Beziehung, die so genannten *Kardinalitäten*, können auch im Klassendiagramm dargestellt werden. Die Bereichsangabe *1..** (vgl. Abbildung 6.3) am Kunden-Ende der Objekt-Beziehung besagt, dass ein Sparkonto mindestens einen Kontoinhaber besitzen muss. Das *-Symbol weist darauf hin, dass keine Begrenzung für die Anzahl der Kontoinhaber besteht. Der * auf der Seite des Sparkontos bedeutet, dass ein Kunde nicht Inhaber eines Sparkontos sein muss, aber Inhaber eines Sparkontos oder mehrerer Sparkonten sein kann.

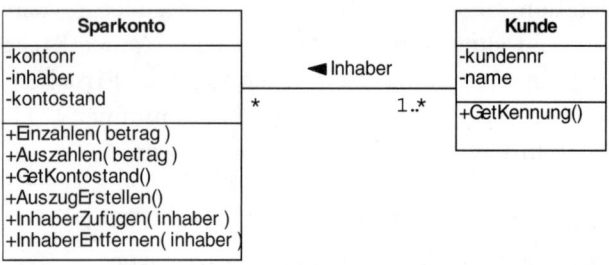

Abb. 6.3: Sparkonto-Klasse – Beziehung mit Kardinalitäten

Die Operation InhaberWechseln(...) wird ab sofort durch die beiden Operationen InhaberZufügen(...) und InhaberEntfernen(...) abgelöst.

Weitere Anpassungen müssen Sie am Attribut inhaber und an all den Operationen vornehmen, die auf inhaber zugreifen.

1: // Listing 6.8
2: **using** System;
3: **using** System.Collections;
4: **public class** Sparkonto {

```
5:    ArrayList inhaber;
6:    int kontonr;
7:    double kontostand;
```

Das Attribut inhaber vereinbaren Sie vom Typ ArrayList (Zeile 5). Diese Klasse bietet ähnlich wie der Typ Array die Möglichkeit, mehrere Objekte aufzunehmen. Im Gegensatz zu einem Array ist die Anzahl der Elemente nicht beschränkt und das Einfügen und Entfernen von Elementen wird durch geeignete Operationen vereinfacht. Da die Klasse ArrayList dem Namensraum System.Collections zugeordnet ist, müssen Sie diesen in Zeile 3 zunächst einbinden.

```
8:    public Sparkonto(Kunde inhaber, int kontonr){
9:        this.inhaber = new ArrayList();
10:       this.inhaber.Add(inhaber);
11:       this.kontonr = kontonr;
12:   }
13:   /*...*/
```

Da der Inhaber jetzt in einem eigenen Collection-Objekt hinterlegt wird, muss auch dieses vor seiner ersten Verwendung mit dem new-Operator (Zeile 9) erzeugt werden. Die Operation Add(...) fügt jetzt dem als Attribut vereinbarten Collection-Objekt den Verweis auf das Inhaber-Objekt inhaber zu.

Um dem neuen Attribut inhaber weitere Inhaber zuzuordnen, vereinbaren Sie die Operation InhaberZufügen(...). Ebenso wie beim Konstruktor übergeben Sie einen Verweis auf den Kunden, der Kontoinhaber werden soll.

```
14:   public void InhaberZufügen(Kunde inhaber){
15:       this.inhaber.Add(inhaber);
16:   }
```

Da das Collection-Objekt inhaber bereits durch den Aufruf des Individual-Konstruktors erzeugt ist, weist die Operation an dieser Stelle den neuen Inhaber lediglich zu.

Die Operation InhaberEntfernen(...) erhält als Übergabewert einen Verweis auf das Inhaber-Objekt, das als Inhaber ausscheidet.

```
17:     public void InhaberEntfernen(Kunde inhaber){
18:         if (this.inhaber.Count > 1) {
19:             this.inhaber.Remove(inhaber);
20:         }
21:     }
```

Das Attribut Count des ArrayList-Objekts inhaber enthält die Anzahl der dort verzeichneten Inhaber-Objekte. Nur wenn mindestens zwei Inhaber dort verzeichnet sind, darf der Verweis auf den gewünschten Inhaber entfernt werden (Aufruf der Operation Remove).

Die Operation AuszugErstellen() berücksichtigt in ihrer neuen Version alle Inhaber.

```
22:     public void AuszugErstellen(){
23:         string kennungen = null;
24:         foreach(Kunde kunde in inhaber) {
25:             kennungen += kunde.GetKennung() + " ";
26:         }
27:         Console.WriteLine("Konto      : {0}" +
28:                           "\nInhaber    : {1}" +
29:                           "\nKontostand: {2} EURO\n",
30:                           kontonr,
31:                           kennungen,
32:                           kontostand);
```

33:     }
34: }

Zunächst wird in dem obigen Listing die Variable kennungen vereinbart (Zeile 23), die von der foreach-Anweisung (Zeilen 24-26) dazu verwendet wird, der Reihe nach die Kennungen aller Inhaber zu einer Zeichenfolge zusammenzufügen.

Diese Zeichenfolge wird anschließend in der Ausgabeanweisung (Zeilen 27-33) eingesetzt.

Erstellen Sie auch hier wieder eine Startklasse, um die neue Funkionalität unseres Kontos zu überprüfen.

```
1: // Listing 6.9
2: using System;
3: class Start {
4:    static void Main(string[] args) {
5:       Kunde einKunde = new Kunde("Micha", 101);
6:
7:       Sparkonto einKonto = new
8:               Sparkonto(einKunde, 4711);
9:       einKonto.Einzahlen(345);
10:      einKonto.AuszugErstellen();
```

Nachdem ein Kunden-Objekt erzeugt wurde (Zeile 5), dient es bei der Einrichtung des Sparkontos (Zeilen 7-8) zunächst als alleiniger Kontoinhaber.

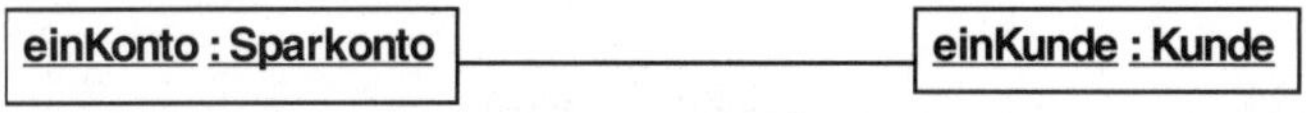

einKonto : Sparkonto		einKunde : Kunde

Abb. 6.4: Konto-Objekt – Einfach-Beziehung

Somit besitzt das Sparkonto-Objekt einKonto nach seiner Einrichtung eine Beziehung zu genau einem Inhaber einKunde. Die folgenden Anweisungen nutzen jetzt die hinzugewonnenen Möglichkeiten. Der Sohn Chiron wird jetzt Mitinhaber des Sparkontos.

11:     Kunde einSohn = **new** Kunde ("Chiron", 103);
12:     einKonto.InhaberZufügen(einSohn);
13:     einKonto.AuszugErstellen();

Das neu erstellte Kunden-Objekt einSohn wird zusätzlich zu dem bisherigen Inhaber durch Aufruf der Operation InhaberZufügen(einSohn) im Attribut inhaber des Sparkonto-Objekts festgelegt.

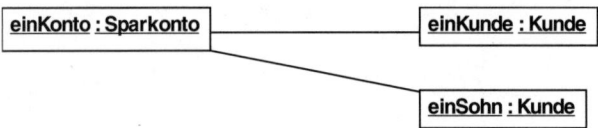

Abb. 6.5: Sparkonto-Objekt – Mehrfach-Beziehung

Das Sparkonto-Objekt wird nun von den beiden Inhabern einKunde und einSohn gemeinschaftlich geführt.

Nachdem der Vater sich überzeugt hat, dass sein Sohn das Sparkonto in seinem Sinne führt, scheidet er als Kontoinhaber aus und überlässt seinem Sohn die alleinige Verantwortung.

14:     einKonto.InhaberEntfernen(einKunde);
15:     einKonto.AuszugErstellen();

Um das Objekt einKunde als Kontoinhaber zu entfernen, rufen Sie die Operation InhaberEntfernen(einKunde) auf.

Abb. 6.6: Sparkonto-Objekt – Ersetzen eines Inhabers I

Damit ist der Sohn einSohn alleiniger Kontoinhaber.

Der Sohn entschließt sich, seine Schwester ebenfalls an dem Sparkonto zu beteiligen.

```
16:        Kunde eineTochter = new Kunde("Gina", 104);
17:        einKonto.InhaberZufügen(eineTochter);
18:        einKonto.AuszugErstellen();
19:     }
20: }
```

Nachdem das zugehörige Objekt eineTochter angelegt ist und anschließend dem Konto hinzugefügt wurde, existieren wieder zwei Kontoinhaber.

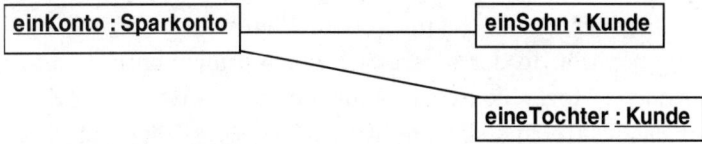

Abb. 6.7: Sparkonto-Objekt – Ersetzen eines Inhabers II

Wenn Sie die Startklasse ausführen, sehen Sie in den vier Kontoauszügen die unterschiedlichen Inhaberkonstellationen.

```
Konto      : 4711,
Inhaber    : Micha (101)
Kontostand: 345 EURO


Konto      : 4711,
Inhaber    : Micha (101) Chiron (103)
Kontostand: 345 EURO
```

```
Konto      : 4711,
Inhaber    : Chiron (103)
Kontostand: 345 EURO


Konto      : 4711,
Inhaber    : Chiron (103) Gina (104)
Kontostand: 345 EURO
```

Die Kontoinhaber werden jeweils in der zweiten Zeile eines Kontoauszugs aufgelistet.

> **HINWEIS**
> Um einen Inhaber eines Kontos zu entfernen, ist es ebenfalls denkbar, als Argument alternativ die Kundennummer des zu entfernenden Kunden an die Operation `InhaberEntfernen(...)` zu übergeben. Dann müsste allerdings zusätzlich eine Suchoperation in der Klasse `Sparkonto` implementiert werden. Andere Möglichkeiten bestehen in der Verwendung der Klasse `Hashtable` anstelle der Klasse `ArrayList` oder in der Verwendung der Schnittstelle `IComparable`.

Besteht bei der Definition der Kardinalität eine Obergrenze, so kann diese durch Überprüfung in der Operation, die eine Beziehung hinzufügt, berücksichtigt werden, so wie die Untergrenze beim Entfernen überprüft wurde.

Die dargestellte Beziehung zwischen einem Sparkonto und seinen Inhabern war in unserem Beispiel nur einseitig navigierbar. Das bedeutet, dass das Sparkonto Zugriff auf seine Inhaber besitzt. Umgekehrt hat in unserem Modell ein Kunde keinen Zugriff auf seine Konten. Wollen Sie diesen Zugriff ermöglichen, ergänzen Sie in der Klasse Kunde ein Attribut vom Typ `ArrayList`, das einen Verweis auf seine Konten besitzt. Beachten Sie dabei, dass jede Beziehung dann sowohl bei einem Sparkonto-Objekt als auch bei einem Kunden-Objekt im Rahmen seines Aufbaus registriert und bei seiner Beendigung auch wieder entfernt werden muss.

Beziehungsarten

Sie haben gesehen, wie Objekte Verbindungen über eine bestimmte Dauer eingehen, diese nutzen und auch wieder beenden können. Die in der UML oder anderen Ansätzen zur objektorientierten Modellierung unterschiedenen Arten von Objekt-Beziehungen werden mit den Mitteln, die sie im vorhergehenden Abschnitt kennen gelernt haben, in eine Programmiersprache umgesetzt.

Dennoch sollten Sie bei der Umsetzung einige Details beachten, die im Folgenden als Überblick durch konzeptionelle Beispiele dargestellt werden.

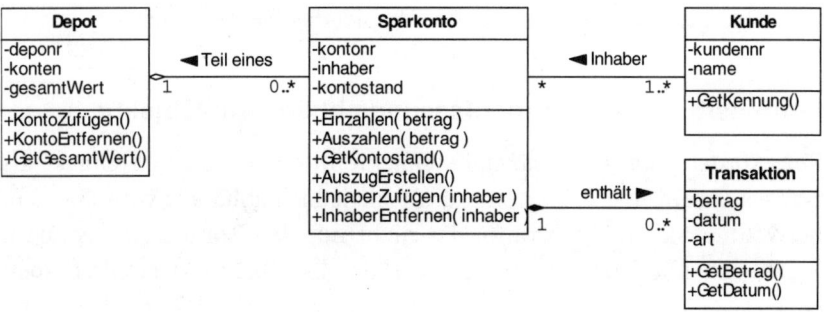

Abb. 6.8: Sparkonto-Klasse – Beziehungsarten

Einfache Assoziation – fachliche Bindung

Eine *einfache Assoziation* zwischen selbstständigen Objekten, die eine fachliche Verbindung eingehen, haben Sie bereits im vorhergehenden Beispiel zwischen einem Sparkonto und den Kunden kennen gelernt.

- Die Beziehung wird als Attribut in einem oder allen beteiligten Objekten gespeichert. Für komplexe Beziehungen können auch eigene Beziehungsobjekte, die aus Assoziationsklassen erzeugt werden, gebildet werden.

- Der Aufbau und die Beendigung der Beziehung erfolgen durch Operationen.

Aggregation – Zusammenfassung unabhängiger Objekte

Eine *Aggregation* fasst unabhängige Objekte als Teile zu einem umfassenden Objekt, dem Ganzen, zusammen. Stellen Sie sich vor, dass ein Sparkonto Teil eines Depots ist.

- Die Beziehung wird zwingend in einem Attribut des Ganzen (in unserem Beispiel das Depot-Objekt) registriert.

- Der Aufbau und die Beendigung einer Beziehung erfolgen durch Operationen des Ganzen (im Beispiel das Depot-Objekt).

Komposition – Zusammenfassung abhängiger Objekte

Eine *Komposition* fasst ebenfalls Objekte in einem anderen Objekt als Ganzes zusammen. Dabei sind die Teile jedoch abhängig vom Ganzen. Betrachten Sie ein Sparkonto, das nicht nur den Kontostand, sondern wie üblich alle Transaktionen, die ebenfalls Objekte darstellen, speichert.

- Diese Beziehung registriert ebenfalls ein Attribut des Ganzen (im Beispiel das Sparkonto-Objekt).

- Die abhängigen Objekte (im Beispiel die Transaktions-Objekte) werden ausschließlich von Operationen des umfassenden Objekts (im Beispiel das Sparkonto-Objekt) erzeugt.

- Wird das umfassende Objekt vernichtet, gibt es auch für die zugeordneten Kompositions-Objekte keine Existenzberechtigung mehr (keine Transaktionen ohne zugehöriges Konto).

Mit diesen Hinweisen wenden wir uns von den im Zeitablauf änderbaren Strukturen ab und denjenigen Strukturen zu, die zeitunabhängig die Struktur einer Klasse, und damit den Aufbau der daraus erzeugten Objekte, festlegen.

6.3 Vererbung – Weitergabe von Strukturen

Im vorhergehenden Abschnitt haben wir einleitend die Beziehungen zwischen Objekten mit den Beziehungen von Menschen verglichen. Eine ähnliche Analogie legt die metaphorische Bedeutung des Begriffs *Vererbung* nahe.

Die Eigenschaften, die einem Menschen als genetische Bausteine mitgegeben wurden, sind im Grundsatz unveränderbar. Das Gleiche gilt auch für Klassen eines objektorientierten Systems. Mit der Vererbung übernimmt eine Klasse vollständig die Struktur einer anderen Klasse. Diese übernommene Struktur ist dann die Basis für Erweiterungen und Spezialisierungen und nur im Ausnahmefall Grundlage von Einschränkungen.

Das Identifizieren von Vererbungsstrukturen

Um die Weitergabe des Aufbaus einer Klasse zu demonstrieren, erweitern wir zunächst unser Ausgangsbeispiel, das aus der Klasse Sparkonto und der dazu in Beziehung stehenden Klasse Kunde besteht, um eine weitere Klasse. Um auch Transaktionen wie Überweisungen nachvollziehen zu können und Daueraufträge wie unsere monatliche Miete und den Eingang des Gehalts festzuhalten, ergänzen wir nun die Klasse Girokonto.

Die Operationen zum Aufbau und zum Beenden der Inhaber-Beziehung zu Kunden-Objekten wollen wir der Übersicht halber im Folgenden vernachlässigen. Der erste Aufbau erfolgt über den Konstruktor, der im Klassendiagramm hier nicht dargestellt ist.

Zusätzlich wollen wir in der Klasse Sparkonto den Zinssatz zinssatz als Attribut zur Berechnung der Zinsen in der Operation ZinsenBerechnen() verwenden.

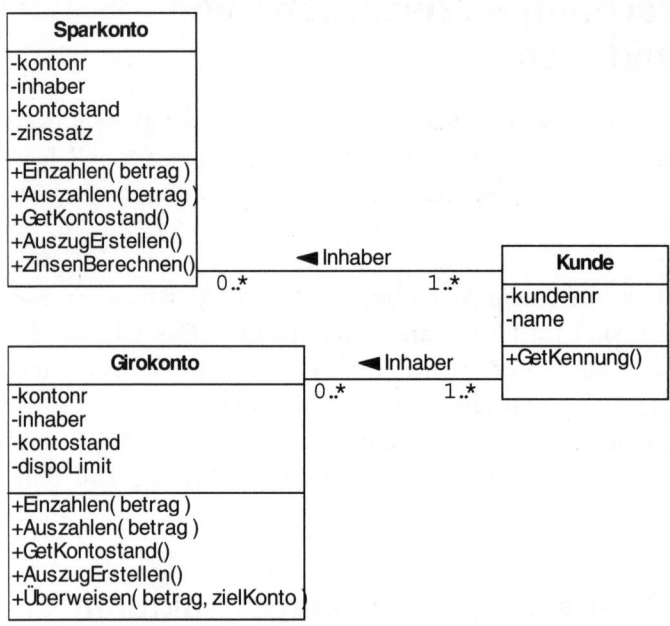

Abb. 6.9: Konten – Ohne Vererbung

Die neu aufgenommene Klasse Girokonto fällt dadurch auf, dass alle Attribute bis auf das Attribut dispoLimit mit den Attributen der Klasse Sparkonto übereinstimmen. Das Dispositionslimit legt fest, bis zu welchem Betrag ein Girokonto überzogen werden darf.

Weiterhin finden sich bis auf die Operation Überweisen() alle Operationen ebenfalls im Sparkonto wieder. Die Operation zum Überweisen rufen Sie auf, um einen Betrag von einem Konto auf ein anderes Konto zu transferieren.

Richten Sie Ihr Augenmerk auf die Assoziation zwischen den Objekten Sparkonto und Kunde sowie Girokonto und Kunde, dann finden Sie auch dort eine übereinstimmende Definition. Das Attribut inhaber, das alle Beziehungen registriert, hat damit in beiden Klassen dieselbe Aufgabe.

Somit sind in beiden Klassen drei von vier Attributen, die auch die übereinstimmende Inhaberbeziehung beinhalten, sowie vier von fünf Operationen identisch.

> **HINWEIS** Beachten Sie, dass übereinstimmende Operationsnamen noch nicht zwingend eine vollständige Übereinstimmung bedeuten. Auch wenn die Aufrufkonventionen einer Operation identisch sind, können sie sich dennoch in ihrem Verhalten, das durch die Anweisungen im Operationskörper festgelegt ist, unterscheiden.

Ebenso wie wir die Struktur von Objekten mit gleichen Attributen und Operationen in einer Klasse beschreiben, um eine mehrfache Definition zu umgehen, suchen wir nach einer Möglichkeit, die übereinstimmenden Operationen und Attribute der Klassen Sparkonto und Girokonto nur einmal im System zu beschreiben. Genau dieses Ziel erreichen Sie durch den Einsatz des Vererbungsmechanismus.

Zunächst lagern Sie alle übereinstimmenden Attribute und Operationen der beiden Klassen in eine separate Klasse Konto aus. Damit umfasst die Klasse den kleinsten gemeinsamen Nenner aller beteiligten Konten. Die Klasse Konto wird folglich auch als Oberklasse, Superklasse oder Basisklasse der Unterklassen oder Subklassen Sparkonto und Girokonto bezeichnet.

Die in der Oberklasse Konto vereinbarten gemeinsamen Attribute und Operationen werden nun über den Vererbungsmechanismus den Unterklassen Sparkonto und Girokonto wieder zur Verfügung gestellt.

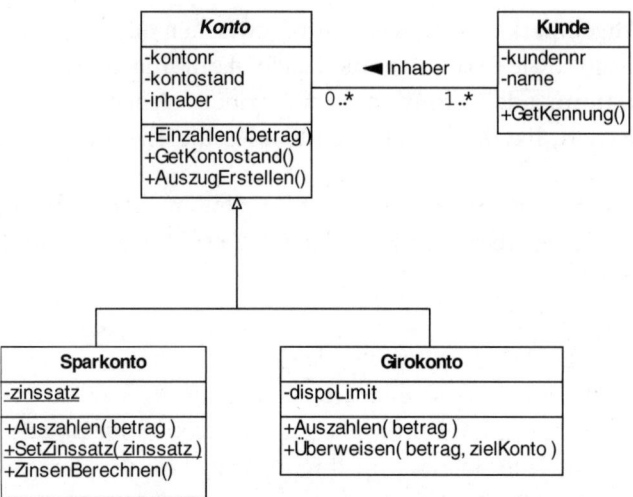

Abb. 6.10: Konten – Vererbung

In der Abbildung stellen die Vererbungspfeile von den Unterklassen Sparkonto und Girokonto zu der Oberklasse Konto die Zugriffsrichtung dar. Die Unterklassen greifen auf die Attribute und Operationen der Oberklasse Konto zu und ersparen sich damit eine eigene Definition.

Darüber hinaus vereinfacht die Vererbung auch eine nachträgliche Änderung der Anweisungen innerhalb einer Operation. Über den Vererbungsmechanismus wirkt sie sich automatisch auf alle Unterklassen aus.

Nicht zuletzt können Sie neue Klassen mit erweiterter oder spezialisierter Struktur durch Vererbung und Anpassung mit wenig Aufwand bilden. So könnten Sie spezielle Girokonten für Geschäftskunden, bei denen das Dispositionslimit automatisch nach dem durchschnittlichen Geldeingang jeden Monat angepasst wird, oder ein Zins-Girokonto, das nur online geführt wird, aus der bestehenden Klasse Girokonto ohne großen Aufwand ableiten. Ein weiterer unschätzbarer Vorteil liegt darin, dass Sie die bestehenden, erprobten Klassen getreu der Regel „Never touch a running System" dabei nicht verändern.

Die Operation Auszahlen(...) kann nicht in der Oberklasse Konto definiert werden, da sie in den Klassen Sparkonto und Girokonto unterschiedliche Anweisungen ausführt. Im Girokonto wird bis zum Dispositionslimit ausgezahlt, während ein Sparkonto nie einen negativen Kontostand aufweisen darf.

```
 1: // Listing 6.10
 2: using System;
 3: using System.Collections;
 4: public abstract class Konto {
 5:     ArrayList inhaber;
 6:     int kontonr;
 7:     protected double kontostand;
 8:
 9:     public Konto(Kunde inhaber, int kontonr){
10:         this.inhaber = new ArrayList();
11:         this.inhaber.Add(inhaber);
12:         this.kontonr = kontonr;
13:     }
14:     public void Einzahlen(double betrag){
15:         kontostand += betrag;
16:     }
17:     public double GetKontostand(){
18:         return kontostand;
19:     }
20:     public void InhaberZufügen(Kunde inhaber){
21:         this.inhaber.Add(inhaber);
22:     }
23:     public void InhaberEntfernen(Kunde inhaber){
```

```
24:         if (this.inhaber.Count > 1) {
25:             this.inhaber.Remove(inhaber);
26:         }
27:     }
28:     public void AuszugErstellen(){
29:         string kennungen = null;
30:         foreach(Kunde kunde in inhaber) {
31:             kennungen += kunde.GetKennung() + " ";
32:         }
33:         Console.WriteLine("KontoNr.   : {0}\n" +
34:                           "Inhaber    : {1}\n" +
35:                           "Kontostand: {2:f} EURO\n",
36:                           kontonr,
37:                           kennungen,
38:                           kontostand);
39:     }
40: }
```

Die Klasse Konto enthält exakt diejenigen Attribute und Operationen, die bisher in der Klasse Sparkonto implementiert waren.

Einzige Besonderheit ist die Bezeichnung der Klasse als **abstract**. Da die Klasse Konto nur dazu dient, die Gemeinsamkeiten der Klassen Sparkonto und Girokonto zu beherbergen, und aus ihr niemals ein Objekt erzeugt wird, können wir die Erzeugung mit dem Modifizierer **abstract** auch formal unterbinden. Der Compiler bestraft jetzt schon den Versuch mit einer Fehlermeldung.

Das Sparkonto erfährt einige Änderungen. Zunächst ist es entlastet von der Vereinbarung der Attribute und Operationen, die von der Klasse Konto zur Verfügung gestellt werden.

```
1: // Listing 6.11
2: using System;
3: public class Sparkonto : Konto{
```

Durch die Angabe der Oberklasse Konto getrennt durch einen Doppelpunkt hinter dem Klassennamen Sparkonto definieren Sie die Vererbungsbeziehung. Damit gibt die Oberklasse Konto Attribute und Operationen an die Unterklasse Sparkonto weiter. Zusätzlich erhält die Unterklasse Sparkonto den Typ Konto als weiteren eigenen Typ.

```
4:     static double zinssatz;
```

Da Sparbücher Zinsen abwerfen, statten wir jetzt unsere Klasse Sparkonto mit dem Attribut zinssatz aus. Da wir alle Sparkonten bei derselben Bank führen, besitzen Sie alle denselben Zinssatz. Ändern Sie den Zinssatz, gilt der vereinbarte Wert nun für alle Sparkonten gleichermaßen. Diese Übereinstimmung eines Attributwerts für alle aus dieser Klasse erzeugten Objekte erzwingen wir mit dem Zusatz **static**. Ein solches Klassenattribut ist, wie Sie bereits erfahren haben, an die Klasse gebunden, aber zusätzlich in allen zugehörigen Objekten wie ein Objekt-Attribut verfügbar.

Um den Zinssatz unabhängig von den erzeugten Objekten verändern zu können, definieren wir die Klassen-Operation SetZinssatz(...), die ebenfalls mit **static** gekennzeichnet wird.

```
5:     public static void SetZinssatz(double
6:                           zinssatz){
7:        if (zinssatz >= 0)
8:           Sparkonto.zinssatz = zinssatz;
9:     }
```

Diese Operation sorgt dafür, dass nur positive Zinssätze in dem Klassenattribut zinssatz gespeichert werden. Um das Klassenattribut vom gleichnamigen Übergabeparameter zu unterscheiden, rufen wir das an die Klasse gebundene Klassenattribut mit Sparkonto.zinssatz auf. Auch Klassen-Operationen können über den Klassennamen unabhängig von Objekten aufgerufen werden. So führt die Anweisung Sparkonto.SetZinssatz(2.6) zu einem für alle Sparkonto-Objekte gültigen neuen Zinssatz.

Obwohl wir in der Oberklasse Konto einen Konstruktor definiert haben, benötigt die Unterklasse einen eigenen Konstruktor, da Konstruktoren nicht vererbt werden.

```
10:     public Sparkonto(Kunde inhaber, int kontonr)
11:                 :base(inhaber, kontonr){
12:     }
```

Der Zusatz : base(...) bewirkt hier den Aufruf des in der Oberklasse Konto definierten Konstruktors mit den beiden Ganzzahlwerten inhaber und kontonummer. So können auch Konstruktoren von Unterklassen intern Konstruktoren der Oberklasse nutzen.

Die Operation Auszahlen(...) bleibt unverändert.

```
13:     public bool Auszahlen(double betrag){
14:         bool gedeckt;
15:         if (gedeckt = kontostand >= betrag)
16:             kontostand -= betrag;
17:         return gedeckt;
18:     }
```

Die neu vereinbarte Operation ZinsenBerechnen() berechnet die Zinsen vereinfacht als prozentualen Aufschlag auf den Kontostand. Das entspricht natürlich nicht dem Verfahren, das Banken anwenden.

```
19:    public void ZinsenBerechnen(){
20:        kontostand*= (100 + zinssatz) / 100;
21:    }
22: }
```

Zur Berechnung der Zinsen können Sie innerhalb einer Operation das Klassenattribut zinssatz genau so benutzen wie das „normale" Attribut kontostand.

Die Klasse Girokonto vereinbart ebenso wie die Klasse Sparkonto eine Vererbungsbeziehung zur Klasse Konto.

```
1: // Listing 6.12
2: using System;
3: public class Girokonto : Konto{
4:     double dispoLimit;
5:     public Girokonto(Kunde inhaber, int kontonr,
6:                      double dispoLimit):
7:                      base(inhaber, kontonr){
8:         this.dispoLimit = dispoLimit;
9:     }
```

Der Konstruktor weist dem zusätzlichen Attribut dispoLimit bei der Erzeugung eines Girokonto-Objekts den als Argument des gleichnamigen Parameters übergebenen Wert zu. Die Festlegung von Inhaber und Kontonummer übernimmt wieder der Konstruktor der Oberklasse Konto, der mit base(...) in Zeile 7 aufgerufen wird.

Auszahlungen erfolgen nur, wenn das vereinbarte Dispositionslimit nicht überschritten wurde (Zeilen 11-13).

```
10:    public bool Auszahlen(double betrag){
11:        bool gedeckt;
```

```
12:        if (gedeckt =kontostand+dispoLimit>=betrag)
13:            kontostand -= betrag;
14:        return gedeckt;
15:    }
```

Dabei gibt auch diese Operation eine Rückmeldung, ob ausgezahlt wurde oder nicht.

Die Operation Überweisen(...) transferiert einen anzugebenden Betrag auf ein beliebiges Zielkonto. Dabei erhält die Operation mit dem Übergabeparameter zielKonto einen Verweis auf das Konto, dem der Betrag gutgeschrieben wird.

```
16:    public bool Überweisen(double betrag,
17:                           Konto zielKonto){
18:        bool gedeckt;
19:        if (gedeckt = this.Auszahlen(betrag))
20:            zielKonto.Einzahlen(betrag);
21:        return gedeckt;
22:    }
23: }
```

Zunächst prüft die Operation, ob der Betrag von dem Girokonto, dessen Operation gerade aktiv ist, ausgezahlt werden kann. Dazu nutzen wir die Operation Auszahlen(...), die mit dem Ausdruck this. Auszahlen(...) aufgerufen wird und einen Wahrheitswert als Antwort zurückgibt (Zeile 19), ob die Überweisung gedeckt ist. Nur wenn der Überweisungsbetrag ausgezahlt werden konnte, wird er dem Zielkonto mit dem Aufruf der Operation zielKonto.Einzahlen(...) gutgeschrieben (Zeile 20). Der Erfolg des Geldtransfers wird als Antwort zurückgemeldet.

> **HINWEIS**
> Besitzt eine Klasse keine explizit angegebene Oberklasse, so wird sie aus der obersten Systemklasse `object` abgeleitet. Damit ist jede Klasse als Unterklasse der Klasse `object` zu dieser auch typkonform.

Die folgende `Main()`-Operation der Startklasse richtet ein Sparkonto und ein Girokonto ein, leistet zwei Einzahlungen, überweist 500 EURO auf das Sparbuch und erstellt zuletzt für beide Konten jeweils einen Kontoauszug.

```
1: // Listing 6.13
2: using System;
3: class Start {
4:     static void Main(string[] args) {
5:         Sparkonto.SetZinssatz(2.8);
```

In Zeile 5 rufen Sie zunächst die Klassen-Operation `SetZinssatz(...)` auf. Die Operation kann unabhängig von erzeugten Objekten über den Klassennamen aktiviert werden und legt den Zinssatz im Klassenattribut `zinssatz` für alle Sparkonten gleichermaßen auf den Wert 2.8 fest.

Erst danach richten die folgenden Anweisungen ein Kunden-Objekt und ein Sparkonto-Objekt ein, auf das 100 EURO eingezahlt werden.

```
6:         Kunde einKunde = new Kunde("Micha", 101);
7:         Sparkonto einSpar =
8:             new Sparkonto(einKunde, 4711);
9:         einSpar.Einzahlen(100);
```

Anschließend wird ein neues Girokonto-Objekt angelegt, das mit einem Dispositionslimit von 2000 EURO ausgestattet wird.

```
10:        Girokonto einGiro = new Girokonto(
11:                    new Kunde("Chiron", 103),
12:                    5813, 2000);
13:        einGiro.Einzahlen(300);
```

Beachten Sie, dass in Zeile 11 das Kunden-Objekt mit der Anweisung **new** Kunde(...) im Kontext der Parameter erzeugt und direkt als Übergabewert zugewiesen wird.

```
14:        einGiro.Überweisen(500, einSpar);
```

Anschließend überweist das Girokonto-Objekt einGiro 500 EURO an das Sparkonto-Objekt einSpar. Beachten Sie, dass die Operation Überweisen(**int** betrag, Konto zielKonto) einen Parameter vom Typ Konto erwartet, jedoch mit dem Objekt einSpar einen Wert vom Typ Sparkonto erhält. Jeder Klassen-Typ ist typkonform zu all seinen Oberklassen-Typen. Das bedeutet, wo ein Konto erwartet wird, dürfen auch spezielle Konten wie Girokonto-Objekte und Sparkonto-Objekte angegeben werden. Allerdings können dann ohne explizite Typumwandlung auch nur in der Klasse Konto vereinbarte Operationen aufgerufen werden.

```
15:        einGiro.AuszugErstellen();
16:        einSpar.AuszugErstellen();
```

Nachdem für beide Konten ein Auszug erstellt ist, werden die Zinsen für das Sparkonto berechnet und ein weiterer Auszug erstellt.

```
17:        einSpar.ZinsenBerechnen();
18:        einSpar.AuszugErstellen();
19:    }
20: }
21:
```

Die `Main()`-Operation erzeugt die folgende Bildschirmausgabe:

```
KontoNr.    : 5813
Inhaber     : Chiron (103)
Kontostand: -200,00 EURO


KontoNr.    : 4711
Inhaber     : Micha (101)
Kontostand: 600,00 EURO


KontoNr.    : 4711
Inhaber     : Micha (101)
Kontostand: 616,80 EURO
```

Redefinition – Operationen werden zu Spezialisten

Wenn Sie die Auszüge der Konten betrachten, fällt auf, dass dort die Art des Kontos sowie Spezialinformationen, wie der Zinssatz beim Girokonto und das Dispositionslimit beim Sparkonto, nicht angegeben sind.

Um diese Informationen ebenfalls im Kontoauszug darzustellen, benötigen Sparkonto-Objekte und Girokonto-Objekte speziell an sie angepasste Operationen zum Erstellen eines Kontoauszugs. Die Klassen `Sparkonto` und `Girokonto` müssen also je eine spezialisierte Variante der Operation `AuszugErstellen()` vereinbaren. Die spezialisierten Operationen der Unterklassen `Sparkonto` und `Girokonto` besitzen dann denselben Namen wie die allgemein definierte Operation der Oberklasse `Konto`. Für Unterklassen-Objekte werden nun die spezialisierten Operationen aufgerufen, obwohl die allgemeine Variante der Oberklasse vererbt wurde.

> **HINWEIS**
>
> Besitzen Operationen in verschiedenen Klassen denselben Namen, so liegen polymorphe Operationen vor. *Polymorphie* entstammt dem Griechischen und bedeutet „Vielgestalt". Übertragen auf objektorientierte Systeme bedeutet dies, dass derselbe Operationsname in unterschiedlichen Klassen mit unterschiedlichen Operationskörpern – also unterschiedlichem (vielgestaltigen) Verhalten – ausgestattet sein kann. Stehen die Klassen zusätzlich in einer Vererbungsbeziehung, wird die Operation der Oberklasse überschrieben. Daher lautet der Fachterminus für das Überschreiben einer Operation in einer Vererbungsbeziehung *Redefinition*.

Neben der Redefinition von Operationen bietet C# auch die Möglichkeit die Standardoperatoren (+, -, *, / und andere) für eigene Klassen mit neuer Funktionalität zu versehen. Dieses Überschreiben von Operatoren bezeichnen wir als Überladen oder *Overloading*.

Zunächst geben Sie die Operation AuszugErstellen() der Oberklasse Konto zum Überschreiben frei, indem Sie dort den Modifizierer **virtual** angeben. Virtuelle Operationen werden erst zur Laufzeit passend zum jeweiligen Objekt ausgeführt. Auf diesen Aspekt kommen wir im nächsten Beispiel zurück.

```
1: // Listing 6.14
2: using System;
3: class Konto{
4:     /*...*/
5:     virtual public void AuszugErstellen(){
6:         /*...*/
7:     }
8:     /*...*/
9: }
```

Erweitern Sie anschließend die Klasse Sparkonto, indem Sie auch dort eine Operation AuszugErstellen() vereinbaren, die Sie mit dem Modifizierer **override** kennzeichnen. Die Kennzeichnung override bedeutet, dass eine Operation mit der gleichen Signatur, die in der Oberklasse Konto gegeben ist, in der Unterklasse Sparkonto neu definiert wird.

```
1: // Listing 6.15
2: using System;
3: class Sparkonto : Konto{
4:     /*...*/
5:     override public void AuszugErstellen(){
```

Die Spezialisierung für ein Sparkonto besteht darin, dass der Kontoauszug zusätzlich eine Kopfzeile erhält, die die Kontoart Sparbuch und den definierten Zinssatz anzeigt.

```
6:         Console.WriteLine("Sparkonto : ({0}%)",
7:                           zinssatz);
```

Der Rest des Kontoauszugs ist identisch mit den Ausgaben der Operation AuszugErstellen(), die in der Oberklasse Konto vereinbart ist. Um diese jetzt überschriebene Operation innerhalb der neu vereinbarten Operation dennoch aufzurufen verwenden Sie den base-Zeiger.

```
8:         base.AuszugErstellen();
9:     }
10:    /*...*/
11: }
```

Der base-Zeiger verweist auf die Oberklasse Konto, so dass base.AuszugErstellen() die überschriebene Operation der Klasse Konto innerhalb der neu vereinbarten Operation der Klasse Sparkonto aufruft.

Erweitern Sie jetzt noch die Klasse Girokonto um eine Operation AuszugErstellen(), die ebenfalls eine Kopfzeile einfügt. In der Kopfzeile zeigt der Auszug jetzt die Kennzeichnung Girokonto gefolgt von dem Dispositionslimit, das für das Konto vereinbart wurde.

```
 1: // Listing 6.16
 2: using System;
 3: public class Girokonto : Konto{
 4:     /*...*/
 5:     override public void AuszugErstellen(){
 6:         Console.WriteLine("Girokonto : Dispo({0})",
 7:                           dispoLimit);
 8:         base.AuszugErstellen();
 9:     }
10:     /*...*/
11: }
```

Unterhalb der Kopfzeile werden durch Aufruf der „alten" Operation AuszugErstellen() die Angaben zur Kontonummer und zu den Kontoinhabern sowie der Kontostand ausgegeben.

```
 1: // Listing 6.17
 2: using System;
 3: class Start {
 4:     static void Main(string[] args) {
 5:         Sparkonto.SetZinssatz(2.7);
 6:         Konto einGiro = new Girokonto(
 7:                         new Kunde("Anke", 105),
 8:                         5813,
 9:                         3000);
```

Nachdem der Zinssatz für alle Sparkonten auf 2,7% festgelegt wurde, wird ein Girokonto-Objekt erzeugt, das als Übergabewert einen Verweis auf ein neu erzeugtes Kunden-Objekt als Inhaber erhält. Der Typ der Variablen einGiro ist Konto. Diese Variable vom Typ Konto verweist auf ein Objekt vom Typ Girokonto. Das ist in diesem Fall zulässig, da die Klasse Girokonto durch die Vererbungsbeziehung zur Klasse Konto nicht nur Attribute und Operationen, sondern darüber hinaus auch den Typ der Oberklasse Konto übernimmt.

```
10:      Konto einSpar = new Sparkonto(
11:          new Kunde("Gina",104),
12:          4711);
```

Ebenso wird ein Objekt der Klasse Sparkonto erzeugt. Der Verweis auf dieses Objekt wird wiederum einer Variablen vom Typ Konto zugewiesen.

Da die Variable vom Typ Konto nur die Operationen kennt, die in dieser Klasse gegeben sind, wandeln Sie den Typ Konto der Variablen durch den Cast-Operator (Girokonto) in den Typ des Girokontos, um die in der Klasse Girokonto neu hinzugekomme Operation überweisen(...) aufrufen zu können.

> **HINWEIS**
>
> Klassen sind immer typkonform zu all ihren Oberklassen. Durch Einsatz des Cast-Operators können Variablen, die auf ein Objekt vom Typ einer ihrer Unterklassen verweisen, auch auf die Operationen zugreifen, die nicht im Typ der Oberklasse vereinbart sind. Der Typ einer Variablen bestimmt, welche Operations-Signaturen für die Variable zulässig sind. Das über diese Variable referenzierte Objekt bestimmt hingegen die Variante dieser Operation, die ausgeführt wird.

Ebenso verfahren Sie mit dem Aufruf der Operation Auszahlen(...), da sie in der Klasse Sparkonto, nicht aber in der Klasse Konto vereinbart ist.

```
13:      ((Girokonto)einGiro).Überweisen(300,
14:                          einSpar);
15:      ((Sparkonto)einSpar).Auszahlen(180);
16:      einGiro.AuszugErstellen();
17:      einSpar.AuszugErstellen();
18:    }
19: }
```

Im Gegensatz zu den nur in den Unterklassen definierten Operationen Überweisen(...) und Auszahlen(...) rufen Sie die Operation AuszugErstellen() ohne den Cast-Operator auf, da ihre Aufrufkonventionen ja in der Klasse Konto ebenfalls bekannt sind. Beachten Sie, dass dennoch die speziellen Auszüge für Girokonten und Sparkonten erstellt werden.

> **HINWEIS** Unabhängig vom Typ einer Variablen werden immer die Operationen vom Typ des Objekts aufgerufen, wenn die Operationen mit virtual und override gekennzeichnet sind.

Das Programm stellt jetzt individuelle Kontoauszüge für Sparkonto-Objekte und Girokonto-Objekte dar.

```
Girokonto  : Dispo(3000)
KontoNr.   : 5813
Inhaber    : Anke (105)
Kontostand: -300 EURO
```

```
Sparkonto : (2,7%)
KontoNr.  : 4711
Inhaber   : Gina (104)
Kontostand: 120 EURO
```

Mit der Vererbung steht Ihnen ein mächtiges Sprachmittel zur Verfügung, um Erweiterungen und Spezialisierungen bestehender Klassen zu implementieren.

6.4 Schnittstellen – mehr Schein als Sein

Neben der Vererbung von Klassen kennt C# auch noch die Vererbung von *Schnittstellen* (Interfaces). Dabei stellen Schnittstellen spezielle Klassen dar, die keine Attribute und Operationskörper enthalten. Sie definieren lediglich Operationsköpfe, die unter einem Schnittstellennamen zusammengefasst sind.

Damit vereinbart eine Schnittstelle einen Typ, der lediglich die Aufrufkonventionen seiner Operationen, nicht aber ihr Verhalten beschreibt.

Erbt eine Klasse eine Schnittstelle, so verpflichtet sie sich, alle Operationsköpfe der Schnittstelle vollständig mit Operationskörpern zu versehen. Im Gegenzug erhält die Klasse zusätzlich zu ihrem eigenen Typ wie bei Klassen auch den Typ der Schnittstelle, über den alle in der Schnittstelle definierten Operationen aufgerufen werden können.

Vereinbarung von Schnittstellen

Die Schnittstelle IVerzinsbar legt fest, dass alle Klassen, die diese Schnittstelle implementieren, gewährleisten, eine Operation ZinsenBerechnen() zu definieren.

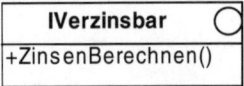

Abb. 6.11: Schnittstelle – IVerzinsbar

Der Kreis im UML-Klassendiagramm (vgl. Abbildung 6.11) unterscheidet Schnittstellen von Klassen.

```
1: // Listing 6.18
2: public interface IVerzinsbar {
3:     void ZinsenBerechnen();
4: }
```

Die Schnittstelle IVerzinsbar vereinbart die Aufrufkonventionen für eine Operation ZinsenBerechnen(). Die Klasse Sparkonto als Vermögensanlage, die Zinsen abwirft, erbt diese Schnittstelle und vereinbart eine Operation ZinsenBerechnen(), die in der Klasse Sparkonto jetzt auch einen Operationskörper beinhaltet.

Vererbung und Implementierung von Schnittstellen

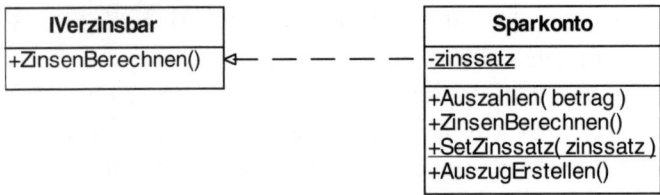

Abb. 6.12: Schnittstelle – IVerzinsbar mit Implementierung

Da die Operation ZinsenBerechnen() in der Klasse Sparkonto bereits besteht, zeigt das folgende Listing lediglich die Übernahme der Schnittstelle IVerzinsbar in die Klasse Sparkonto.

```
1: // Listing 6.19
2: using System;
3: public class Sparkonto : Konto, IVerzinsbar{
4:    /*...*/
5:    void ZinsenBerechnen(){
6:    {
7:        /*...*/
8:    }
9: }
```

Dabei werden Schnittstellen genauso gehandhabt wie Klassen, zu denen eine Vererbungsbeziehung besteht (Zeile 3). Die Klasse erbt neben den Attributen und Operationen auch alle Typen der Schnittstelle. Dementsprechend sind Sparkonto-Objekte typkonform zum Typ IVerzinsbar.

Im nächsten Schritt erweitern wir unsere Kontenverwaltung um die Klasse Wertpapier, die wie ein Sparkonto auch eine verzinsbare Vermögensanlage darstellt. Sie erbt folglich ebenso wie die Klasse Sparkonto das Interface IVerzinsbar und implementiert die Operation ZinsenBerechnen().

Die Attribute repräsentieren die Wertpapiernummer (wpnr), den Inhaber (inhaber), den Nominalwert (nominalwert), den Zinssatz (zinssatz), die Laufzeit (laufzeit), den aktuellen Kurswert (kurs) und einen Verweis auf ein Verrechnungskonto (verKonto), dem die Zinsen gutgeschrieben werden.

Operationen sehen Sie vor zur Aktualisierung des Kurswerts (SetKurs()) und zum Erstellen eines Auszugs.

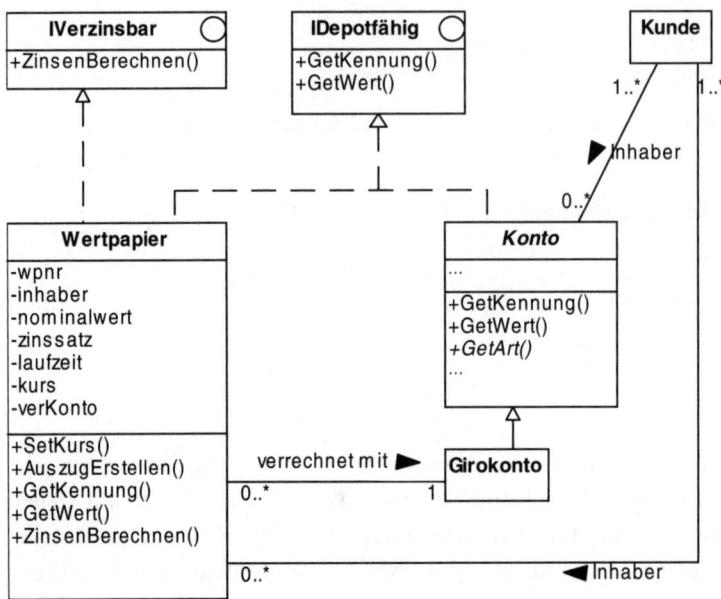

Abb. 6.13: Schnittstelle – IDepotfähig mit Implementierung

Um Konten und Wertpapiere unter einem Typ zusammenfassen zu können, vereinbaren wir das Interface IDepotfähig. Damit besitzen Sparkonto-Objekte, Girokonto-Objekte und Wertpapier-Objekte denselben Typ IDepotfähig. Mit der Schnittstellenvererbung verpflichten sich die Klassen Konto und Wertpapier die Operationen GetKennung() und GetWert() zu implementieren.

```
1: // Listing 6.20
2: public interface IDepotfähig {
3:     string GetKennung();
4:     double GetWert();
5: }
```

Das Interface IDepotfähig legt fest, dass alle Klassen, die dieses Interface erben, die Operationen GetKennung() und GetWert() implementieren müssen.

```
 1: // Listing 6.21
 2: using System;
 3: using System.Collections;
 4: public class Wertpapier: IDepotfähig,IVerzinsbar{
 5:     int wpnr;
 6:     ArrayList inhaber;
 7:     double laufzeit;
 8:     double nominalwert;
 9:     double kurs;
10:     Girokonto verKonto;
11:     double zinssatz;
```

Die Attribute inhaber (Zeile 6) und verKonto (Zeile 10) definieren Assoziationen zu einem Kunden-Objekt, das auf den Inhaber verweist, und zu einem Girokonto-Objekt, dem die Wertpapierzinsen gutgeschrieben werden.

Bei der Erzeugung eines Objekts legen Sie über den Konstruktor alle Attributwerte fest.

```
12:     public Wertpapier(int wpnr,
13:                 Kunde inhaber,
14:                 double laufzeit,
15:                 double nominalwert,
16:                 double kurs,
17:                 Girokonto verKonto,
18:                 double zinssatz){
```

```
19:        this.inhaber = new ArrayList();
20:        this.wpnr = wpnr;
21:        this.inhaber.Add(inhaber);
22:        this.laufzeit = laufzeit;
23:        this.nominalwert = nominalwert;
24:        this.kurs = kurs;
25:        this.verKonto = verKonto;
26:        this.zinssatz = zinssatz;
27:    }
```

Da der Kurswert eines Wertpapiers schwankt, können Sie jederzeit über die Operation SetKurs(...) einen veränderten Wert eintragen.

```
28:    public void SetKurs(double kurs){
29:        this.kurs = kurs;
30:    }
```

Die Operation AuszugErstellen() gibt die Attributwerte auf dem Bildschirm aus.

```
31:    public void AuszugErstellen(){
32:        Console.WriteLine("Wertpapiernr. : {0}\n" +
33:            "Inhaber       : {1}\n" +
34:            "Laufzeit      : {2} Jahre\n" +
35:            "Nominalwert   : {3:f} EURO\n" +
36:            "Kurswert      : {4:f} EURO\n" +
37:            "Zinssatz      : {5}%\n",
38:            wpnr,
39:            ((Kunde)inhaber[0]).GetKennung(),
40:            laufzeit,
```

41:             nominalwert,kurs,
42:             zinssatz);
43:     }

Beachten Sie, dass der Zugriff auf ein ArrayList-Objekt (Zeile 39) über einen Indizierer erfolgt, über den auf ein Inhaber-Objekt zugegriffen wird. Da die ArrayList-Elemente immer vom Typ object sind, wandeln wir den Variablen-Typ object zunächst in den Typ des referenzierten Objekts Kunde um. Erst mit der Umwandlung erhalten wir die Möglichkeit, die Operation GetKennung() für das Inhaber-Objekt aufzurufen.

Die Operationen GetWert() und GetKennung() implementieren die gleichnamigen Operations-Schnittstellen von IDepotfähig.

44:     **public double** GetWert(){
45:         **return** kurs;
46:     }
47:     **public string** GetKennung() {
48:         **return** "Wertpapier   " +
49:             wpnr + ", " +
50:             ((Kunde)inhaber[0]).GetKennung();
51:     }

Die Operation ZinsenBerechnen() implementiert die Operations-Schnittstelle von IVerzinsbar.

52:     **public void** ZinsenBerechnen(){
53:         **double** zinsen= nominalwert* zinssatz / 100;
54:         verKonto.Einzahlen(zinsen);
55:     }
56: }

Der berechnete Zins wird dem vereinbarten Verrechnungskonto verKonto, das bei der Einrichtung des Wertpapier-Objekts über den Konstruktor vereinbart wurde, gutgeschrieben (Zeile 54).

Damit sowohl Sparkonto- als auch Girokonto-Objekte in einem Depot verwaltet werden können, vereinbaren Sie in deren Oberklasse Konto eine Vererbungsbeziehung zur Schnittstelle IDepotfähig und implementieren die Operations-Schnittstellen GetKennung() und GetWert().

```
1: // Listing 6.22
2: using System;
3: using System.Collections;
4: public abstract class Konto : IDepotfähig {
5:     /*...*/
```

Die Operation GetKennung() erzeugt eine Zeichenfolge, die aus der Kontoart, der Kontonummer und den Kennungen der Kontoinhaber besteht.

```
 6:     public string GetKennung() {
 7:         string kennung = GetArt()+ kontonr+", ";
 8:         foreach (Kunde kunde in inhaber) {
 9:             kennung += kunde.GetKennung();
10:         }
11:         return kennung;
12:     }
```

Die Art des Kontos ermittelt die Operation durch den internen Aufruf der Operation GetArt(), die ebenfalls in dieser Klasse vereinbart ist.

```
13:     public abstract string GetArt();
```

Die Operation GetArt() ist mit dem Modifizierer **abstract** gekennzeichnet und enthält keinen Operationskörper. Eine solche abstrakte Operation darf nur in abstrakten Klassen vereinbart werden und muss in den konkreten Unterklassen vollständig implementiert werden. In der Klasse Konto stellt diese Operation lediglich einen Platzhalter dar. Folglich müssen die Unterklassen Sparkonto und Girokonto die Operation GetArt() vollständig implementieren.

Die abstrakte Operation wird niemals aufgerufen, da der interne Aufruf der Operation GetArt() innerhalb der Operation GetKennung() (Zeile 7) sich immer auf ein Objekt der konkreten Klassen Sparkonto oder Girokonto bezieht. Die Klassen Girokonto und Sparkonto werden wir mit einer vollständig implementierten Variante der Operation Get Art() versehen, so dass die Operation GetKennung() immer die Variante des vorliegenden Objekts vom Typ Sparkonto oder Girokonto aufruft.

Die Operation GetWert(), deren Implementierung vom geerbten Interface IDepotfähig erzwungen wird, delegiert die Ermittlung des Werts an die bereits bestehende Operation GetKontostand().

```
14:     public double GetWert(){
15:         return GetKontostand();
16:     }
17: }
```

Jetzt erweitern Sie die Klassen Sparkonto und Girokonto noch um die Operation GetArt(), deren Rückgabewert über die Operation GetKennung() der Klasse Konto eingesetzt wird.

```
1: // Listing 6.23
2: using System;
3: public class Girokonto : Konto{
4:     /*...*/
```

```
5:      override public string GetArt(){
6:          return "Girokonto   ";
7:      }
8: }
```

Die Operationen GetArt() in den Klassen Sparkonto und Girokonto sind mit dem Modifizierer **override** versehen, da sie die abstrakte Platzhalter-Operation der Klasse Konto ersetzen.

```
1: // Listing 6.24
2: using System;
3: public class Sparkonto : Konto, IVerzinsbar{
4:      /*...*/
5:      override public string GetArt(){
6:          return "Sparkonto   ";
7:      }
8: }
```

Die Klassen Sparkonto und Wertpapier besitzen jetzt den Typ IVerzinsbar und können als verzinsbare Vermögensanlagen zusammengefasst werden.

Schnittstellen-Typ als Attribut-Typ

Die Klassen Sparkonto, Girokonto und Wertpapier sind darauf vorbereitet, dass sie in einem Depot als depotfähige Vermögenswerte aufgenommen werden. Ein Depot soll dabei beliebig viele depotfähige Elemente (0..*) enthalten. Ein depotfähiges Element hingegen darf maximal einem Depot (0..1) zugeordnet werden.

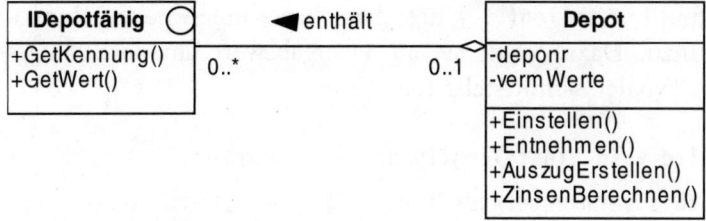

Abb. 6.14: Schnittstellen – IDepotfähig als Typ von Depotelementen

Das Depot besitzt eine Depotnummer (deponr) und soll in der Lage sein, depotfähige Vermögenswerte (vermWerte) in das Depot aufzunehmen (Einstellen()), sie wieder aus dem Depot zu entfernen (Entnehmen()), einen Auszug zu erstellen (AuszugErstellen()) und für alle verzinsbaren Vermögenswerte im Depot die Zinsberechnung anzustoßen (ZinsenBerechnen()).

```
1:  // Listing 6.25
2:  using System;
3:  using System.Collections;
4:  public class Depot{
5:      int deponr;
6:      ArrayList vermWerte;
7:      public Depot(int deponr) {
8:          this.deponr = deponr;
9:          this.vermWerte = new ArrayList();
10:     }
```

Die im Depot enthaltenen Vermögenswerte werden als assoziierte Objekte im ArrayList-Objekt vermWerte (Zeile 6) hinterlegt. Der Individual-Konstruktor legt die Depotnummer fest und erzeugt das ArrayList-Objekt vermWerte, das später die Vermögenswerte aufnimmt.

Die Operation Einstellen(...) fügt dem Depot einen neuen Vermögenswert hinzu. Dazu erhält sie als Übergabewert ein depotfähiges Objekt vom Typ der Schnittstelle IDepotfähig.

```
11:     public void Einstellen(IDepotfähig vermWert){
12:         this.vermWerte.Add(vermWert);
13:     }
```

Durch den Aufruf der Operation Add(...) (Zeile 12) wird der übergebene Vermögenswert dem ArrayList-Objekt vermWerte hinzugefügt.

Mit der Operation Entnehmen(...), die ebenfalls einen Verweis auf das zu entnehmende Objekt erhält, entnehmen Sie dem Depot einen Vermögenswert.

```
14:     public void Entnehmen(IDepotfähig vermWert){
15:         this.vermWerte.Remove(vermWert);
16:     }
```

Die Operation Remove(...) entfernt den angegebenen Vermögenswert aus dem ArrayList-Objekt vermWerte.

Die Operation AuszugErstellen() nutzt die im Interface IDepotfähig vereinbarten Operationen GetKennung() (Zeile 23) und GetWert() (Zeile 24), um eine Übersicht aller im Depot enthaltenen Vermögenswerte zu erstellen.

```
17:     public void AuszugErstellen(){
18:         double gesamtWert = 0;
19:         Console.WriteLine("\nAuszug Depot: {0}",
20:                         deponr);
21:         foreach(IDepotfähig vermWert in vermWerte){
22:             Console.WriteLine("- {0} , {1:f} EURO",
23:                         vermWert.GetKennung(),
```

```
24:            vermWert.GetWert());
25:            gesamtWert += vermWert.GetWert();
26:        }
27:        Console.WriteLine(
28:            "Gesamtwert: {0:f} EURO\n", gesamtWert );
29:    }
```

Nach der Bildschirmausgabe der Kopfzeile (Zeilen 19-20), die die Depotnummer enthält, durchkämmt die foreach-Schleife alle Vermögenswerte des ArrayList-Objekts vermWerte, gibt die ermittelte Kennung (Zeile 23) und den Wert (Zeile 24) auf dem Bildschirm aus und summiert die Werte zu einem Gesamtwert auf (Zeile 25), der anschließend ausgegeben wird (Zeilen 27-28).

Die Operation ZinsenBerechnen() aktiviert für alle verzinsbaren Vermögenswerte im Depot die Berechnung der Zinsen.

```
30:    public void ZinsenBerechnen() {
31:        foreach(IDepotfähig vermWert in vermWerte){
32:            if (vermWert is IVerzinsbar){
33:                ((IVerzinsbar)vermWert).
34:                    ZinsenBerechnen();
35:            }
36:        }
37:    }
38: }
```

Dazu prüft die Operation in Zeile 32 für jeden Vermögenswert, ob er vom Typ IVerzinsbar ist. Vom Typ IVerzinsbar sind alle Vermögens-Objekte, die die geerbte Schnittstelle IVerzinsbar implementieren, also Sparkonto-Objekte und Wertpapier-Objekte. Der zur Prüfung eingesetzte *is-Operator* erkennt alle Typen einer Klasse, die sich entlang der Vererbungshierarchie angesammelt haben.

Um die Operation ZinsenBerechnen() für die verzinsbaren Vermögenswerte aufzurufen, muss der Typ der Elementvariablen in der ArrayList (object) in den Typ der referenzierten Objekte IVerzinsbar umgewandelt werden. Jetzt ist die Operation erreichbar und wird ausgeführt.

Depotverwaltung – Schnittstellen im Überblick

Die folgende Abbildung zeigt die Struktur unseres Depots noch einmal im Überblick. Alle Kontenarten und Wertpapiere können Sie als depotfähige Vermögenswerte in das Depot einstellen. Von diesen Vermögenswerten sind jedoch nur Sparkonten und Wertpapiere verzinsbar.

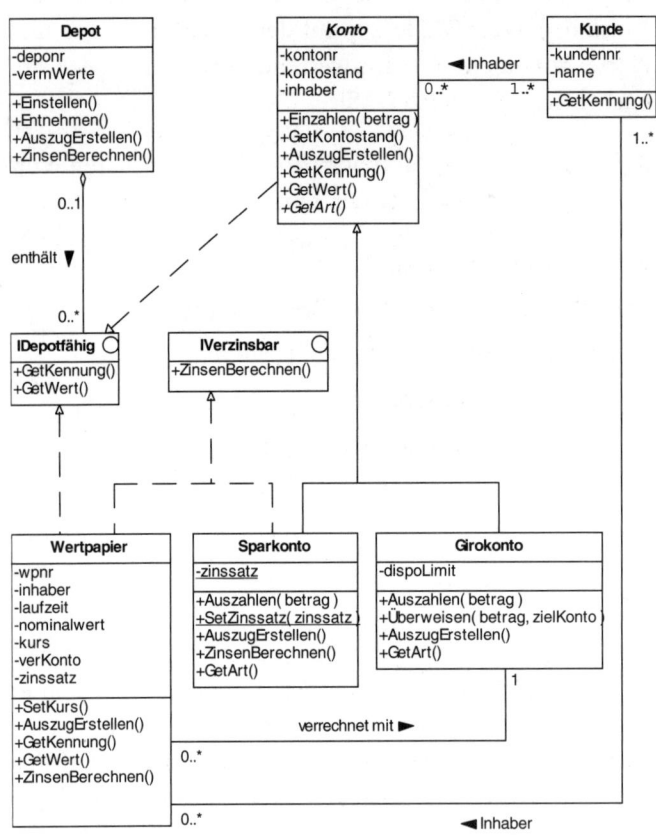

Abb. 6.15: Schnittstellen – Schaffung typkonformer Klassen

Schnittstellen ermöglichen also die gemeinsame Behandlung von Objekten, die zunächst nicht typkonform sind, wie die Klassen Wertpapier und Sparkonto in unserem Beispiel. Durch die Vererbungsbeziehung zu einer gemeinsamen Schnittstelle erhalten beide einen zusätzlichen Typ IVerzinsbar, für den sie die in der Schnittstelle vereinbarte Operation ZinsenBerechnen() aktivieren können.

Die folgende Startklasse testet unser Depot. Nachdem der Zinssatz für alle Sparkonten auf 2,7% festgelegt wurde, erzeugt die Main()-Operation ein Sparkonto-Objekt, ein Girokonto-Objekt und ein Wertpapier-Objekt. Anschließend erhält das Sparkonto eine Einzahlung von 100 EURO, bevor das Depot alle drei Vermögenswerte aufnimmt.

Das Depot stößt daraufhin die Zinsberechnung für alle in ihm enthaltenen zinsfähigen Vermögenswerte an und gibt einen Depot-Auszug auf dem Bildschirm aus. Zur Kontrolle werden schließlich die detaillierten Auszüge der drei Vermögenswerte erstellt.

```
 1: // Listing 6.26
 2: using System;
 3: class Start {
 4:     static void Main(string[] args) {
 5:         Sparkonto.SetZinssatz(2.7);
 6:
 7:         Sparkonto einSpar = new Sparkonto(
 8:             new Kunde("Anke",105), 6813);
 9:
10:         Girokonto einGiro = new Girokonto(
11:             new Kunde("Mike",101), 4711, 4000);
12:
13:         Wertpapier einWP = new Wertpapier(
14:             11, new Kunde("Gina",104),
```

15:         3, 200, 265, einGiro, 4.5);
16:
17:         einSpar.Einzahlen(100);

Sparkonten und Girokonten arbeiten wie bisher. Das Wertpapier-Objekt einWP erhält über den Konstruktor (Zeilen 13-15) die Wertpapiernummer 11, als Inhaber einen Verweis auf das neu erzeugte Kunden-Objekt „Gina", eine Laufzeit von 3 Jahren, den Nominalwert von 200 EURO, einen Kurswert von 265 EURO und als Verrechnungskonto einen Verweis auf das Girokonto einGiro. Der Zinssatz ist auf 4,5%, bezogen auf den Nominalwert, festgelegt.

Das Sparkonto einSpar erhält eine Einzahlung von 100 EURO (Zeile 17), bevor ein Depot angelegt wird.

18:         Depot einDepot = **new** Depot(1);
19:         einDepot.Einstellen(einSpar);
20:         einDepot.Einstellen(einGiro);
21:         einDepot.Einstellen(einWP);

Das Depot-Objekt einDepot erhält die Depotnummer 1 (Zeile 18). Anschließend werden das Sparkonto-Objekt einSpar (Zeile 19), das Girokonto-Objekt einGiro (Zeile 20) und das Wertpapier-Objekt einWP (Zeile 21) in das Depot eingestellt.

Der Aufruf der Operation ZinsenBerechnen() des Depot-Objekts einDepot in Zeile 22 aktiviert eine Zinsberechnung für das Sparkonto einSpar, das 2,7% von 100 EURO dem Konto gutschreibt und somit ein Guthaben von 102,70 Euro aufweist. Für das Wertpapier-Objekt einWp führt die Zinsberechnung von 4,5%, gerechnet auf den Nominalwert von 200 EURO, zu einem Zinswert von 9 EURO, der dem vereinbarten Girokonto einGiro gutgeschrieben wird. Damit besitzt das Girokonto einGiro einen Kontostand von 9 EURO.

```
22:        einDepot.ZinsenBerechnen();
23:        einDepot.AuszugErstellen();
24:        einSpar.AuszugErstellen();
25:        einGiro.AuszugErstellen();
26:        einWP.AuszugErstellen();
27:    }
28: }
```

Der Auszug, den die Operation AuszugErstellen() (Zeile 23) für das Depot einDepot erstellt, zeigt für alle im Depot enthaltenen Vermögenswerte die Kennung und den Wert an. Die letzte Zeile enthält den über alle Einzelposten aufsummierten Gesamtwert des Depots.

Anschließend sehen Sie zur Kontrolle die Auszüge der einzelnen Vermögenswerte.

Führen Sie die Startklasse aus, dann erstellt die Main()-Operation nach Zuordnung der Konten und des Wertpapiers sowie der Berechnung der Zinsen für das Sparkonto und das Wertpapier die folgenden vier Auszüge:

```
Auszug Depot: 1
- Sparkonto  6813, Anke (105) , 102,70 EURO
- Girokonto  4711, Mike (101) ,   9,00 EURO
- Wertpapier   11, Gina (104) , 265,00 EURO
Gesamtwert: 376,70 EURO


Sparkonto : (2,7%)
KontoNr.   : 6813
Inhaber    : Anke (105)
Kontostand: 102,70 EURO
```

```
Girokonto : Dispo(4000)
KontoNr.  : 4711
Inhaber   : Mike (101)
Kontostand: 9,00 EURO


Wertpapiernr. : 11
Inhaber       : Gina (104)
Laufzeit      : 3 Jahre
Nominalwert   : 200 EURO
Kurswert      : 265 EURO
Zinssatz      : 4,5%
```

Das Sparkonto enthält die 100 EURO zuzüglich der berechneten 2,70 EURO Zinsen, das Girokonto die Gutschrift der Wertpapierzinsen von 9 EURO. Das Wertpapier besitzt immer noch den Kurswert von 265 EURO, der im Konstruktor angegeben wurde. Damit ergibt sich ein Gesamtwert von 376,70 EURO. Die zur Kontrolle ausgegebenen Auszüge für das Sparkonto, das Girokonto und das Wertpapier bestätigen die im Depotauszug enthaltenen Angaben.

6.5 Namensräume – Klassen organisieren

Nachdem Sie bereits Anwendungen mit mehreren Klassen und Schnittstellen erstellt haben, lernen Sie in diesem Abschnitt, wie Sie große Anwendungen mit vielen Klassen so strukturieren, dass Sie den Überblick nicht verlieren.

C# bietet Ihnen mit seinen Namensräumen (Namespaces) die Möglichkeit, Klassen und Interfaces zu Organisationseinheiten zusammenzufassen.

> **HINWEIS** Anders als in anderen Programmiersprachen ist die Zuordnung von Klassen zu Namensräumen eine virtuelle Organisation, die nicht mit der physischen Organisation übereinstimmen muss. Organisieren Sie für eine bessere Übersicht Ihre Klassen dennoch immer so, dass Sie für jeden Namensraum ein eigenes Unterverzeichnis definieren, in dem Sie alle zugehörigen Klassen ablegen.

Sie finden ähnliche Strukturen wie Namensräume auch in Organigrammen, die Organisationsstrukturen von Unternehmungen übersichtlich strukturieren. Organigramme ordnen die Mitarbeiter bestimmten Stellen zu, die eine Aufgabenbeschreibung enthalten. Die Stellen werden dann nach bestimmten Kriterien (z.B. funktional in Einkauf, Produktion, Verkauf) zu Abteilungen zusammengefasst. Abteilungen können auf einer höheren Ebene wiederum nach einem bestimmten Kriterium zu übergeordneten Abteilungen zusammengefasst werden.

Vergleichen Sie Mitarbeiter mit aktiven Objekten und Stellenbeschreibungen mit Klassen, dann sind die Abteilungen, in denen sie zusammengefasst werden, die Namensräume, die ihrerseits wieder auf einer höheren Ebene zu Namensräumen gruppiert werden können.

using – Einbinden von Namensräumen

Zum Einstieg haben Sie bereits gelernt, wie Sie mit der *using*-Anweisung Klassen fremder Namensräume zur Benutzung in eigenen Klassen verfügbar machen. Bereits in den ersten Beispielen, in denen Sie eine Auto-Klasse erstellt haben, haben Sie die using-Anweisung eingesetzt, um den Namensraum System einzubinden, der die Klasse Console für Bildschirmausgaben und Tastatureingaben zur Verfügung stellt.

namespace – Zuordnen zu Namensräumen

In diesem Abschnitt organisieren wir unsere Klassen in Namensräumen und legen fest, welche Kontakte zwischen Klassen sowie zwischen Operationen und Attributen zugelassen werden.

Ein UML-Klassendiagramm besitzt mit seinen Paketen eine Strukturierungseinheit, die den Namensräumen von C# und .NET entsprechen. Namensräume sind eine logische oder virtuelle Zusammenfassung von Typen. Innerhalb eines Namensraums ist jeder Typname eindeutig, so dass keine identischen Typbezeichnungen vorkommen können.

Wollen wir Kriterien aufstellen, nach denen Klassen, Interfaces und andere Typen zu Namensräumen zusammengefasst werden können, so bieten sich zwei elementare Möglichkeiten. Entweder Sie gruppieren die Elemente nach fachlicher Zusammengehörigkeit oder Sie ordnen nach konstruktionstechnischen Gesichtspunkten, nach denen möglichst wenige Beziehungen zwischen Elementen verschiedener Namensräume bestehen sollten (Prinzip der schmalen Kopplung von Modulen).

Für die Depotverwaltung ordnen wir die Klassen und Schnittstellen nach fachlicher Zusammengehörigkeit vier Namensräumen zu. Um die mit der uses-Anweisung einzubindenden Namensräume leichter identifizieren zu können, stellt das Klassendiagramm für alle Assoziationen die Zugriffsrichtung (Navigierbarkeit) dar. So muss die Klasse Konto den Namensraum Personen einbinden, da sie die Inhaber-Beziehung aufbaut und den Inhaber registriert. Sie greift dazu auf Informationen der Klasse Kunde zu.

> **HINWEIS**
> Alle von einer Klasse ausgehend über Verbindungspfeile in Pfeilrichtung erreichbaren Namensräume müssen für diese Klasse eingebunden werden. Das gilt sowohl für die Vererbungsbeziehung als auch für Assoziationen.

Allerdings können Sie über ein Klassendiagramm nicht zwingend alle einzubindenden Namensräume ermitteln, da zusätzlich flüchtige Beziehungen zwischen Klassen entstehen, die sich nicht in Attributen manifestieren und damit keinen Eingang in das Klassendiagramm finden.

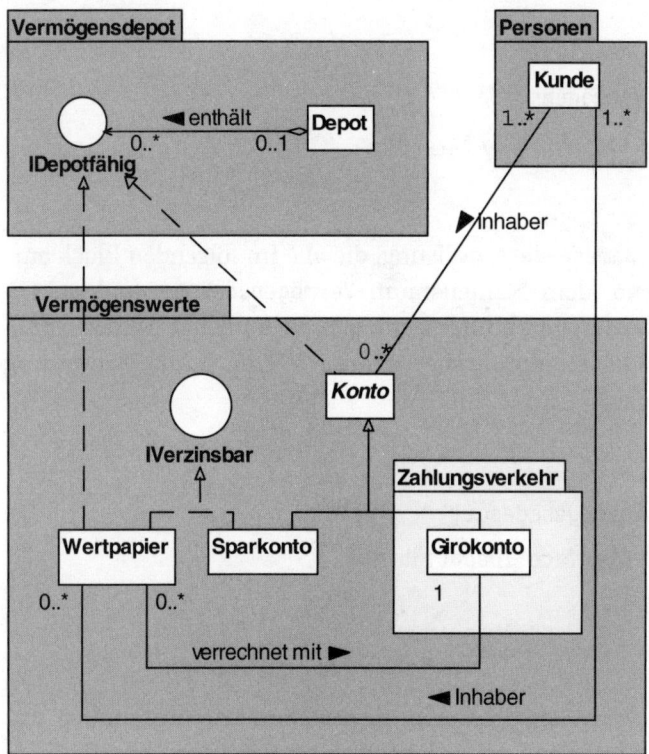

Abb. 6.16: Namensräume – Depotverwaltung

Die Schnittstelle IDepotfähig und die Klasse Depot ordnen Sie dem Namensraum Vermögensdepot und die Klasse Kunde dem Namensraum Personen zu. Der Namensraum Vermögenswerte enthält das Interface IVerzinsbar sowie die Klassen Konto, Wertpapier und Sparkonto sowie den untergeordneten Namensraum Zahlungsverkehr, der die Klasse Girokonto aufnimmt.

In C# vereinbaren Sie einen Namensraum mit der namespace-Anweisung. Die folgenden Quelltexte zeigen die Vereinbarung und die Verwendung von Namensräumen für die Klassen der Depotverwaltung.

```
1: // Listing 6.27
2: /*...*/
3: using Vermögenswerte
4: namespace Vermögensdepot{
5:     public class Depot{/*...*/}
6: }
```

Zeile 4 zeigt die namespace-Anweisung, die alle im folgenden Block enthaltenen Elemente dem Namensraum Vermögensdepot zuordnet. Da im Vermögensdepot Konten und Wertpapiere verarbeitet werden, müssen Sie den Namensraum Vermögenswerte mit der using-Anweisung (Zeile 3) einbinden.

```
1: // Listing 6.28
2: namespace Vermögensdepot{
3:     public interface IDepotfähig
4:     {/*...*/}
5: }
```

Schnittstellen werden als Typen in einem Namensraum ähnlich wie Klassen behandelt und müssen wie Klassen eingebunden werden.

```
1: // Listing 6.29
2: namespace Personen{
3:     public class Kunde
4:     {/*...*/}
5: }
```

Da von der Klasse Kunde weder Vererbungs- noch Assoziationsbeziehungen ausgehen, wird hier kein Namensraum eingebunden.

```
 1: // Listing 6.30
 2: using System;
 3: using System.Collections;
 4: using Personen;
 5: using Vermögensdepot;
 6: using Vermögenswerte.Zahlungsverkehr;
 7: namespace Vermögenswerte{
 8:     public class Wertpapier : IDepotfähig,
 9:                                IVerzinsbar
10:     {/*...*/}
11: }
```

Die Klasse Wertpapier verweist auf alle fremden Namensräume und bindet sie dementsprechend ein.

```
1: // Listing 6.31
2: namespace Vermögenswerte{
3:     public interface IVerzinsbar
4:     {/*...*/}
5: }
```

Das Interface IVerzinsbar benötigt keinen Zugriff auf fremde Namensräume.

```
1: // Listing 6.32
2: using System;
3: using System.Collections;
4: using Vermögensdepot;
```

```
5: using Personen;
6: namespace Vermögenswerte{
7:     public abstract class Konto : IDepotfähig
8:     {/*...*/}
9: }
```

Die abstrakte Klasse Konto bindet für die Schnittstellenvererbung den Namensraum Vermögensdepot und für die Inhaber-Assoziation den Namensraum Personen ein.

```
1: // Listing 6.33
2: using System;
3: using Personen;
4: namespace Vermögenswerte{
5:     public class Sparkonto : Konto, IVerzinsbar
6:     {/*...*/}
7: }
```

Da die in der Klasse Sparkonto benötigte Schnittstelle IVerzinsbar demselben Namensraum Vermögenswerte wie die Klasse Sparkonto angehört, ist sie bereits bekannt. Das explizite Einbinden ist damit nicht notwendig.

```
1: // Listing 6.34
2: using System;
3: using Vermögenswerte;
4: using Personen;
5: namespace Vermögenswerte.Zahlungsverkehr{
6:     public class Girokonto : Konto
7:     {/*...*/}
8: }
```

Da der Namensraum Zahlungsverkehr dem Namensraum Vermögenswerte untergeordnet ist, werden die Namensbestandteile entlang der Namenshierarchie durch einen Punkt getrennt nacheinander angegeben (Zeile 5). Alternativ zu dieser Syntax lassen sich Namensräume auch ineinander verschachteln. Beachten Sie, dass der übergeordnete Namensraum Vermögenswerte, wie alle fremden Namensräume auch, explizit mit einer using-Anweisung bekannt gemacht werden muss.

Die Startklasse bindet schließlich alle Namensräume ein, da Objekte aller Klassen verwendet werden.

```
1: // Listing 6.35
2: using System;
3: using Personen;
4: using Vermögensdepot;
5: using Vermögenswerte;
6: using Vermögenswerte.Zahlungsverkehr;
7: class Start
8: {/*...*/}
```

Die Startklasse selber ist nicht in einen bestimmten Namensraum eingebunden und somit Bestandteil des globalen Namensraums.

> **HINWEIS**
> Wenn Sie auf ein Element eines fremden Namensraums zugreifen, ohne den Namensraum einzubinden, müssen Sie den vollständig qualifizierten Namen angeben, der aus der Bezeichnung des Namensraums und dem durch einen Punkt getrennten Klassennamen besteht. Den vollständig qualifizierten Namen verwenden Sie auch zur Unterscheidung bei Namenskonflikten, wenn zwei Typen unterschiedlicher Namensräume dieselbe Typbezeichnung besitzen.

Die Sichtbarkeit von Elementen

Neben den Namensräumen, die eine logische Struktur definieren, und den an dieser Stelle nicht besprochenen Assemblies, die eine physische Zuordnung definieren, können wir für alle Typen, Attribute und Operationen bestimmen, wer Zugriff auf das Element erhält.

Klassen, Schnittstellen, Aufzählungs-Typen

Jede Klasse gehört einem Namensraum an. Ist ein Namensraum nicht explizit vereinbart, ist die Klasse Mitglied des *global declaration space*. Somit ist jeder Typ Mitglied eines Namensraums. In einem Namensraum kennen sich alle Klassen gegenseitig. Das bedeutet, dass jede Klasse auf alle anderen Klassen zugreifen kann. Begrenzen können Sie diesen Zugriff auf alle Typen einer Komponente (Assembly) mit dem Modifizierer `internal`. Durch Kennzeichnung mit `public` geben Sie den Zugriff auf die Klasse unbeschränkt frei. Geben Sie weder `internal` noch `public` an, so ist die Sichtbarkeit automatisch auf `internal`, also begrenzt auf die Komponente, eingestellt.

Attribute und Operationen

Falls Operationen oder Attribute, die Sie in einer Klasse verwenden wollen, in einem fremden Namensraum vereinbart sind, müssen Sie diesen zunächst über die `using`-Anweisung verfügbar machen. Ist der Namensraum verfügbar, so kommt es zunächst darauf an, ob die neu zu erstellende Klasse in einer Vererbungsbeziehung zu der Klasse steht, die Sie erstellen. Liegt eine Vererbungsbeziehung vor, so können Sie auf alle Operationen und Attribute der Klasse zugreifen, die mit einem der Modifizierer `protected`, `protected internal` oder `public` versehen sind.

Stehen die Klassen nicht in einer Vererbungsbeziehung, sind aber Bestandteil einer Komponente, so können Sie nur die mit `internal` und `public` gekennzeichneten Attribute und Operationen der bestehenden Klasse verwenden.

HINWEIS Sollten Sie Komponenten (sog. Assemblies) erstellen, kann die Sichtbarkeit mit dem Modifizierer `internal` auf die im Manifest festgelegten Mitgliedselemente (Klassen, Strukturen, Aufzählungs-Typen, Ereignisse) der Komponente beschränkt werden. Mit der Einschränkung der Sichtbarkeit auf `protected internal` erlauben Sie neben den Komponenten-Typen auch erbenden Klassen außerhalb der Komponente den Zugriff.

Ist die neu zu erstellende Klasse nicht Komponentenmitglied der Klasse, auf die Sie zugreifen, und erbt die neue Klasse auch nicht deren Attribute und Operationen, so können Sie ausschließlich die `public`-Elemente der bestehenden Klasse erreichen. Die folgende Abbildung fasst die Sichtbarkeiten noch einmal zusammen.

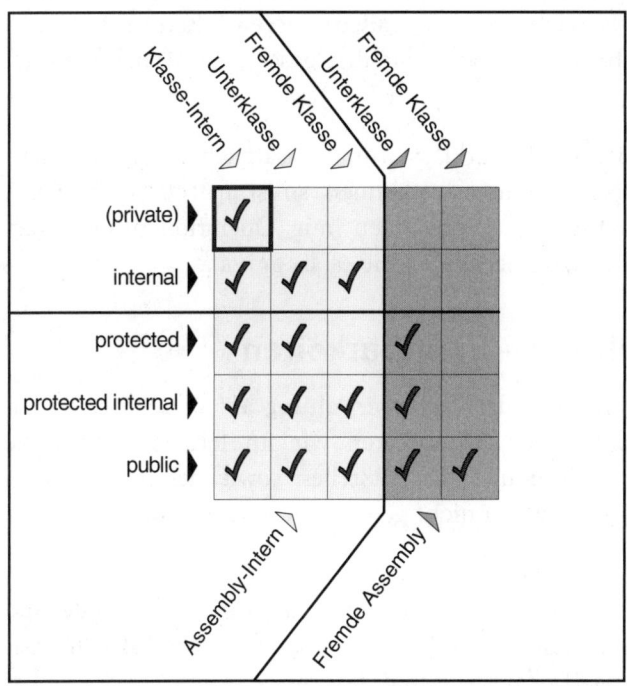

Abb. 6.17: Sichtbarkeit – Attribute und Operationen

Benutzen Sie die Abbildung als Entscheidungshilfe bei der Festlegung der Sichtbarkeit von Attributen und Operationen. Versuchen Sie immer den Zugriff so weit wie möglich einzuschränken, um ungewollte Manipulationen an Attributen und nur intern gebrauchte Operationen wirksam vor dem Zugriff anderer Klassen zu schützen. Berücksichtigen Sie dabei nicht nur bestehende Zugriffe auf Attribute und Operationen, sondern auch geplante zukünftige Zugriffe eigener und fremder Komponenten und Anwendungen mit ein.

▶ Wählen Sie zunächst im Kopf der Abbildung die Elemente aus, die einen Zugriff erhalten sollen. Gehen Sie dabei von links nach rechts vor und wählen Sie nur die notwendigen Typen (und nicht mehr) aus.

▶ Gehen Sie im zweiten Schritt für die ausgewählten Elemente die Modifizierer von oben nach unten durch, bis zum ersten Mal ein Modifizierer erreicht ist, der allen ausgewählten Typen den Zugriff erlaubt. Damit haben Sie den passenden Modifizierer gefunden.

Sollen zum Beispiel alle Unterklassen und zusätzlich alle Komponenten-Typen eine Operation aufrufen können, so ist `protected internal` der passende Modifizierer. Verwenden nur Operationen derselben Klasse ein Attribut, so kennzeichnen Sie es als `private`.

Depotverwaltung – Sichtbarkeiten

Nachdem Sie die Klassen der Depotverwaltung auf verschiedene Namensräume verteilt haben, vereinbaren wir im letzten Schritt die Sichtbarkeit von Klassen und Schnittstellen sowie deren Attributen und Operationen, so dass ein nicht gewollter Gebrauch möglichst ausgeschlossen wird.

Die folgende Abbildung zeigt die Sichtbarkeiten für die Attribute und Operationen. Dabei entspricht das Minus-Zeichen (-) dem Modifizierer `private`, die Raute (#) `protected` und das Plus-Zeichen (+) der globalen Sichtbarkeit `public`.

Die meisten Attribute sind nur für klasseninterne Operationen sichtbar, die meisten Operationen dagegen öffentlich verfügbar.

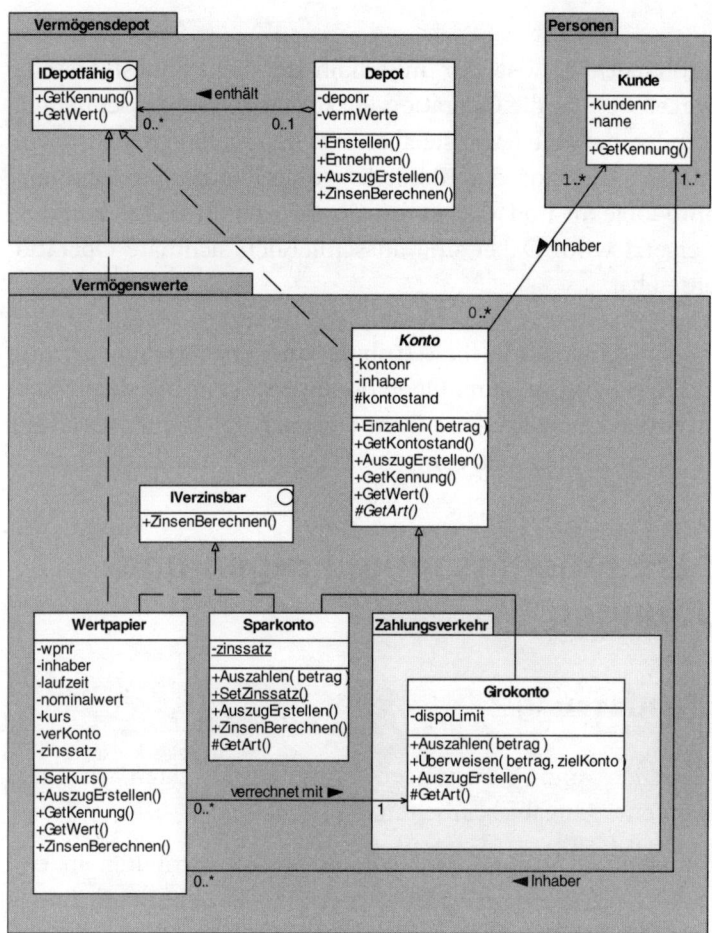

Abb. 6.18: Namensräume – Strukturierung von Anwendungen

Abweichend davon ist das Attribut kontostand der Klasse Konto als protected definiert, da die Operation Auszahlen(...) der Unterklassen Sparkonto und Girokonto auf das Attribut zugreift, um den durch eine Auszahlung geänderten Kontostand zu speichern.

Schnittstellen-Operationen sind in C# grundsätzlich öffentlich und dürfen nicht mit einem Sichtbarkeits-Modifizierer gekennzeichnet werden.

Die Operation `GetArt()` ist nur innerhalb der Vererbungshierarchie sichtbar (`protected`), da die Operation `GetKennung()` sie ausschließlich intern verwendet. `private` kann sie aber dennoch nicht vereinbart sein, da die abstrakte Operation der Klasse `Konto` als Platzhalter dient und für Sparkonto-Objekte und Girokonto-Objekte durch deren konkrete Definition ersetzt wird. Dabei sind ausschließlich sichtbare Operationen überschreibbar.

Da die Standard-Einstellung für Attribute und Operationen `private` ist, müssen Sie lediglich die drei Operationen `GetArt()` mit dem Modifizierer `protected` kennzeichnen. Damit besitzt die Depotverwaltung auch für eine komplexe Erweiterung eine tragfähige Grundstruktur.

6.6 Zusammenfassung, Fragen und Übungen

Zusammenfassung

▶ Assoziationen sind Beziehungen zwischen Objekten, die gemeinsam eine Aufgabe bearbeiten.

▶ Beziehungen werden in Form von Beziehungsattributen in einem Objekt gespeichert. Der Typ eines Beziehungsattributs stellt einen Verweis auf das bezogene Objekt dar.

▶ Der Aufbau, die Nutzung und die Beendigung einer Beziehung werden von Operationen der beteiligten Klassen durchgeführt.

▶ Die Überwachung der vereinbarten Kardinalitäten übernehmen die Operationen, die Beziehungen aufbauen (Obergrenze) und Beziehungen beenden (Untergrenze).

Zusammenfassung

- Beziehungen können einseitig oder zweiseitig navigierbar gestaltet werden. Dabei erfordert die zweiseitige Navigierbarkeit einen erhöhten Verwaltungsaufwand insbesondere zur Einhaltung der Konsistenz bei Aufbau und Beenden einer Beziehung.

- Durch die Vererbung werden Attribute und Operationen einer Oberklasse an eine Unterklasse weitergegeben. Die Unterklasse kann dann weitere Attribute und Operationen definieren (Erweiterung) oder die Operationen der Oberklasse auf ihre speziellen Bedürfnisse anpassen (Spezialisierung). Unterklassen sind typverträglich zu ihren Oberklassen.

- Unterschiedliche Klassen dürfen Operationen gleichen Namens definieren (Polymorphie). Stehen solche Klassen auch noch in einer Vererbungsbeziehung, wird die Operation der Oberklasse, die virtuell definiert ist, in der Unterklasse, deren gleichnamige Operation mit `override` gekennzeichnet ist, überschrieben (Überschreiben).

- Schnittstellen definieren im Vergleich zu Klassen nur die Außensicht einer Klasse. Daher muss eine Schnittstelle lediglich die Aufrufkonventionen (Rückgabetyp und Signatur) einer Operation, nicht aber den Operationskörper vereinbaren.

- Klassen, die ein Interface implementieren, verpflichten sich, alle im Interface definierten Operationsköpfe mit einem Operationskörper auszustatten. Im Gegenzug erhält die Klasse einen zusätzlichen Typ, den Typ der Schnittstelle, über den dann jedoch ausschließlich die Operationen, die im Interface vereinbart sind, aufgerufen werden können.

- Namensräume (Namespaces) dienen dazu, Systeme, die viele Klassen und Schnittstellen enthalten, übersichtlich zu strukturieren. Namensräume können auch zu übergeordneten Namensräumen zusammengefasst werden, so dass eine hierarchische Struktur von Namensräumen entsteht.

Fragen und Übungen

1. Was haben Beziehungen zwischen Objekten und beschreibende Eigenschaften gemeinsam und was unterscheidet sie?
2. Warum werden Beziehungen in Attributen und nicht in Operationen verankert?
3. Warum erspart die Vererbung dem Programmierer Arbeit, sowohl bei der Erstellung von Programmen als auch bei späteren Änderungen an Klassendefinitionen?
4. Welchen Vorteil besitzt die Verwendung einer Schnittstelle, die in verschiedenen Klassen implementiert ist, gegenüber der Implementierung derselben Operationen ohne Verwendung dieser Schnittstelle?
5. Warum ist es sinnvoll, die virtuelle Organisation von Namensräumen auch auf die physische Organisation der Quelltexte von Klassen und Schnittstellen zu übertragen?
6. Warum sollte die Sichtbarkeit aller Elemente so weit wie möglich eingeschränkt werden?
7. Implementieren Sie das Wassertank-Beispiel aus dem vorhergehenden Kapitel neu. Nutzen Sie dabei den Mechanismus der Vererbung, um die Gemeinsamkeiten von Wassertank und Überlaufgefäß in einer Oberklasse zu beschreiben.

7 Grafische Oberflächen

Die Konsolen-Anwendungen, die wir in den bisherigen Beispielen verwendet haben, eignen sich sehr gut dazu, grundlegende Konzepte von C# zu erlernen. Sie zeichnen sich durch einfache Strukturen aus, die es dem Programmierer erlauben, sich auf die wesentlichen Funktionen seiner Software zu konzentrieren. Allerdings lockt heutzutage ein Programm, das keine grafische Benutzungsoberfläche aufweist, niemanden mehr hinter dem Ofen hervor.

Das .NET Framework erleichtert Ihnen die Verwendung grafischer Elemente in Ihren eigenen Programmen dadurch, dass viele Komponenten bereits vordefiniert sind. Dazu gehören etwa Fenster, Buttons, Textboxen oder Menüs. Wenn Sie sich bis hierher bereits durch die objektorientierten Grundkonzepte durchgekämpft haben, besitzen Sie nun einen weiteren entscheidenden Pluspunkt: Die Entwicklung einer grafischen Oberfläche entspricht von ihrer Grundstruktur her den Ampeln, Karaffen und den Sparschweinen aus den vorangegangenen Kapiteln.

Auch in diesem Kapitel werden Sie wieder mit Klassen, Objekten, Vererbung, Attributen und Operationen zu tun haben. Es werden lediglich einige weitere Basisklassen des .NET Framework hinzukommen, deren Funktionalität wir in eigenen Programmen nutzen wollen.

> **HINWEIS**
> Ein objektorientiertes Programm kann auch als Client-Server-System betrachtet werden. Objekte stellen Dienste zur Verfügung, die über ihre Schnittstellen (Operationen) angefordert werden. Das aufrufende Objekt (Client) kennt lediglich die Art des Ergebnisses, das es von dem Dienst, den ein anderes Objekt (Server) anbietet, erwarten kann. *Wie* dieses Ergebnis erzielt wird, bleibt ihm verborgen (Kapselung).

Gerade bei der Programmierung grafischer Benutzungsoberflächen kommt das Client-Server-Prinzip sehr stark zum Ausdruck. Zur Gestaltung der Oberflächen und zur Verwaltung von Reaktionen des Benutzers werden zahlreiche Funktionen verwendet, die in C# bereits implementiert sind.

Die folgenden Abschnitte erläutern zunächst den grundsätzlichen Aufbau eines Fensters und erklären dann Schritt für Schritt einzelne Komponenten, wie Buttons, Textboxen usw.

7.1 Fenster

Die Basis, auf der Sie Ihre Oberflächen in C# entwickeln, ist immer ein *Fenster*, wie Sie es aus allen Windows-Anwendungen kennen. Ein solches Fenster besteht aus einer Titelleiste und der eigentlichen Benutzungsoberfläche darunter, in der Sie später die einzelnen Elemente anordnen.

Im .NET Framework gibt es bereits eine vordefinierte Klasse, die ein Standardmuster für Fenster definiert. Diese Klasse befindet sich in dem Namespace System.Windows.Forms und hat den Namen Form. Sie können die Standardklasse benutzen und ihre Fenster-Objekte direkt aus dieser Klasse ableiten. Es ist jedoch auch möglich, eine eigene Fensterklasse als Unterklasse zu Form zu definieren und deren Eigenschaften zu erweitern.

Sie benötigen also eine Klasse aus System.Windows.Forms. Dementsprechend müssen Sie diesen Namespace in Ihr Programm einbinden. Eine erste einfache Fensterklasse könnte somit in etwa wie in Listing 7.1 aussehen.

```
1: // Listing 7.1
2: using System.Windows.Forms;
3: class Fenster : Form    // abgeleitet aus Form
```

```
4: {
5:    public Fenster()        // Standard-Konstruktor
6:    {
7:        this.Text = "Ein einfaches Fenster";
8:    } // Ende Konstruktor
9: } // Ende Klasse Fenster
```

Die Klasse Fenster wird in Zeile 3 als Unterklasse zu Form definiert. Sie erbt damit deren Eigenschaften. Der Standard-Konstruktor enthält lediglich eine Anweisung (Zeile 7). Darin wird der Text, der in der Titelleiste des Fensters steht, gesetzt. Text ist hier ein Attribut, das alle Objekte vom Typ Form (und damit auch alle Objekte vom Typ Fenster) besitzen. In Zeile 7 des obigen Listing wird mit this das Attribut angesprochen, das zum aktuellen Fenster-Objekt gehört.

Das Fenster-Objekt wird wieder aus einer Klasse Start heraus erzeugt, die in Listing 7.2 dargestellt ist.

```
1: // Listing 7.2
2: using System.Windows.Forms;
3: class Start
4: {
5:    public static void Main(string[] args)
6:    {
7:        Fenster einFenster = new Fenster();
8:        Application.Run(einFenster);
9:    } // Ende der Operation Main()
10: } // Ende der Klasse Start()
```

Die Klasse Start dient lediglich als Träger der Main()-Operation. Hier wird nach dem Muster der Klasse Fenster ein Objekt mit dem Namen einFenster erzeugt. Anschließend wird in Zeile 8 die Operation Run mit dem gerade erzeugten Fenster-Objekt als Argument aufgerufen. Die folgende Abbildung zeigt das Klassendiagramm der Beziehung zwischen Start und Fenster.

Abb. 7.1: Start und Fenster als Aggregation im UML-Diagramm

An der Schreibweise in Listing 7.2 erkennen Sie, dass Run eine Operation der Klasse Application ist. Es handelt sich um eine Klassenoperation (static). Die Klasse Application ist im .NET Framework im Namespace System.Windows.Forms abgelegt – daher die using-Anweisung in Zeile 2. Sie befindet sich somit in demselben Namespace wie die Klasse Forms. Ihre Aufgabe besteht darin, durch verschiedene statische Operationen Anwendungen zu steuern. Dazu gehören das Starten, das Unterbrechen und das Beenden von Anwendungen.

In Zeile 8 des Listing 7.2 wird eine spezielle Ausprägung der Operation Run verwendet, die eine Anwendung startet und dabei ein Objekt der Klasse Form anzeigt, das der Operation als Parameter übergeben wird. In unserem Beispiel übergeben wir der Operation eine besondere Ausprägung eines Form-Objekts. Das Objekt einFenster ist nämlich eine Instanz der Klasse Fenster, die wiederum abgeleitet wird aus der Basisklasse Form.

> **HINWEIS**
> Verlangt eine Operation als Argument ein Objekt eines bestimmten Typs, so kann auch ein Objekt einer beliebigen Unterklasse dieses Typs übergeben werden.

Die Klasse Application überlädt die Run-Operation. Es existieren daher noch weitere Alternativen dieses Aufrufs mit jeweils anderen Parameterlisten.

Das obige Programm erzeugt bei der Ausführung folgende Ausgabe.

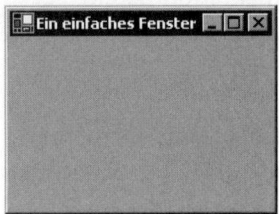

Abb. 7.2: Ein einfaches Fenster

Mit wenigen Zeilen Programmcode haben Sie ein einfaches Fenster erzeugt, das bereits über die wichtigsten Grundfunktionen verfügt, die Sie von den Benutzungsoberflächen der üblichen Standardprogramme her kennen. Oben rechts in der Titelleiste befinden sich die Symbole, mit denen das Fenster in seiner Größe minimiert, maximiert und geschlossen werden kann. Dieselben Funktionen verbergen sich zusätzlich als Pop-Up-Menü hinter dem Symbol auf der linken Seite der Titelleiste. Wenn Sie das Fenster schließen, wird gleichzeitig die Anwendung beendet. Außerdem lässt sich das Fenster durch Ziehen mit der Maus beliebig vergrößern und verkleinern.

All diese Funktionen sind in der Basisklasse Form vordefiniert. Da wir unsere Klasse Fenster aus Form abgeleitet haben, sind sie auch dort vorhanden. Sie sehen hier eine der Stärken der Objektorientierung: Sie müssen als Programmierer nicht wissen, *wie* diese Funktionen im Einzelnen implementiert sind. Es kommt nur darauf an, dass Sie wissen, *welche* Funktionen Ihnen zur Verfügung stehen und wie Sie darauf zugreifen können.

HINWEIS Wenn Sie einmal die objektorientierten Grundprinzipien und Ihre Umsetzung in C# beherrschen, kommt es „nur" noch darauf an, sich mit den Basisklassen des Framework und ihren Operationen vertraut zu machen.

Bei der Vielzahl der Basisklassen ist es allerdings ratsam, während des Programmierens stets eine ausführliche Dokumentation bereitzulegen – am besten in elektronischer Form als Hypertext-Dokument, wie etwa die Dokumentation des Microsoft .NET Framework.

Damit verfügen Sie auf relativ einfache Weise über eine Benutzungsoberfläche, die Sie nun weiter ausgestalten und mit der gewünschten Funktionalität versehen können.

Das Fenster lässt sich nicht nur hinsichtlich des Textes der Titelleiste verändern. Sie können beispielsweise auch seine Größe festlegen, indem Sie folgende Anweisung zum Konstruktor der Klasse Fenster aus Listing 7.1 hinzufügen:

```
this.Size = new System.Drawing.Size(150, 100);
```

Diese Anweisung legt die Größe des Fensters auf 150 Pixel in der Breite und 100 Pixel in der Höhe fest. Beachten Sie auch hier die Struktur der Zuweisung. this.Size bezieht sich auf das Attribut Size des aktuellen Objekts (this). In unserem Fall also auf das einzige Objekt einFenster. Da wir das Attribut in unserer Klasse Fenster nicht explizit definiert haben, muss es aus der Oberklasse Form geerbt worden sein. Diesem Attribut wird über den new-Operator ein neues Objekt zugewiesen. Und zwar handelt es sich um ein Objekt der Klasse Size, die in dem Namespace System.Drawing vordefiniert ist. Diese Klasse besitzt einen Konstruktor, der zwei ganze Zahlen als Parameter erwartet.

Im Rahmen dieses Einsteigerseminars können wir Ihnen nur eine begrenzte Auswahl an Funktionen beispielhaft demonstrieren. Experimentieren Sie daher ein wenig mit dem Programmcode und versuchen Sie, weitere Möglichkeiten zur Manipulation von Fenstern im .NET Framework zu finden und einzusetzen. In den Übungen am Ende des Kapitels finden Sie einige Anregungen dazu.

7.2 Einfache Komponenten

Mit dem Fenster steht nun eine Benutzungsoberfläche zur Verfügung, auf der sich verschiedene Elemente für den Dialog zwischen dem Anwendungsprogramm und dem Benutzer einfügen lassen. Als Erstes stellt dieser Abschnitt die Handhabung von Buttons und Textboxen vor.

Buttons

Die Klasse `Fenster` soll im Folgenden um einen *Button* erweitert werden, der innerhalb des Fensters angezeigt wird. Der Button soll die Aufschrift *OK* tragen. Abbildung 7.3 zeigt die gewünschte Bildschirmausgabe.

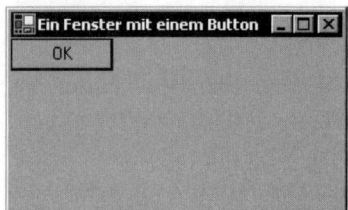

Abb. 7.3: Ein Button in einem Fenster

Das zugehörige Listing der Klasse `Fenster` lautet dann:

```
1: // Listing 7.3
2: class Fenster : Form {
3:     private Button einButton;
4:     // Konstruktor
5:     public Fenster()   {
6:         this.Size =
7:             new System.Drawing.Size(150, 100);
8:         this.Text = "Ein Fenster mit einem Button";
9:         InitKomponenten();
```

```
10:     }  // Ende Konstruktor
11:     private void InitKomponenten()  {
12:         einButton = new Button();
13:         einButton.Text = "OK";
14:         einButton.Location =
15:              new System.Drawing.Point(20,20);
16:         Controls.Add(einButton);
17:     }  // Ende Operation InitKomponenten
18: }   // Ende Klasse Fenster
```

Für den Button werden nur wenige zusätzliche Zeilen benötigt. Die Vorgehensweise entspricht wiederum der üblichen Prozedur beim Erzeugen von Objekten. In Zeile 3 wird eine Variable vom Typ Button deklariert, die den Namen einButton trägt. Diese Variable ist private, d.h. sie ist nur innerhalb der Klasse Fenster sichtbar. Von außen ist, zumindest vorerst, kein Zugriff auf die Variable einButton erforderlich.

Der Konstruktor legt anschließend in den Zeilen 6 und 7 die Größe des Fensters fest und weist der Titelleiste die Bezeichnung „Ein Fenster mit einem Button" zu. In Zeile 9 wird dann als letzte Anweisung im Rahmen des Konstruktors die Operation mit dem Namen InitKomponenten() aufgerufen. Dieser Name steht für „Initialisierung der Komponenten" und sagt aus, dass die einzelnen Komponenten, die in dem Fenster darzustellen sind, in einer eigenen Operation zusammengebaut werden.

HINWEIS
Die Auslagerung der Komponenten-Initialisierung aus dem Konstruktor ist nicht notwendig, aber sehr zu empfehlen. Wie die nächsten Abschnitte zeigen werden, führen schon einige wenige Komponenten in einem Fenster zu recht langem Programmcode. Eine stärkere Modularisierung erhöht in diesen Fällen die Übersichtlichkeit.

Die Operation InitKomponenten() ist typlos (void) und private. Sie gibt keinen Wert zurück und ist nur für den internen Gebrauch beim „Zusammenbau" des Fensters gedacht. Zeile 12 weist der Variablen einButton ein neu erzeugtes Objekt der Klasse Button zu. Genau wie in der Klasse Form besitzen auch die Objekte der Klasse Button ein Attribut Text, das hier die Aufschrift des Buttons repräsentiert. In Zeile 13 wird diesem Attribut der Text *OK* zugewiesen.

Die nächste Anweisung erstreckt sich über zwei Zeilen (14 und 15). Hier erhält der Button eine neu definierte Position innerhalb des Fensters. Dazu wird das Attribut Location manipuliert, das die x- und y-Koordinaten der oberen linken Ecke des Buttons enthält. Ihm wird ein neuer Punkt, bestehend aus einer x- und einer y-Koordinate, zugewiesen. In diesem Fall ist das der Punkt, der jeweils 20 Pixel nach rechts und nach unten von der linken oberen Ecke des Fensters entfernt liegt. Dazu wird ein neues Objekt der Klasse Point erzeugt, die wiederum in dem Namespace System.Drawing vordefiniert ist.

Nachdem damit das Layout des Buttons feststeht, muss dieser noch in das Fenster eingefügt werden. Dazu gibt es die Operation Add(), die der so genannten *control collection* des Frame die als Argument angegebene Komponente hinzufügt (Zeile 16).

Die Klasse Start bleibt unverändert. Sie ist nach wie vor für das Erzeugen des Objekts einFenster sowie für den Start der Applikation zuständig. Wie das Fenster im Einzelnen aussieht, ist für die Klasse Start völlig belanglos.

Textboxen

Die Handhabung von *Textboxen* ist ebenso leicht wie die Verarbeitung von Buttons. Auch hierfür gibt es eine eigene Klasse, die ebenfalls in dem Namespace System.Windows.Forms abgelegt ist. Die Klasse trägt den Namen TextBox.

> **HINWEIS**
> Wie bei allen Klassen ist es wichtig, dass Sie die richtige Schreibweise der Klassennamen befolgen. Im Fall der Klasse TextBox achten Sie bitte auf das große „B" mitten im Wort.

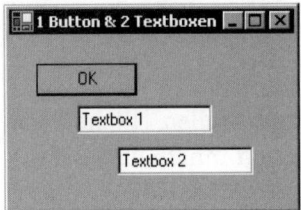

Abb. 7.4: Fenster mit einem Button und zwei Textboxen

Um ein Fenster mit einem Button und zwei Textboxen zu erstellen, wie in Abbildung 7.4 dargestellt, müssen Sie den Programmcode der Klasse Fenster gegenüber dem Listing 7.3 nur um wenige Zeilen ergänzen. Bei den beiden Textboxen handelt es sich um Objekte. Also sind diese zunächst zu deklarieren:

```
private TextBox textBox1, textBox2;
```

Initialisierung und Anzeige der beiden Textboxen erfolgen in der Operation InitKomponenten() zusammen mit dem Button. Die entsprechenden Anweisungen lauten:

```
textBox1 = new TextBox();
textBox1.Text = "Textbox 1";
textBox1.Location = new System.Drawing.Point(50,50);
Controls.Add(textBox1);
```

Neue Anweisungen oder Operationen sind in diesen Zeilen nicht enthalten.

▶ Es wird ein neues Textbox-Objekt erzeugt.

▶ Der Textinhalt der Box wird gesetzt.

- ▶ Die Position in dem Fenster wird festgelegt.
- ▶ Die Textbox wird mit der Operation `Controls.Add()` in das Fenster eingefügt und angezeigt.

> **HINWEIS** Jedes Element in einem Fenster muss zuerst als Variable *deklariert*, dann als Objekt erzeugt und schließlich der Oberfläche mit der Operation `Controls.Add()` *hinzugefügt* werden.

Die modifizierte Klasse Fenster finden Sie in dem folgenden Listing, ergänzt um die zweite Textbox. Der Programmcode für den Button und die erste Textbox wird in dem Listing weitgehend ausgespart.

```
 1: // Listing 7.4
 2: class Fenster : Form {
 3:    private Button einButton;
 4:    private TextBox textBox1, textBox2;
 5:    // Konstruktor
 6:    public Fenster()   {
 7:       this.Size =
 8:          new System.Drawing.Size(200, 150);
 9:       this.Text = "1 Button & 2 Textboxen";
10:       InitKomponenten();
11:    }   // Ende Konstruktor
12:    private void InitKomponenten()   {
13:       // Button wie bisher
14:       // textBox1 wie oben
15:       textBox2 = new TextBox();
16:       textBox2.Text = "Textbox 2";
17:       textBox2.Location =
```

Grafische Oberflächen

```
18:            new System.Drawing.Point(80,80);
19:       Controls.Add(textBox2);
20:    }  // Ende Operation InitKomponenten
21: }  // Ende Klasse Fenster
```

Die Angabe der Positionen ist notwendig, sobald Sie mehr als eine Komponente in ein Fenster einfügen möchten, da die Komponenten sonst übereinander liegen. Die Abbildung 7.5 zeigt die Ausgabe des Listing 7.4, wenn Sie auf die Positionsangaben für den Button und die beiden Textboxen verzichten.

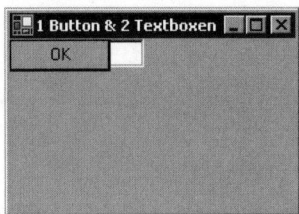

Abb. 7.5: Ausgabe des Listing 7.4 ohne Positionsangaben für Komponenten

7.3 Form-Events

Die Darstellung von Komponenten auf dem Bildschirm ermöglicht eine wesentlich komfortablere Kommunikation zwischen dem Benutzer und Ihrer Applikation. Dazu muss der Anwender jedoch in der Lage sein, mit dem Programm zu *interagieren*. Er soll z.B. Eingaben in Textboxen vornehmen können, die anschließend vom Programm weiterverarbeitet werden, oder einen Button anklicken können, um damit den weiteren Verlauf einer Anwendung zu steuern. Selbstverständlich ist auch dafür in C# gesorgt. Die benötigten Funktionen brauchen Sie nicht selbst zu programmieren – Sie können auf vorhandene Basisklassen zurückgreifen.

Für die Verarbeitung von Aktionen des Benutzers gibt es so genannte *Event Handler*. Sie überwachen das System (bzw. das jeweils angegebene Element der Oberfläche) und reagieren auf Ereignisse, die vom Benutzer ausgelöst werden. Folgendes Beispiel soll die Funktionsweise der Event Handler erläutern.

Ampel-Objekte auf Knopfdruck

In Kapitel 3 wurden Ampel-Objekte erzeugt, indem in der Klasse Start die entsprechenden Variablen deklariert und erzeugt wurden. Das Programm war jedoch nicht sehr flexibel. Es hat nur die Ampeln erzeugt, die in der Klasse Start fest vorgegeben waren. Nun soll der Benutzer selbst entscheiden, wann ein neues Objekt angelegt und mit welchen Werten für die Attribute rot, gelb und gruen es initialisiert wird. Die Benutzungsoberfläche benötigt dazu einen Button, der bei jedem Klick ein neues Objekt erzeugt.

Die Attributwerte holt sich das Programm aus drei Checkboxen.

> **HINWEIS**
>
> Eine *Checkbox* ist eine grafische Komponente, die aus einem quadratischen Kästchen besteht. Durch einen Klick auf die Komponente wird diese mit einem Häkchen gefüllt. Ein nochmaliger Klick löscht das Häkchen wieder aus der Box. Checkboxen repräsentieren entweder den Wert true (gefüllte Box) oder false (leere Box).

Wenn eine Checkbox ein Häkchen enthält, wird dem zugehörigen Ampel-Attribut der Wert true (Lampe an), ansonsten false (Lampe aus) zugewiesen. Sobald eine neue Ampel angelegt wurde, gibt das Programm in einer Textbox eine Meldung aus, mit der die Aktion des Benutzers bestätigt wird. Abbildung 7.6 zeigt die grafische Darstellung des Fensters.

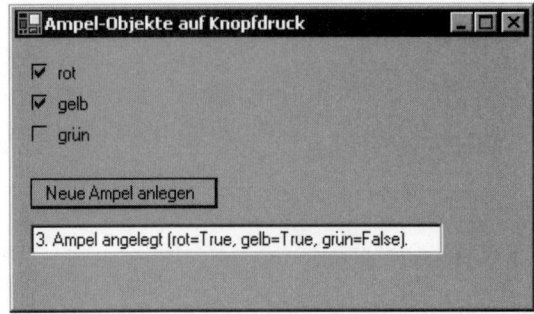

Abb. 7.6: Benutzungsoberfläche zum Erzeugen neuer Ampel-Objekte

Für das Programm werden drei Klassen benötigt:

▶ eine Klasse `Ampel`, die das Muster für die zu erzeugenden Ampel-Objekte beschreibt,

▶ eine Klasse `Fenster`, in der die Benutzungsoberfläche beschrieben wird,

▶ und eine Klasse `Start`, die ein neues Fenster-Objekt anlegt und die Applikation startet.

Die folgende Abbildung zeigt vorab das UML-Diagramm zu der Beziehung der drei Klassen. Es handelt sich hier um zwei Assoziationen, da in der Klasse `Start` ein Objekt der Klasse `Fenster` erzeugt wird und in der Klasse `Fenster` ein Attribut der Klasse `Ampel` verwendet wird. Die Beziehung zwischen den Klassen `Fenster` und `Ampel` ist jedoch eine spezielle Assoziation.

In `Fenster` gibt es ein *Attribut* vom Typ `Ampel`. In der objektorientierten Modellierung heißt eine solche Beziehung *Aggregation*. Die Klasse `Ampel` wird zu einem Bestandteil der Klasse `Fenster`. In der *Unified Modeling Language (UML)*, die wir schon in einigen Diagrammen eingesetzt haben, wird diese Beziehung wie in Abbildung 7.7 dargestellt.

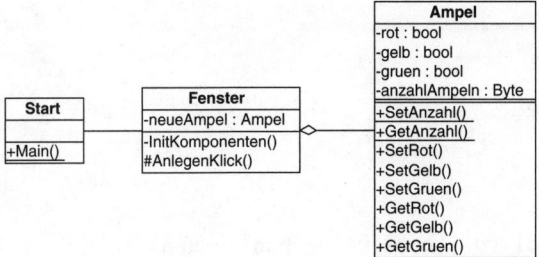

Abb. 7.7: Start, Fenster und Ampel im Klassendiagramm

Die Klasse Start bleibt recht einfach. Sie ist wiederum lediglich für das Anlegen eines Fenster-Objekts und den Start der Applikation zuständig.

```
1: // Listing 7.5
2: using System.Windows.Forms;
3: class Start {
4:    public static void Main(string[] args) {
5:       Fenster ampelFenster = new Fenster();
6:       Application.Run(ampelFenster);
7:    }  // Ende der Operation Main()
8: }  // Ende der Klasse Start
```

Auch die Klasse Ampel bedarf keinerlei Ergänzungen. Das folgende Listing 7.6 fasst alle ihre wesentlichen Eigenschaften, die in Kapitel 3 erarbeitet wurden, zusammen.

```
1: // Listing 7.6
2: class Ampel {
3:    private static byte anzahlAmpeln = 0;
4:    private bool rot, gelb, gruen;
5:
6:    public Ampel()    { // Standard-Konstruktor
```

```
 7:      rot = true;
 8:      gelb = false;
 9:      gruen = false;
10:      SetAnzahl();
11:    }
12:    public Ampel(bool rot, bool gelb, bool gruen)
13:    {   this.rot = rot;
14:        this.gelb = gelb;
15:        this.gruen = gruen;
16:        SetAnzahl();
17:    }
18:    public static void SetAnzahl()    {
19:        anzahlAmpeln++;
20:    }
21:    public static byte GetAnzahl()    {
22:        return anzahlAmpeln;
23:    }
24:    public void SetRot(bool rot)    {
25:        this.rot = rot;
26:    }
27:    public void SetGelb(bool gelb)    {
28:        this.gelb = gelb;
29:    }
30:    public void SetGruen(bool gruen)    {
31:        this.gruen = gruen;
32:    }
33:    public bool GetRot()    {
34:        return rot;
```

```
35:    }
36:    public bool GetGelb()   {
37:       return gelb;
38:    }
39:    public bool GetGruen()   {
40:       return gruen;
41:    }
42: }   // Ende der Klasse Ampel
```

Die Operationen PhaseWechseln() und Ausgabe() fehlen in Listing 7.6, da sie für die hier gestellte Aufgabe nicht benötigt werden. In Abschnitt 7.5 wird der Algorithmus für den Phasenwechsel der Ampel in einer ausführlichen Darstellung entwickelt.

Die eigentlichen neuen C#-Konzepte und die Aktionen sind in der Klasse Fenster enthalten. Im Gegensatz zu Start und Ampel ändert sich hier eine ganze Menge. Betrachten Sie dazu das folgende Listing 7.7, das an den wichtigen Stellen durch Erläuterungen unterbrochen wird.

```
1: // Listing 7.7
2: using System;
3: using System.Drawing;
4: using System.Windows.Forms;
```

In den Zeilen 2 bis 4 werden verschiedene Namespaces importiert, deren Klassen später benötigt werden. Der Namespace Forms enthält z.B. die Klasse Form, aus der wiederum die Klasse Fenster abgeleitet wird.

```
5: class Fenster : Form   {
6:    private CheckBox rotChk, gelbChk, gruenChk;
7:    private Button anlegenButton;
```

```
 8:    private TextBox ausgabeBox;
 9:    private Ampel neueAmpel;
10:
11:    public Fenster()  {
12:       this.Size = new Size(350,200);
13:       this.Text = "Ampel-Objekte auf Knopfdruck";
14:       InitKomponenten();
15:    }   // Ende Konstruktor
```

Bis hierher sind die Variablen für die drei Checkboxen, den Button und die Textbox deklariert. Außerdem wird eine Variable für die Ampel-Objekte reserviert, die der Benutzer durch einen Klick auf den Button erzeugen kann.

> **HINWEIS**
> Die in den Zeilen 6 bis 9 deklarierten Variablen sind Attribute der Klasse `Fenster`.

Die Zeilen 11 bis 15 enthalten den Konstruktor des Fensters. Dieser legt die Größe und den Text der Titelleiste des Fensters fest und ruft anschließend die Operation `InitKomponenten()` auf, die dann die einzelnen Komponenten (Checkboxen, Button etc.) initialisiert und in das Fenster einfügt.

Nachfolgend beginnt der Programmcode der Operation `InitKomponenten()`. Strukturell wiederholen sich die dortigen Anweisungen für die drei Checkboxen, den Button und die Textbox in jeweils drei Schritten:

- ▶ Erzeugen des Objekts (`new ...`)
- ▶ Zuweisung einer Beschriftung (`Text = "..."`)
- ▶ Zuweisung einer Position (`Location = new Point (...)`)

Bei der Textbox wird allerdings keine Beschriftung, sondern eine Größe festgelegt (Zeile 35). Dem Button wird die Größe zusätzlich zugewiesen.

```
16:     private void InitKomponenten()   {
17:        rotChk = new CheckBox();
18:        rotChk.Text = "rot";
19:        rotChk.Location = new Point(10,10);
20:        gelbChk = new CheckBox();
21:        gelbChk.Text = "gelb";
22:        gelbChk.Location = new Point(10,30);
23:        gruenChk = new CheckBox();
24:        gruenChk.Text = "grün";
25:        gruenChk.Location = new Point(10,50);
26:
27:        anlegenButton = new Button();
28:        anlegenButton.Location = new Point(10,90);
29:        anlegenButton.Text = "Neue Ampel anlegen";
30:        anlegenButton.Size = new Size(125, 20);
31:        anlegenButton.Click +=
32:            new EventHandler(this.AnlegenKlick);
33:
```

Die Zeilen 31 und 32 enthalten das erste Element, das für die Verfolgung von Ereignissen auf Benutzungsoberflächen sorgt: den so genannten *Event Handler*. Das Attribut `Click`, das jedes Objekt der Klasse `Button` besitzt, wird um ein neues Objekt vom Typ `EventHandler` *erweitert* (+=).

HINWEIS | Der Event Handler erhält als Argument für seinen Konstruktor die Operation, in der das zu überwachende Ereignis verarbeitet werden soll.

In diesem Fall wird ein Klick des Benutzers auf den Button in der Operation AnlegenKlick() (Zeilen 45ff.) verarbeitet. Dort steht, wie das Programm sich verhalten soll, sobald ein Klick erfolgt. Entsprechend wird in Zeile 32 das Argument this.AnlegenKlick() übergeben.

```
34:      ausgabeBox = new TextBox();
35:      ausgabeBox.Size = new Size(275,20);
36:      ausgabeBox.Location = new Point(10,120);
37:
```

Die letzten Zeilen der Operation InitKomponenten() kennen Sie bereits aus den ersten beiden Abschnitten. Für jede einzelne Komponente wird eine eigene Anweisung Controls.Add() benötigt.

```
38:      Controls.Add(rotChk);
39:      Controls.Add(gelbChk);
40:      Controls.Add(gruenChk);
41:      Controls.Add(anlegenButton);
42:      Controls.Add(ausgabeBox);
43:   }  Ende Operation InitKomponenten()
44:
```

Nun folgt die Operation, die auf das Anklicken des Buttons reagiert. Sie verlangt in ihrer Parameterliste zwei Argumente für den Aufruf:

- ein Objekt vom Typ object (hier mit dem Variablennamen sender bezeichnet) und
- ein Objekt vom Typ EventArgs (hier mit e benannt).

Sobald der Button geklickt wird, führt dies zum Aufruf der Operation AnlegenKlick(). Das Objekt, das dieses Ereignis ausgelöst hat, wird in dem Parameter sender an die Operation übergeben.

Die bedingte Anweisung in Zeile 47ff. prüft daraufhin, ob es sich bei dem auslösenden Objekt um `anlegenButton` handelt. Ist dies der Fall, dann werden die Anweisungen der Zeilen 48 bis 54 ausgeführt. Wurde das Ereignis nicht durch den Button ausgelöst, passiert gar nichts.

```
45:     protected void AnlegenKlick(object sender,
46:                                 EventArgs e)  {
47:       if(sender == anlegenButton)  {
48:          neueAmpel = new Ampel(rotChk.Checked,
49:                  gelbChk.Checked, gruenChk.Checked);
50:          ausgabeBox.Text = Ampel.GetAnzahl() +
51:                  ". Ampel angelegt (rot=" +
52:                  neueAmpel.GetRot() + ", gelb=" +
53:                  neueAmpel.GetGelb() + ", grün=" +
54:                  neueAmpel.GetGruen() + ").";
55:       }  // Ende if
56:     }  // Ende Operation AnlegenKlick()
57: }  // Ende Klasse Fenster
```

Nach einem Klick auf den Button wird in den Zeilen 48 bis 54 der bedingten Anweisung zunächst ein neues Ampel-Objekt erzeugt. Hierzu wird der Individual-Konstruktor der Klasse `Ampel` verwendet, der drei Argumente vom Typ `bool` verlangt (Werte für die Attribute `rot`, `gelb` und `gruen`). Beim Aufruf des Konstruktors (Zeilen 48 und 49) werden diese Werte von den Checkboxen abgefragt. Je nachdem, ob der Anwender die drei Checkboxen auf der Benutzungsoberfläche angeklickt hat oder nicht, geben diese entweder den Wert `true` oder den Wert `false` zurück. Zur Abfrage einer Checkbox wird an deren Name ein Punkt mit dem Attribut `Checked` gehängt. Eine interne Get-Operation liefert dann den entsprechenden Wert zurück. In unserem Fall lautet also beispielsweise die Abfrage der Checkbox für das rote Ampellicht: `rotChk.Checked`.

Die Zeilen 50 bis 54 sorgen lediglich für die Ausgabe der Meldung in der Textbox. Die Anweisung sieht komplizierter aus, als sie ist. Sie besteht im Einzelnen aus

- ▶ der Anzahl der insgesamt bisher erzeugten Ampeln; diese wird über die Klassenoperation `Ampel.GetAnzahl()` ermittelt;
- ▶ den Werten, mit denen die drei Attribute (also der Zustand) der neuen Ampel initialisiert wurden. Auch hier gibt es entsprechende Get-Operationen.

In dem Beispielprogramm ist es nicht erforderlich, die Ampel-Objekte nach ihrer Erzeugung noch weiter zu referenzieren. Es spielt somit in diesem Fall keine Rolle, dass ein neues Objekt jeweils das vorhergehende Objekt überschreibt, da es dieselbe Referenzvariable benutzt (`neueAmpel`).

Das Unterscheiden von Ereignissen

Angenommen, Sie haben nun einen zweiten Button, der Ampel-Objekte nicht anhand der Werte der Checkboxen, sondern mittels des Standard-Konstruktors erzeugen soll (die neue Ampel wird dann automatisch mit Rotlicht initialisiert). Wie kann das Programm feststellen, welcher Button geklickt wurde?

C# hat für diese Aufgabe eine ziemlich einfache Lösung. Ihrem bisherigen Listing 7.7 müssen Sie dazu nur wenige Zeilen hinzufügen.

Zuerst deklarieren und erzeugen Sie den zweiten Button, etwa mit dem Namen `standardButton`. Anschließend weisen Sie ihm eine bestimmte Größe, eine Position und eine Aufschrift zu. Sie können dazu die Zeilen 7 und 27 bis 30 bis auf den Variablennamen nahezu unverändert übernehmen. Achten Sie aber darauf, dem neuen Button eine andere Position zuzuweisen, sonst verdeckt er den ersten Button.

Im nächsten Schritt müssen Sie auch dem Objekt `standardButton` einen Event Handler zuweisen. Die entsprechende Anweisung lautet analog zum `anlegenButton`:

```
standardButton.Click +=
        new EventHandler(this.AnlegenKlick)
```

Sie benötigen für den zweiten Button keine eigene Operation, um das Anklicken durch den Benutzer abzufangen. Es reicht aus, wenn Sie eine einzige Operation für die Form-Events in Ihrem Programmcode haben. Die Operation `AnlegenKlick()` existiert bereits für das Ereignis *anlegenButton geklickt*. Sie muss nun so erweitert werden, dass sie auch das Ereignis *standardButton geklickt* erkennen und verarbeiten kann. Durch die obige Anweisung haben Sie bereits definiert, dass Ereignisse, die mit dem Objekt `standardButton` zusammenhängen, die Operation `AnlegenKlick()` aufrufen. Diese besitzt einen Parameter vom Typ `object`, der den Namen `sender` trägt.

> **HINWEIS**
>
> Aus der Klasse `object` werden alle anderen Klassen des .NET Framework abgeleitet.

Da `sender` vom Datentyp `object` ist, kann dieser Parameter alle Elemente aufnehmen, die in Ihrem Programm als potenzielle Sender eines Ereignisses vorkommen. Denn diese müssen ja aus irgendeiner Unterklasse von `object` stammen. Über diesen Parameter ist ihre Operation `AnlegenKlick()` in der Lage, den tatsächlichen Sender eines Ereignisses zu identifizieren. Die bedingte Anweisung dazu ist in Listing 7.7 schon vorbereitet. Sie muss lediglich ein wenig angepasst und ergänzt werden.

Um die Übersichtlichkeit zu erhöhen, enthält das folgende Programmfragment die gesamte modifizierte Operation `AnlegenKlick()`.

```
45: protected void AnlegenKlick(object sender,
46:                             EventArgs e)   {
```

```
47:    if(sender == anlegenButton)
48:        neueAmpel = new Ampel(rotChk.Checked,
49:                    gelbChk.Checked, gruenChk.Checked);
50:    if(sender == standardButton)
51:        neueAmpel = new Ampel();
52:    ausgabeBox.Text = Ampel.GetAnzahl() +
53:                     ". Ampel angelegt (rot=" +
54:                     neueAmpel.GetRot() + ", gelb=" +
55:                     neueAmpel.GetGelb() + ", grün=" +
56:                     neueAmpel.GetGruen() + ").";
57: }   // Ende Operation AnlegenKlick()
```

Dem Listing ist zu entnehmen, dass lediglich die Erzeugung des neuen Ampel-Objekts geändert wird. In Abhängigkeit von dem geklickten Button wird das Objekt entweder mit dem Individual-Konstruktor (sender == anlegenButton) oder mit dem Standard-Konstruktor (sender == standardButton) angelegt. Die Anweisungen für die Ausgabe in der Textbox ändern sich nicht. Wenn das Objekt einmal erzeugt ist, bleibt der Zugriff auf seine Operationen gleich, da alle Objekte der Klasse Ampel das gleiche Verhalten aufweisen.

7.4 Weitere Komponenten

In diesem Abschnitt werden einige ausgewählte Komponenten vorgestellt, die bei der Programmierung grafischer Benutzungsoberflächen zum Einsatz kommen. Im Rahmen eines Einsteigerseminars können nicht alle vorhandenen Komponenten des .NET Framework eingehend beschrieben werden. Wenn Sie jedoch die Abschnitte mit den hier ausgewählten Komponenten durchgearbeitet haben, sind Ihnen die Grundprinzipien dieser Elemente bekannt und Sie können sich weitere Komponenten mit Hilfe der Klassendokumentation des .NET Framework erarbeiten.

Menüs

Menüs kennen Sie aus nahezu jeder Windows-Applikation. Ohne sie kommt kaum eine grafische Benutzungsoberfläche aus, da sie eine bequeme Möglichkeit darstellen, Funktionen einer Anwendung schnell und einfach auszuwählen.

Mit C# ist es relativ einfach, Menüs in Ihre Programme einzufügen. Anhand des Ampel-Beispiels wird ihre Funktionsweise im Folgenden erläutert. Dabei soll der Benutzer nun über ein Menü auswählen können, ob er eine neue Ampel mit dem Standard- oder mit dem Individual-Konstruktor erzeugen möchte. Außerdem soll der Zustand der aktuellen Ampel über das Menü geändert werden können. Nach jeder Instanzierung einer neuen oder Änderung einer bestehenden Ampel gibt das System eine entsprechende Meldung in der Textbox aus. Die Oberfläche sieht dann wie in der folgenden Abbildung aus.

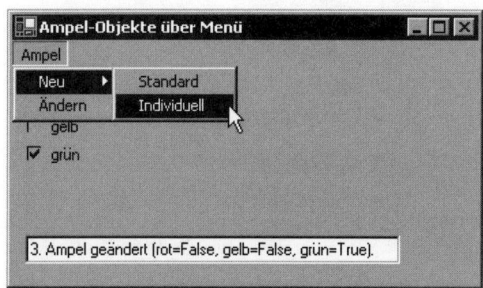

Abb. 7.8: Ampel-Objekte über ein Menü

Der Button aus Listing 7.7 wird für die modifizierte Aufgabenstellung nicht länger benötigt. Die Vorgehensweise zur Implementierung neuer Objekte bleibt auch für das Einfügen des Menüs wie bisher. Sie müssen zunächst die Variablen für die Objekte deklarieren. In unserem Beispiel benötigen wir drei Funktionen:

- Neue Standard-Ampel
- Neue individuelle Ampel
- Ändern der aktuellen Ampel

Wie der Abbildung 7.8 zu entnehmen ist, werden die ersten beiden Funktionen zu einem Menüpunkt *Neu* zusammengefasst. Für die dritte Funktion gibt es den Menüpunkt *Ändern*. *Neu* und *Ändern* wiederum werden unter dem Menüpunkt *Ampel* vereint. Alle Menüpunkte, die Sie in einem Ihrer Programme definieren, heißen in C# *MenuItem*. Außerdem benötigen Sie stets ein Hauptmenü, das in der Terminologie von C# als *MainMenu* bezeichnet wird.

> **HINWEIS** Die Zeilennummern in dem folgenden Listing 7.8 stimmen nicht mit der tatsächlichen Zeilenzählung in Ihrem Programm überein, da wesentliche Teile aus Listing 7.7 übernommen werden. Die Nummern dienen lediglich zur Orientierung bei der Erläuterung des neu hinzukommenden Programmcodes.

Im Deklarationsteil der Klasse `Fenster` tauchen somit zwei neue Anweisungen (Zeilen 8 bis 10) auf:

```
1:  // Listing 7.8
2:  using System;
3:  using System.Drawing;
4:  using System.Windows.Forms;
5:  class Fenster : Form   {
6:     // Variablendeklaration wie in Listing 7.7;
7:     // zusätzlich 2 Anweisungen:
8:     private MainMenu hauptMenu;
9:     private MenuItem ampelItem, neuItem,
10:            aendernItem, standardItem, indivItem;
11:    public Fenster()   {
12:       // Konstruktor wie in Listing 7.7;
13:       // zusätzliche Zeile:
14:       InitMenu();
15:    }   // Ende Konstruktor
```

Die Zusammenstellung des Menüs lagern wir hier in eine eigene Operation mit dem Namen InitMenu() aus. Es ist durchaus möglich, die entsprechenden Anweisungen in den Konstruktor oder in die bereits bestehende Operation InitKomponenten() aufzunehmen. Allerdings wird durch die eigene Operation die Übersichtlichkeit des Programms erhöht.

```
16:     private InitKomponenten()    {
17:         // Diese Operation bleibt unverändert
18:     }
19:     private void InitMenu()    {
20:         hauptMenu = new MainMenu();
21:         ampelItem = new MenuItem();
22:         neuItem = new MenuItem();
23:         aendernItem = new MenuItem();
24:         standardItem = new MenuItem();
25:         indivItem = new MenuItem();
```

In den Zeilen 19 bis 25 werden lediglich die Objekte für jeden Menüpunkt erzeugt. Das Objekt hauptMenu wird aus der Basisklasse MainMenu, alle übrigen Objekte aus der Klasse MenuItem abgeleitet und mit dem Standard-Konstruktor erzeugt (erkennbar an der leeren Klammer). Das Menü soll die Ereignisse steuern, die der Benutzer im späteren Programmablauf anstößt. Daher müssen die Menu Items wie zuvor der Button jeweils mit einem Event Handler überwacht werden. Analog zum Button lauten die Anweisungen hier:

```
26:     aendernItem.Click +=
27:         new EventHandler(this.AnlegenKlick);
28:     standardItem.Click +=
29:         new EventHandler(this.AnlegenKlick);
30:     indivItem.Click +=
31:         new EventHandler(this.AnlegenKlick);
```

Alle drei Ereignisse werden über ein und dieselbe Operation verarbeitet (AnlegenKlick()), die weiter unten noch modifiziert wird.

Es folgt die Gruppierung der Menüpunkte:

```
32:     hauptMenu.MenuItems.AddRange(
33:             new MenuItem[] {ampelItem });
34:     ampelItem.Index = 0;
35:     ampelItem.MenuItems.AddRange(
36:         new MenuItem[] {neuItem, aendernItem});
37:     ampelItem.Text = "Ampel";
38:     neuItem.Index = 0;
39:     neuItem.MenuItems.AddRange(
40:         new MenuItem[] {standardItem, indivItem});
41:     neuItem.Text = "Neu";
42:     aendernItem.Index = 1;
43:     aendernItem.Text = "Ändern";
44:     standardItem.Index = 0;
45:     standardItem.Text = "Standard";
46:     indivItem.Index = 1;
47:     indivItem.Text = "Individuell";
48:     this.Menu = hauptMenu;
```

Mit den Anweisungen der Zeilen 32 bis 48 haben wir das Menü eingerichtet, wie in der Abbildung 7.8 dargestellt.

In der Zeile 32 wird mit der Anweisung

```
hauptMenu.MenuItems.AddRange(...)
```

festgelegt, welche Menüpunkte zur ersten Ebene des Hauptmenüs gehören. Diese werden in den Klammern als Argument an die Operation

AddRange() übergeben. **new** MenuItem[] {ampelItem} definiert ein Array, das aus einem einzigen Element (dem Objekt ampelItem) besteht. Wenn Sie neben dem Menüpunkt *Ampel* noch weitere hinzufügen wollen, müssen Sie nur die Liste in den Klammern erweitern. Das Objekt ampelItem erhält den Index 0, da es das erste (in diesem Fall auch das einzige) Element des Hauptmenüs ist. Die Zählung beginnt hier, wie in vielen Programmiersprachen üblich, bei 0 und nicht bei 1.

In den Zeilen 35 und 36 werden dem Menüpunkt *Ampel* zwei Menu Items, neuItem und aendernItem, zugeordnet. Zeile 37 sorgt für die Beschriftung des Menüpunkts mit dem Text „Ampel".

Die weiteren Anweisungen sind in ihrer Struktur gleich. Es werden jeweils Unterpunkte einem Menüpunkt zugeordnet, die anschließend einen Index (auf jeder Ebene wieder bei 0 beginnend) und einen Namen erhalten. Die letzte Anweisung in Zeile 48 erklärt schließlich die Variable hauptMenu zum Menü des aktuellen Fenster-Objekts: **this**. Menu = hauptMenu.

Das Menü der Benutzungsoberfläche ist damit definiert. Es fehlt allerdings noch die Verarbeitung der Ereignisse – hier also der Auswahl der einzelnen Menüpunkte durch den Benutzer. Die Anweisungen dazu stehen in der Operation AnlegenKlick(), die aufgrund der stark veränderten Funktionalität des Programms gegenüber Listing 7.7 zum Teil neu geschrieben werden muss.

```
49:     protected void AnlegenKlick(
50:             object sender, EventArgs e)  {
51:         if(sender == aendernItem)  {
52:             neueAmpel.SetRot(rotChk.Checked);
53:             neueAmpel.SetGelb(gelbChk.Checked);
54:             neueAmpel.SetGruen(gruenChk.Checked);
55:             ausgabeBox.Text = Ampel.GetAnzahl() +
56:                 ". Ampel geändert (rot=" +
```

```
57:           neueAmpel.GetRot() + ", gelb=" +
58:           neueAmpel.GetGelb() + ", grün=" +
59:           neueAmpel.GetGruen() + ").";
60:       } // Ende if(sender == aendernItem)
61:     else {
62:       if(sender == indivItem)
63:         neueAmpel = new Ampel(rotChk.Checked,
64:             gelbChk.Checked, gruenChk.Checked);
65:       if(sender == standardItem)
66:         neueAmpel = new Ampel();
67:       ausgabeBox.Text = Ampel.getAnzahl() +
68:           ". Ampel angelegt (rot=" +
69:           neueAmpel.GetRot() + ", gelb=" +
70:           neueAmpel.GetGelb() + ", grün=" +
71:           neueAmpel.GetGruen() + ").";
72:     } // Ende else
73:   } // Ende Operation AnlegenKlick
74: } // Ende Klasse Fenster
```

Die Struktur der Operation AnlegenKlick() wurde gegenüber Listing 7.7 verändert. Es gibt drei mögliche Ereignisse, die von der Operation verarbeitet werden sollen:

▶ Auswahl des Menüpunkts standardItem (neues Ampel-Objekt mit Standard-Konstruktor)

▶ Auswahl des Menüpunkts indivItem (neues Ampel-Objekt mit Individual-Konstruktor)

▶ Auswahl des Menüpunkts aendernItem (Zustand der aktuellen Ampel ändern)

Die dritte Möglichkeit wird in den Zeilen 51 bis 60 verarbeitet. Wenn der Benutzer im Menü *Ändern* anklickt, werden die Attributwerte des

Objekts neueAmpel, das bereits existiert, auf die in den Checkboxen ausgewählten Werte gesetzt. Anschließend meldet das Programm den Vollzug der Änderung durch eine Ausgabe in der Textbox. Stammt das Ereignis nicht von aendernItem, so kann es sich noch um die Menüpunkte *Standard* oder *Individuell* aus dem Menü *Neu* handeln. Der else-Zweig der Bedingung (Zeilen 61 bis 72) sorgt dafür, dass ein entsprechendes neues Objekt erzeugt wird. Auch die Instanzierung des Objekts wird durch eine Meldung in der Textbox bestätigt.

Kalender

C# bietet weitere Basisklassen an, mit denen Sie die Funktionen eines Kalenders in Ihre Anwendungen einbauen können. Auch sie sind in dem Namespace System.Windows.Forms abgelegt. Eine dieser Klassen heißt MonthCalendar. Objekte dieser Klasse enthalten eine grafische Darstellung eines Kalenders, wie Sie ihn aus Ihrem Betriebssystem kennen.

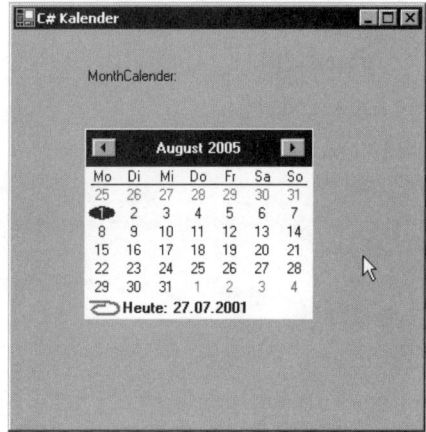

Abb. 7.9: Ein Objekt der Klasse MonthCalendar

Da sämtliche Funktionen des Kalenders bereits in der Basisklasse definiert sind, müssen Sie nur noch ein Objekt der Klasse MonthCalendar erzeugen und in die Benutzungsoberfläche Ihres Programms einbinden, um eine Ausgabe wie in Abbildung 7.9 zu erhalten.

Der Programmcode ist dementsprechend kurz:

```
 1: // Listing 7.9
 2: using System;
 3: using System.Drawing;
 4: using System.Windows.Forms;
 5: public class Fenster : Form   {
 6:     private Label label1;
 7:     private MonthCalendar monthCalendar1;
 8:
 9:     public Fenster()   {
10:         Size = new Size(350,350);
11:         Text = "C# Kalender";
12:         label1 = new Label();
13:         label1.Text = "MonthCalendar:";
14:         label1.Location = new Point(60,30);
15:         monthCalendar1 = new MonthCalendar();
16:         monthCalendar1.Location = new Point(60,80);
17:         Controls.Add(label1);
18:         Controls.Add(monthCalendar1);
19:     }   // Ende Konstruktor
20: }   // Ende Klasse Fenster
```

Die Klasse MonthCalendar ist vielseitiger, als auf den ersten Blick erkennbar. Viele nützliche Funktionen sind bereits vorhanden, ohne dass Sie dafür auch nur eine Zeile Programmcode schreiben müssen. So kann der Benutzer etwa mit der Maus im Kalender blättern und den Monat oder das Jahr durch bequeme Menüs einstellen. Die folgende Abbildung zeigt ein Beispiel dazu.

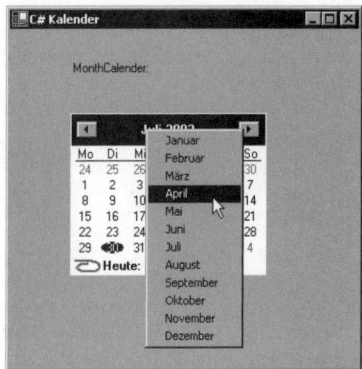

Abb. 7.10: Navigationsmöglichkeiten des Kalenders

Zusätzlich zu dem Kalender enthält das obige Fenster noch ein so genanntes *Label*. Ein Label ist eine Beschriftung, die Sie verwenden können, um beispielsweise einer Textbox auf Ihrer grafischen Oberfläche einen erläuternden Text voranzustellen, der den Benutzer zu einer Eingabe auffordert. Deklaration, Erzeugung und Initialisierung des Labels finden in den Zeilen 6 und 12 bis 14 des Listing statt. Die Klasse Label ist ebenfalls eine Basisklasse des Namespace System.Windows.Forms.

7.5 Eine Ampel mit Phasenwechsel

In den vorangegangenen Abschnitten haben Sie erfahren, wie das Erzeugen und die Zustandsänderung von Objekten in Abhängigkeit bestimmter Ereignisse gebracht werden kann. Im Folgenden sollen die Änderungen des Zustands gewissen Regeln unterliegen – wie z.B. der Phasenwechsel einer Ampel. Dabei werden außerdem einige weitere Elemente zur Gestaltung grafischer Benutzungsoberflächen eingeführt.

Die Entwicklung des Algorithmus für den Phasenwechsel

Eine übliche Verkehrsampel nimmt für gewöhnlich nacheinander vier verschiedene Zustände an, wie in der Abbildung 7.11 dargestellt.

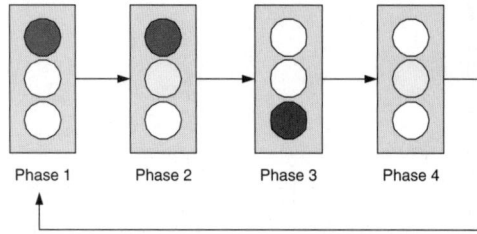

Abb. 7.11: Zustandsraum einer Ampel

Die erste Phase ist die Rotphase. Anschließend wird zusätzlich die gelbe Lampe eingeschaltet (2. Phase), worauf die Ampel in die Grünphase wechselt (3. Phase). In der vierten Phase leuchtet allein die gelbe Lampe und schließlich nimmt die Ampel mit der Rotphase (1. Phase) wieder ihren ursprünglichen Zustand ein. Eine andere Reihenfolge der Phasen ist nicht möglich. Jeder Zustand hat genau einen Vorgänger und genau einen Nachfolgezustand.

Die reale Problemstellung „Phasenwechsel der Ampel" ist trivial. Aber wie ist diese eindeutige Reihenfolge von Zuständen des Objekts ampel in C# auszudrücken? Die Operation, die den Phasenwechsel bewerkstelligen soll, wurde zu Beginn des dritten Kapitels schon mit ihrem Namen in die Beschreibung der Klasse Ampel eingefügt. Es ist die Operation PhaseWechseln(). Die Entwicklung eines entsprechenden Algorithmus, der diese Folge von Zuständen abbildet, ist allerdings nicht ganz so einfach. Die Klasse Ampel, so wie sie in den vorangegangenen Kapiteln entwickelt wurde, beschreibt den Zustand über drei Variablen vom Typ bool: rot, gelb und gruen. Jede dieser Variablen nimmt alternativ die Werte true oder false an. In ihrer Kombination beschreiben die drei Werte immer einen der vier Zustände aus Abbildung 7.11 – und zwar in folgender Zuordnung:

▶ Phase 1: rot = true, gelb = false, gruen = false;

▶ Phase 2: true, true, false;

▶ Phase 3: false, false, true;

▶ Phase 4: false, true, false;

Eine recht einfache Umsetzung der Phasenübergänge gelingt mit dem folgenden Algorithmus für die Operation PhaseWechseln():

```
 1: // Listing 7.10
 2: public void PhaseWechseln()   {
 3:    if (rot == true && gelb == false
 4:                    && gruen == false)
 5:       gelb == true;
 6:    else if (rot == true && gelb == true
 7:                    && gruen == false)   {
 8:       rot = false;
 9:       gelb = false;
10:       gruen = true;
11:    }
12:    else if(rot == false && gelb == false
13:                    && gruen == true)   {
14:       gruen = false;
15:       gelb = true;
16:    }
17:    else if (rot == false && gelb == true
18:                    && gruen == false)   {
19:       gelb = false;
20:       rot = true;
21:    }
22: }
```

Dieser Algorithmus prüft bei jedem Aufruf der Operation PhaseWechseln(), ob der aktuelle Zustand des Ampel-Objekts der Phase 1 entspricht. Ist dies der Fall, wechselt das Objekt in den Folgezustand, indem der Wert für die gelbe Lampe auf true gesetzt wird. Hat die Prüfung ergeben, dass die erste Phase nicht vorliegt, verzweigt das Programm in den ersten else-Zweig (Zeile 6). Wird dort festgestellt, dass

Phase 2 vorliegt, werden die Werte so verändert, dass die Ampel den Zustand der Phase 3 einnimmt, andernfalls wird weiter in die Zeile 12 verzweigt usw. Dabei werden in jeder Bedingungsprüfung alle drei Lampen abgefragt.

Dieser Programmcode stellt eine mögliche, aber nicht sehr effiziente Methode dar, den Phasenwechsel einer Ampel abzubilden. Daher soll im Folgenden noch eine Alternative vorgestellt werden, welche die Anzahl der durchzuführenden Bedingungsprüfungen erheblich verringert.

Zunächst lässt sich die Schreibweise der Bedingungsprüfungen vereinfachen. Der Ausdruck in den Klammern hinter dem Schlüsselwort `if` ist eine Bedingung. Wenn die Bedingung wahr ist, werden die Anweisungen direkt hinter der Klammer ausgeführt, ist sie falsch, wird (falls vorhanden) in den zugehörigen `else`-Teil verzweigt. D.h. der Klammerausdruck als Ganzes ergibt entweder den Wert `true` oder den Wert `false`. Sie können daher auch Ausdrücke verwenden, wie

if (true) ...   // Bedingung ist *immer* erfüllt

if(false) ...   // Bedingung ist *nie* erfüllt

Auch die Vergleiche der Werte lassen sich abkürzen. Der Ausdruck

if(rot == true)

ist gleichbedeutend mit

if(rot)

Für den Wahrheitswert `false` gilt, dass der Ausdruck

if(rot == false)

dieselbe Bedeutung hat wie

if(!rot)

> **HINWEIS**
>
> Das Ausrufungszeichen (!) steht für die Verneinung eines Werts. Es wird als „nicht" gelesen. Die Verneinung des boolschen Werts false ist „nicht false" bzw. !false – also true.

Eine nähere Untersuchung der Phasenwechsel einer Ampel ermöglicht darüber hinaus eine noch weitergehende Vereinfachung des Algorithmus. Zur Veranschaulichung dient die folgende Abbildung.

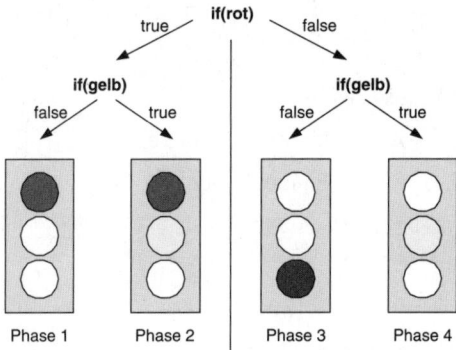

Abb. 7.12: Vereinfachung des Algorithmus zum Phasenwechsel

Es müssen nicht für jeden Zustand die Werte aller drei Variablen rot, gelb und gruen abgefragt werden. Die Bedingungsprüfung if(rot) ergibt true, wenn die rote Lampe brennt (also das Attribut rot den Wert true hat). Damit können nur noch zwei der vier insgesamt möglichen Zustände vorliegen: die Phasen 1 oder 2 (linke Seite der Abbildung 7.12).

Mit einer einzigen weiteren Abfrage des Attributs gelb können Sie dann den aktuellen Zustand eindeutig identifizieren. Hat gelb den Wert true, dann liegt Phase 2 vor, andernfalls Phase 1. Ergibt die ursprüngliche Bedingungsprüfung if(rot) den Wert false, so muss einer der beiden Zustände auf der rechten Seite der Abbildung 7.12 vorliegen (Phase 3 oder 4). Auch hier genügt eine weitere Abfrage der Variablen gelb, um den aktuellen Zustand des Objekts eindeutig bestimmen zu können. Hat gelb den Wert true, liegt Phase 4 vor, sonst Phase 3. Die Umsetzung in C# ist dem folgenden Listing 7.11 zu entnehmen.

```
1:  // Listing 7.11
2:  public void PhaseWechseln()   {
3:    if(rot)    // rot=true: Phase 1 oder 2
4:      if(gelb)  {   // gelb=true: Phase 2
5:        rot = false;
6:        gelb = false;
7:        gruen = true;
8:      }  // Ende if(gelb) aus Zeile 4
9:      else  gelb = true;    // gelb=false: Phase 1
10:   else   // rot=false (Zeile 2): Phase 3 oder 4
11:     if(gelb)  {   // gelb=true: Phase 4
12:       rot = true;
13:       gelb = false;
14:     }  // Ende if(gelb) aus Zeile 11
15:     else  {   // gelb=false: Phase 3
16:       gelb = true;
17:       gruen = false;
18:     }  // Ende else aus Zeile 15
19: }
```

> **HINWEIS**
>
> Die Zeilen 11 bis 18 gehören alle zu dem else-Zweig, der in Zeile 10 beginnt. Da sie alle zusammen eine einzige Anweisung bilden (if ... else), müssen sie nicht in Klammern geblockt werden.

Gegenüber Listing 7.10 sparen Sie mit Listing 7.11 (je nach Schreibweise) nur wenige Zeilen Programmcode ein. Der entscheidende Vorteil des zweiten Algorithmus liegt darin, dass im Programmablauf wesentlich weniger Bedingungsprüfungen vorgenommen werden müssen.

In jedem Fall kommt das Programm mit zwei Abfragen (rot und gelb) aus. Insofern ist die zweite Alternative effizienter als die erste.

> **HINWEIS**
> Statt des direkten Zugriffs auf die Attributwerte können hier auch die bereits implementierten Set- und Get-Operationen der Klasse Ampel verwendet werden, da sie jeweils true oder false als Ergebnis zurückgeben. Die Bedingungen lauten dann beispielsweise if(getRot()) statt if(rot) und setRot(true) statt rot = true.

Sie können nun den Programmcode der Klasse Ampel um die Operation PhaseWechseln() ergänzen. Er wird anschließend im Rahmen der grafischen Oberfläche verwendet, mit der die Ampel vom Benutzer gesteuert wird.

Eine Benutzungsoberfläche mit Checkboxen

Für die grafische Darstellung der Ampel werden im Folgenden Checkboxen verwendet. Beim Programmstart wird automatisch ein Ampel-Objekt angelegt, dessen Anfangszustand dem Rotlicht entspricht. Über einen Button kann der Benutzer die Ampel schalten. Bei jedem Klick wechselt sie in die nächste Phase, wobei die Zustandsänderung des Ampel-Objekts von der soeben entwickelten Operation PhaseWechseln() vorgenommen wird. Der aktuelle Zustand der Ampel wird durch die Checkboxen angezeigt (vgl. Abbildung 7.13).

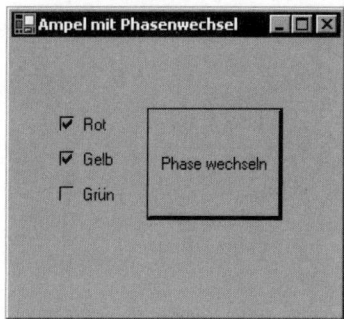

Abb. 7.13: Benutzungsoberfläche für den Phasenwechsel auf Knopfdruck

Für die Umsetzung in C# benötigen Sie die bereits entwickelten Klassen Start und Ampel (mit der Operation PhaseWechseln()). Als dritte Klasse kommt Fenster hinzu, die dem folgenden Listing 7.12 zu entnehmen ist. Das Beispiel enthält als zusätzliche Funktion zwei Event Handler, die den Button blau einfärben, sobald die Maus sich über dem Button befindet, und die Farbe wieder auf Grau zurücksetzen, wenn der Mauszeiger die Fläche des Buttons wieder verlässt.

```
1:  // Listing 7.12
2:  using System;
3:  using System.Drawing;
4:  using System.Windows.Forms;
5:  public class Fenster : Form   {
6:      private CheckBox rotChk, gelbChk, gruenChk;
7:      private Button wechselButton;
8:      private Ampel dieAmpel;
9:      public Fenster()   {
10:         this.Size = new Size(250,225);
11:         this.Text = "Ampel mit Phasenwechsel";
12:         dieAmpel = new Ampel();
13:         InitKomponenten();
14:     }
15:     private void InitKomponenten()   {
16:         wechselButton = new Button();
17:         rotChk = new CheckBox();
18:         gelbChk = new CheckBox();
19:         gruenChk = new CheckBox();
20:         wechselButton.Size = new Size(100,80);
21:         wechselButton.Location =
22:                          new Point(100, 50);
23:         wechselButton.Text = "Phase wechseln";
24:         wechselButton.Click +=
25:                          new EventHandler(ButtonKlick);
```

```
26:         wechselButton.MouseEnter +=
27:                  new EventHandler(ButtonEnter);
28:         wechselButton.MouseLeave +=
29:                  new EventHandler(ButtonLeave);
30:         rotChk.Location = new Point(35, 50);
31:         rotChk.Text = "Rot";
32:         gelbChk.Location = new Point(35, 75);
33:         gelbChk.Text = "Gelb";
34:         gruenChk.Location = new Point(35, 100);
35:         gruenChk.Text = "Grün";
36:         Abgleich();
37:         Controls.Add(wechselButton);
38:         Controls.Add(rotChk);
39:         Controls.Add(gelbChk);
40:         Controls.Add(gruenChk);
41:     }
42:     private void Abgleich()   {
43:         rotChk.Checked = dieAmpel.GetRot();
44:         gelbChk.Checked = dieAmpel.GetGelb();
45:         gruenChk.Checked = dieAmpel.GetGruen();
46:     }
47:     protected void ButtonKlick(
48:                  object sender, EventArgs e)   {
49:         if(sender == wechselButton)   {
50:            dieAmpel.PhaseWechseln();
51:            Abgleich();
52:         }
53:     }
54:     protected void ButtonEnter(
55:                  object sender, EventArgs e)   {
56:         if(sender == wechselButton)
57:            wechselButton.BackColor = Color.Blue;
```

```
58:     }
59:     protected void ButtonLeave(
60:                    object sender, EventArgs e)    {
61:         if(sender == wechselButton)
62:             wechselButton.BackColor = Color.Gray;
63:     }
64: }
```

Im Vergleich zu den bisherigen Fensterklassen ist der Aufbau in Listing 7.12 sehr ähnlich. Die für die Gestaltung der Benutzungsoberfläche benötigten Namespaces werden in den using-Anweisungen zu Beginn der Klassenbeschreibung eingebunden. Der Namespace Drawing enthält u.a. die Klassen Point und Size. Forms wird für die Klasse Form, aus der das Fenster selbst abgeleitet ist, sowie für den Button und die Checkboxen benötigt. Im Deklarationsteil (Zeilen 6 bis 8) werden die drei Checkboxen für die Anzeige der Attributwerte, der Button für den Phasenwechsel sowie das Ampel-Objekt deklariert. Der Konstruktor bestimmt in den Zeilen 9 bis 14 die Größe und den Titel des Fensters, erzeugt ein neues Objekt der Klasse Ampel und ruft die Operation InitKomponenten() auf, in der die Oberfläche zusammengestellt wird.

Beachtenswert sind in dieser Operation die drei Event Handler zur Verarbeitung von Ereignissen, die alle mit dem Objekt wechselButton verbunden sind. Die Zeilen 24 und 25 verbinden den Button mit einer Operation (ButtonKlick()), die auf das Klicken des Buttons reagiert. Sie wird daher dem Attribut Click hinzugefügt. Als zweites Ereignis wird die Bewegung des Mauszeigers über dem Button auf dem Bildschirm erfasst (Zeilen 26 und 27). Hier dient die Operation ButtonEnter als Event Handler, der dem Attribut MouseEnter hinzugefügt wird. Sie soll dafür sorgen, dass die Hintergrundfarbe des Buttons blau wird. Jeder Button besitzt ein solches Attribut, das in der Klasse Button definiert ist. Schließlich wird in den Zeilen 28 und 29 noch das Verlassen des Button-Oberfläche durch den Mauszeiger erfasst. Der entsprechende Event Handler heißt buttonLeave. Solche Ereignisse werden an das Attribut MouseLeave gebunden.

> **HINWEIS**
>
> `ButtonKlick`, `ButtonEnter` und `ButtonLeave` sind selbst definierte Namen für Operationen, die in dem Programm vorkommen. `Click`, `MouseEnter` und `MouseLeave` hingegen zählen zu den Attributen, die in der Basisklasse `Button` aus dem Namespace `Forms` vordefiniert sind. Erstere können beliebig gewählt werden. Letztere sind zwingend einzusetzen, um die dahinterstehende Funktionalität zu erhalten.

Die entsprechenden Operationen finden sich am Ende des Listing. Sobald der Benutzer den Button klickt, wird die Operation `ButtonKlick()` (Zeilen 47 bis 53) aufgerufen, die ihrerseits wiederum die Operation `PhaseWechseln()` des Objekts `dieAmpel` anfordert (Zeile 50). Damit der Phasenwechsel auch auf dem Bildschirm nachvollzogen werden kann, müssen anschließend die Werte der Checkboxen an die neuen Werte angepasst werden. Dazu dient die Operation `Abgleich()` in den Zeilen 42 bis 46. Sie weist den drei Checkboxen die korrespondierenden Werte der Attribute `rot`, `gelb` und `gruen` aus dem Objekt `dieAmpel` zu, auf die sie über die Get-Operationen zugreift.

Die Zeilen 54 bis 58 enthalten den Programmcode, der den Button blau färbt, wenn der Mauszeiger sich über dessen Oberfläche bewegt. Dazu dient das Attribut `BackColor`, das die Hintergrundfarbe des Buttons enthält und hier auf Blau gesetzt wird.

> **HINWEIS**
>
> Sämtliche Farben in C# sind statische (konstante) Klassenattribute der Klasse `Color`. Sie werden daher stets über den Ausdruck `Color.<Name der Farbe>` angesprochen.

Umgekehrt wird die Operation `ButtonLeave()` aufgerufen, die wieder das ursprüngliche Grau (`Color.Gray`) als Hintergrundfarbe setzt, wenn der Mauszeiger die Button-Oberfläche verlässt.

7.6 Zusammenfassung, Fragen und Übungen

Zusammenfassung

▶ Viele Elemente grafischer Benutzungsoberflächen, u.a. Fenster, Buttons, Textboxen und Menüs, sind im .NET Framework bereits vordefiniert. Die entsprechenden Klassen sind in dem Namespace System.Windows.Forms zusammengefasst.

▶ Fenster bilden in C# die Basis, auf der Benutzungsoberflächen aufgebaut werden. Ein Fenster besteht aus einer Titelleiste und der eigentlichen Benutzungsoberfläche darunter, in der die einzelnen Elemente angeordnet werden.

▶ Viele Funktionen zur Manipulation der grafischen Elemente befinden sich in dem Namespace System.Drawing. Dazu zählen z.B. Size (Größe des Elements), Location (Anordnung auf dem Bildschirm) und Point (Definition eines Bildschirmpunkts).

▶ Schon einige wenige Komponenten in einem Fenster führen zu recht langem Programmcode. Eine stärkere Modularisierung erhöht in diesen Fällen die Übersichtlichkeit. Daher ist die Auslagerung der Komponenten-Initialisierung aus dem Konstruktor in eine eigene Operation empfehlenswert.

▶ Jedes Element in einem Fenster muss zuerst als Variable *deklariert*, dann als Objekt *erzeugt* und schließlich der Oberfläche mit der Operation Controls.Add() *hinzugefügt* werden.

▶ Für die Verarbeitung von Aktionen des Benutzers gibt es so genannte Event Handler. Sie überwachen das System (bzw. das jeweils angegebene Element der Oberfläche) und reagieren auf Ereignisse, die vom Benutzer ausgelöst werden.

▶ Jedes Element, das auf Ereignisse reagieren soll, wird über den Event Handler mit einer Operation verbunden, die das Verhalten beim Eintritt eines Ereignisses spezifiziert.

Fragen und Übungen

1. Erstellen Sie ein Programm mit folgender Benutzungsoberfläche:

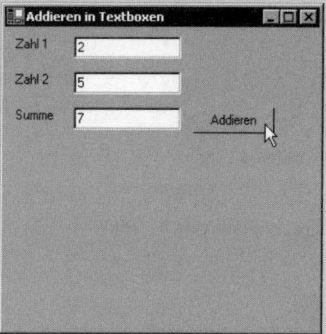

Abb. 7.14: Benutzungsoberfläche zu Übung 7.1

Der Anwender soll in die obere und in die mittlere Textbox jeweils eine ganze Zahl eingeben. Sobald er auf den Button klickt, wird die Summe der beiden Zahlen in der unteren Textbox ausgegeben.

Hinweis: Die Operation Convert.ToInt16("27") verwandelt die Zeichenkette „27" (Datentyp string) in eine ganze Zahl (die Operation gibt einen int-Wert zurück). Mit Hilfe der Operation x.ToString() wird die Integer-Zahl x in einen String umgewandelt.

2. Was bewirkt folgendes Programmfragment? Versuchen Sie, die Frage mit Hilfe der C#-Dokumentation oder durch ein eigenes kleines Testprogramm zu beantworten.

```
TextBox textBox1 = new TextBox();
textBox1.Enabled = false;
```

3. Warum stehen zu Beginn der Listings so viele using-Anweisungen? Reicht es nicht, wenn einmal der gesamte Namespace System eingebunden wird, um auf alle Klassen von .NET zugreifen zu können?

Fragen und Übungen

4. Erstellen Sie ein C#-Programm, das einen Getränkeautomaten simuliert. Der Automat kann drei Getränke zubereiten: Kaffee, Tee und Kakao. Das gewünschte Getränk wird über einen Radio Button ausgewählt. Das Getränk wird erst zubereitet, wenn der Benutzer seine Auswahl durch das Klicken eines Buttons bestätigt. Jede Änderung der Auswahl sowie das Klicken werden durch eine Meldung in einer Textbox vom Programm bestätigt. Die Benutzungsoberfläche sollte in etwa so aussehen wie in der folgenden Abbildung.

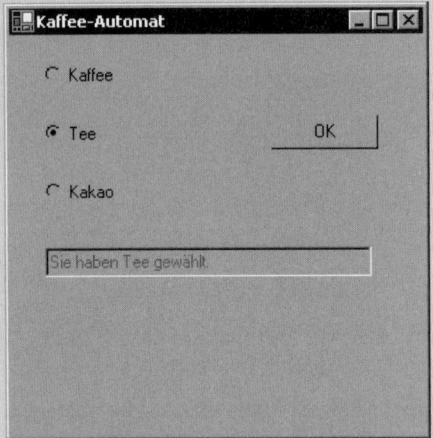

Abb. 7.15: Benutzungsoberfläche zu Übung 7.4

Hinweis: Radio Buttons sind den Checkboxen sehr ähnlich. Es kann jedoch zu einem Zeitpunkt immer nur ein Radio Button innerhalb einer Gruppe aktiviert sein. Die Klasse `RadioButton` befindet sich in dem Namespace `System.Windows.Forms`. Ob sich der Status eines Radio Buttons geändert hat, erfahren Sie über das Attribut `CheckedChanged`. Nutzen Sie die C#-Dokumentation, um Ihr Programm zu entwickeln und sich weiter mit den Basisklassen vertraut zu machen!

8 Erweiterte Grafikfunktionen

Im vorangegangenen Kapitel haben Sie einige grundlegende Funktionen zur Gestaltung grafischer Benutzungsoberflächen kennen gelernt. Sie werden in diesem Kapitel um erweiterte Grafikfunktionen ergänzt. Anhand des Ampel-Beispiels werden Schritt für Schritt ausgewählte Werkzeuge zum freien Zeichnen geometrischer Figuren eingeführt. Auch hier gilt wieder: Die Objektorientierung erleichtert Ihnen das Programmieren durch die Bereitstellung von Basisklassen, in deren Operationen bereits viele Funktionen vordefiniert sind.

8.1 Linien, Rechtecke und Ellipsen

Um Ihre Zeichnungen auf dem Bildschirm darzustellen, benötigen Sie zunächst eine Oberfläche. Sie können dazu das Gerüst der Klasse Fenster weiterverwenden, mit der Sie im vorangegangenen Kapitel schon gearbeitet haben. Die Klasse Start bleibt unverändert. Sie erzeugt ein neues Fenster-Objekt und startet unsere Applikation aus ihrer Main()-Operation heraus.

Die Grundstruktur der Oberfläche

In der Klasse Fenster benötigen wir zu Beginn nicht viele Elemente. Sie besteht lediglich aus einem Konstruktor, der den Titel, die Größe und die Hintergrundfarbe des Fensters festlegt. Um für Ihre Zeichnungen einen möglichst guten Kontrast auf dem Bildschirm zu erhalten, wählen Sie am besten einen weißen Hintergrund.

Das Grundgerüst der Klasse Fenster, das in den folgenden Beispielen dieses Kapitels immer wieder herangezogen wird, hat folgenden Aufbau:

```
1: // Listing 8.1
2: using System.Windows.Forms;
3: using System.Windows.Drawing
4: public class Fenster : Form   {
5:     public Fenster()  {
6:         this.Text = "Zeichnen";
7:         this.Size = new Size(100, 100);
8:         this.BackColor = Color.White;
9:     }
10:    protected override void OnPaint(
11:                        PaintEventArgs pe)   {
12:        // Anweisungen zum Zeichnen
13:    }
14: }
```

Gegenüber dem bisherigen Aufbau der Klasse `Fenster` benötigen Sie eine neue Operation, um Zeichenfunktionen ausführen zu können. Alle Anweisungen, die sich auf das Malen in dem Fenster beziehen, stehen künftig in der Operation `OnPaint()` (Zeilen 10 bis 13). Sie ist eine Operation der Klasse `Form`, aus der wir unser Fenster ableiten. Allerdings ist die Operation dort abstrakt definiert, sie enthält also keinerlei Anweisungen. Daher muss sie in eigenen Klassen überschrieben werden. Aus diesem Grund steht in Zeile 10 des obigen Listings auch das Schlüsselwort `override`. Ihre Sichtbarkeit ist mit `protected` angegeben, damit die Operation für Unterklassen sichtbar ist. Als Parameter besitzt die Operation eine Variable vom Typ `PaintEventArgs`. Diese Variable enthält sämtliche Informationen, die von der Operation über ihre Umgebung benötigt werden. Sie muss wissen, in welchem Umfeld sie ihre Anweisungen ausführen soll. Alle konkreten Befehle für das Zeichnen selbst werden später über die Variable `pe` abgewickelt.

> **HINWEIS** Der Name *pe* für den Parameter ist nicht zwingend vorgeschrieben, sondern frei wählbar. Sie können jede beliebige Bezeichnung verwenden.

Die Operation `OnPaint()` wird nach der Erzeugung eines Objekts der Klasse `Fenster` automatisch aufgerufen. Darum brauchen Sie sich also nicht zu kümmern. Der Parameter für die Operation wird ebenfalls automatisch vom System ermittelt und übergeben. Das Programm berechnet selbst, in welcher Umgebung gezeichnet werden soll.

Linien

Ein einfaches Beispiel soll die Vorgehensweise beim Zeichnen in Fenstern verdeutlichen. Um mit der Hand eine rote Linie auf ein Blatt Papier zu malen, gehen Sie folgendermaßen vor:

- ▶ roten Stift auswählen
- ▶ linke obere Ecke des Papiers als Startpunkt wählen
- ▶ Linie bis zur unteren rechten Ecke des Papiers als Endpunkt ziehen

Genau so funktioniert das Zeichnen auch in dem Fenster eines C#-Programms. Wie alle Elemente in C# ist auch der Stift ein Objekt. Er muss also deklariert und erzeugt werden:

```
Pen rotStift = new Pen(Color.Red);
```

Die Klasse `Pen` ist in dem Namensraum `System.Windows.Drawing` vordefiniert. Einer ihrer Konstruktoren erwartet als einziges Argument eine Farbe. Die Farbe ist ihrerseits wiederum eine Basisklasse (`Color`), die sämtliche verfügbaren Farbtöne als Klassenattribute besitzt. Wir haben die Farbe Weiß schon in der Klasse `Fenster` für den Hintergrund benutzt (vgl. Listing 8.1, Zeile 8).

Der zweite und der dritte Schritt der Zeichnung werden im Programmcode in einer Anweisung zusammengefasst. Die Operation für das Zeichnen einer Linie heißt DrawLine. Sie befindet sich in der Klasse Graphics. Die komplette Anweisung in C# lautet allgemein:

pe.Graphics.DrawLine(Pen,startX,startY,endeY,endeY);

Für unsere spezielle Linie lautet somit die Anweisung:

pe.Graphics.DrawLine(rotStift,0,0,100,100);

Die Argumente in den Klammern werden der Operation als Parameter übergeben. Sie haben folgende Bedeutung:

- Das erste Argument übergibt den Stift, mit dem Sie zeichnen wollen (hier das zuvor definierte Objekt vom Typ Pen).
- Das zweite Argument bestimmt den x-Wert (horizontal) des Startpunkts Ihrer Linie.
- Das dritte Argument bestimmt den y-Wert (vertikal) des Startpunkts Ihrer Linie.
- Das vierte Argument bestimmt den x-Wert des Endpunkts Ihrer Linie.
- Das letzte Argument bestimmt den y-Wert des Endpunkts Ihrer Linie.

Für die Operation OnPaint() ergibt sich folgender Programmcode:

```
1: // Listing 8.2
2: protected override void OnPaint(
3:                     PaintEventArgs pe)   {
4:     Pen rotStift = new Pen(Color.Red);
5:     pe.Graphics.DrawLine(rotStift,0,0,100,100);
6: }
```

Das Programm erzeugt folgende Ausgabe:

Abb. 8.1: Eine diagonale Linie

Der Punkt (0,0) liegt in der linken oberen Ecke des Fensters. Wollen Sie einen Punkt weiter rechts ansteuern, dann müssen Sie den x-Wert erhöhen. Punkte unterhalb von (0,0) erreichen Sie durch Erhöhen des y-Werts. Wenn Sie das obige Listing testen, werden Sie jedoch sehen, dass der Wertebereich erst unterhalb der Titelleiste des Fensters beginnt. Um eine gleich lange Linie zu zeichnen, die unsere erste Linie im rechten Winkel schneidet, brauchen wir nur die x- und y-Werte zu ändern:

```
pe.Graphics.DrawLine(rotStift, 100,0,0,100);
```

Wenn Sie diese Zeile zusätzlich in die Operation OnPaint() einfügen, erhalten Sie folgendes Ergebnis:

Abb. 8.2: Zwei Diagonalen im rechten Winkel

Der Schnittpunkt der beiden Linien müsste eigentlich der Punkt (50,50) sein, da wir in dem Rechteck zwischen den Punkten (0,0) und (100,100) zeichnen. Testen Sie diese Überlegung mit folgenden ergänzenden Programmzeilen.

```
Pen schwarzStift = new Pen(Color.Black);
Pen blauStift = new Pen(Color.Blue);
pe.Graphics.DrawLine(schwarzStift, 0,50,50,50);
pe.Graphics.DrawLine(blauStift,50,50,50,100);
```

Das Ergebnis dieser Anweisungen sehen Sie in folgender Abbildung.

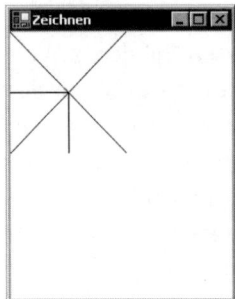

Abb. 8.3: Linientreff im Mittelpunkt

In den Abbildungen sind die Farben leider nicht zu unterscheiden. Wir haben sie dennoch in die Beispiele aufgenommen, um Ihnen deren Verwendung zu zeigen. Wenn Sie die Beispielprogramme testen, können Sie die Wirkung der Farben auf dem Bildschirm nachvollziehen.

Rechtecke

Als Nächstes fügen wir in die Zeichnung ein blaues Quadrat ein. Es soll mit seiner linken oberen Ecke am Ende der ersten Linie (oben links nach unten rechts) liegen. Der Startpunkt für das Quadrat ist damit (100,100). Die Seitenlänge des Quadrats soll 20 Bildschirmpunkte betragen.

Eine eigene Operation zum Zeichnen von Quadraten gibt es in C# nicht. Das ist aber auch gar nicht nötig, da es sich bei einem Quadrat um ein spezielles Rechteck handelt – ein Rechteck mit gleich langen Seiten. Die Anweisung für unser Rechteck lautet:

```
pe.Graphics.DrawRectangle(blauStift,100,100,20,20);
```

Sie müssen das Fenster ein wenig vergrößern, um das Rechteck auf dem Bildschirm sehen zu können, da in Listing 8.1 die Fenstergröße mit (100,100) initialisiert wurde.

Die beiden letzten Argumente weichen in ihrer Bedeutung von der Anweisung für die Linien ab. Gemeint sind hier nicht der x- und der y-Wert für den Endpunkt, sondern die Breite und die Länge des Rechtecks. Es dehnt sich vom Startpunkt (100,100) 20 Bildschirmpunkte nach rechts (vorletztes Argument) und 20 Bildschirmpunkte nach unten (letztes Argument) aus. Allgemein lautet also die Anweisung für das Zeichnen von Rechtecken:

```
pe.Graphics.DrawRectangle(
            Pen,startX,startY,breite,höhe);
```

Abbildung 8.4 zeigt die Auswirkung der eingefügten Anweisung auf die Zeichnung.

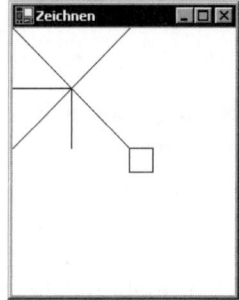

Abb. 8.4: Ein Quadrat

Ellipsen

Mit Ellipsen und Kreisen verhält es sich ähnlich wie mit Rechtecken und Quadraten. Auch hier geben Sie die Anweisungen nach dem Muster:

```
pe.Graphics.DrawEllipse(
            Pen,startX,startY,breite,höhe);
```

Ein Kreis wird als Ellipse mit identischer Breite und Höhe gezeichnet. Fügen Sie in die Operation OnPaint() die folgende Anweisung ein,

```
pe.Graphics.DrawEllipse(
       new Pen(Color.Yellow),100,100,20,20);
```

dann erhalten Sie das Ergebnis der Abbildung 8.5.

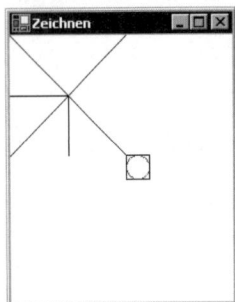

Abb. 8.5: Ein Kreis im Quadrat

Beachten Sie die verkürzte Schreibweise der Anweisung. Wir haben hier innerhalb der Liste von Argumenten ein neues Objekt vom Typ Pen erzeugt, statt wie bisher zunächst eine Variable zu deklarieren. Diese Alternative bietet sich an, wenn Sie einen Stift nur ein einziges Mal benötigen. Das Objekt wird vom Garbage Collector gelöscht, da ein weiterer Zugriff ohne eine Variable als „Anker" nicht mehr möglich ist.

Zeichenwerkzeuge manipulieren

Sie können die Stifte, mit denen Sie malen, auf verschiedene Weise beeinflussen. Neben der Farbe kann auch die Breite des Stifts verändert werden. Dazu benutzen Sie bei der Erzeugung des Objekts für den Stift einfach einen anderen Konstruktor der Klasse Pen. Leider sind die Argument-Typen, die dabei Verwendung finden, nicht immer einheitlich. Ein Konstruktor verlangt beispielsweise für die Farbe kein Attribut der Klasse Color, wie wir es bisher für die Farbauswahl eingesetzt haben, sondern einen so genannten Brush. Diesen wiederum erhalten Sie als Attribut der Klasse Brushes. Formal lautet die Anweisung zur Erzeugung des Pen-Objekts:

```
Pen penObjekt = new Pen(Brush, breite);
```

Die Breite geben Sie wiederum in Bildschirmpunkten an. Ein blauer Stift mit einer Breite von 5 Bildschirmpunkten wird erzeugt durch die Anweisung

```
Pen blauBreit = new Pen(Brushes.Blue, 5);
```

Wenn Sie nun mit der Anweisung

```
pe.Graphics.DrawLine(blauBreit,50,150,100,200);
```

eine weitere Linie auf den Bildschirm zeichnen, sieht das Ergebnis der bisherigen Anweisungen wie folgt aus.

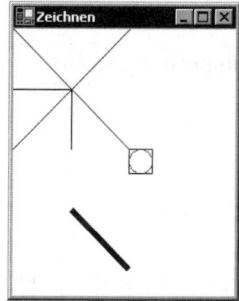

Abb. 8.6: Eine breite Linie

Texte „zeichnen"

Um in einem Fenster Text darzustellen, haben wir bisher Elemente wie Label oder Textboxen benötigt. Die Anweisung `WriteLine` können Sie nur für Ausgaben in Konsolen-Anwendungen einsetzen. Es gibt darüber hinaus auch die Möglichkeit, Text zu „zeichnen". Dafür ist in C# die Operation `DrawString` vorgesehen. Sie verlangt als Parameter den darzustellenden Text, die gewünschte Schriftart, die Farbe sowie den Startpunkt des Texts. Formal hat der Aufruf der Operation folgendes Aussehen.

```
pe.Graphics.DrawString(
        String,Schriftart,Brush,startX,startY);
```

Die Schriftart ist ihrerseits wieder ein Objekt der Klasse Font. Die Anweisung

```
Font times10 = new Font("Times",10);
```

erzeugt ein Font-Objekt mit dem Namen `times10`, das eine Schrift der Art „Times" mit die Größe 10pt repräsentiert.

> Die Operation `DrawString` ist überladen. Schlagen Sie bitte in der C#-Dokumentation alternative Aufrufe der Operation nach.

Um z.B. den Text *Wir malen einen Text* in die bisherige Zeichnung einzufügen, lautet die Anweisung:

```
pe.Graphics.DrawString("Wir malen einen
        Text",times10,Brushes.Green,50,50);
```

Der Text erhält durch diese Anweisung die Schriftart „Times" in der Größe 10pt. Er erscheint in grüner Farbe und beginnt an der Stelle

(50,50), also dort, wo die beiden roten Linien sich schneiden. Sämtliche bisher gezeichneten Elemente finden Sie in der folgenden Abbildung.

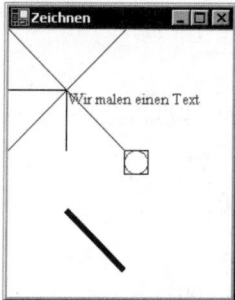

Abb. 8.7: Alle gezeichneten Elemente

Beachten Sie, dass auch bei Texten der Startpunkt die linke obere Ecke des Elements kennzeichnet. Soll der Text *auf* einer bestimmten gedachten Linie stehen, dann müssen Sie die y-Position entsprechend der Schriftgröße nach oben verschieben.

Zur besseren Übersicht enthält das folgende Listing 8.3 die komplette Operation OnPaint(), mit der die Abbildung 8.7 erzeugt wurde.

```
1:  // Listing 8.3
2:      protected override void OnPaint(
3:                         PaintEventArgs pe)   {
4:          Pen schwarzStift = new Pen(Color.Black);
5:          Pen rotStift = new Pen(Color.Red);
6:          Pen blauStift = new Pen(Color.Blue);
7:          Pen blauBreit = new Pen(Brushes.Blue,5);
8:          Font times10 = new Font("Times",10);
9:          pe.Graphics.DrawLine(rotStift,0,0,100,100);
10:         pe.Graphics.DrawLine(rotStift,100,0,0,100);
```

```
11:        pe.Graphics.DrawLine(
12                     blauStift,50,50,50,100);
13:        pe.Graphics.DrawLine(
14:                    schwarzStift,0,50,50,50);
15:        pe.Graphics.DrawEllipse(
16:            new Pen(Color.Yellow),100,100,20,20);
17:        pe.Graphics.DrawRectangle(
18:                    blauStift,100,100,20,20);
19:        pe.Graphics.DrawLine(
20:                    blauBreit,50,150,100,200);
21:        pe.Graphics.DrawString("Wir malen einen
22:            Text",times10,Brushes.Green,50,50);
23: }
```

8.2 Die Grafische Darstellung einer Ampel

In Abschnitt 8.1 haben wir die Elemente erarbeitet, aus denen sich die grafische Darstellung einer Ampel zusammenstellen lässt. Wir benötigen ein Rechteck für das Gehäuse und drei farbige Kreise, mit denen die Lampen der Ampel dargestellt werden.

Die Ampel zeichnen

Die Ampel soll, wie die Zeichnungen bisher auch, in ein Fenster gemalt werden. Sie können daher die Klassen `Start` und `Fenster` wieder unverändert übernehmen. Allein die Operation `OnPaint()`, in der die Anweisungen zum Zeichnen der Elemente stehen, muss angepasst werden.

Das Grundmodell der Ampel soll aussehen, wie in der Abbildung 8.8 dargestellt.

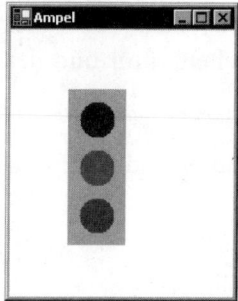

Abb. 8.8: Grundmodell einer Ampel

Das Gehäuse der Ampel soll in einem hellen Grau erscheinen. Eine passende vordefinierte Farbe ist *LightGray*. Im Unterschied zu den bisherigen Zeichnungen benötigen wir für die Ampel keine Umrisse, wie sie mit den Draw-Operationen erzielt werden, sondern ausgefüllte geometrische Figuren. Dazu gibt es in C# die Fill-Operationen.

Das graue Rechteck für das Gehäuse ist in dem Fenster mit ein wenig Abstand vom linken und vom oberen Rand platziert (in der Abbildung 8.8 jeweils 50 Bildschirmpunkte). Seine Größe beträgt in der Breite 50 und in der Höhe 130 Bildschirmpunkte. Damit sind alle Informationen für das Gehäuse zusammengetragen und wir können die entsprechende Anweisung formulieren:

```
pe.Graphics.FillRectangle(
                Brushes.LightGray,50,50,50,130);
```

Die drei Lampen erscheinen übereinander innerhalb des Rechtecks. Sie werden als ausgefüllte Kreise mit einem Durchmesser von 30 Bildschirmpunkten gezeichnet. Somit bleibt bei vertikaler Zentrierung links und rechts ein Abstand von 10 Bildschirmpunkten zum Rand des Rechtecks. Die drei Kreise liegen übereinander, haben also alle denselben x-Wert für ihre Startpositionen.

Lediglich die y-Werte sind unterschiedlich. Sowohl vom oberen und unteren Rand des Gehäuses als auch zwischen den drei Lampen soll jeweils ein Abstand von 10 Bildpunkten eingehalten werden. Der rote Kreis beginnt daher bei der y-Position 60, der gelbe Kreis bei 60+30+10=100 (Beginn rot + Höhe rot + Zwischenraum) und der grüne Kreis bei 100+30+10=140.

Die Anweisungen zum Zeichnen der drei Lampen lauten somit:

```
pe.Graphics.FillEllipse(
             Brushes.Red,60,60,30,30);
pe.Graphics.FillEllipse(
             Brushes.Yellow,60,100,30,30);
pe.Graphics.FillEllipse(
             Brushes.Green,60,140,30,30);
```

Nehmen Sie die vier Zeilen für Gehäuse und Lampen in die Operation OnPaint() auf und Sie erhalten das Ergebnis aus Abbildung 8.8.

> **HINWEIS**
>
> In welcher Reihenfolge Sie die Anweisungen für die drei Kreise eintragen, spielt keine Rolle. Das Gehäuse muss jedoch in jedem Fall zuerst gezeichnet werden, da es sonst je nach Anordnung eine oder mehrere Lampen verdeckt – sie werden dann übermalt.

Eine grafische Ampel mit Phasenwechsel

Die Objektorientierung begünstigt die Wiederverwendung. Daher wäre es schön, wenn wir die Klasse Ampel, die wir zuvor bereits erstellt haben, an dieser Stelle einfügen könnten, um den Phasenwechsel nicht nur durch Ausgabe der Attributwerte für rot, gelb und gruen zu verfolgen. Die grafische Darstellung der Ampel soll nun den jeweiligen Zustand eines Ampel-Objekts repräsentieren.

Der Phasenwechsel der Ampel soll zunächst über einen Button gesteuert werden. Jedes Mal, wenn der Benutzer des Programms auf den Button klickt, wechselt die Ampel ihren Zustand und die grafische Anzeige reagiert entsprechend.

Abbildung 8.9 zeigt die zugehörige Bildschirmdarstellung:

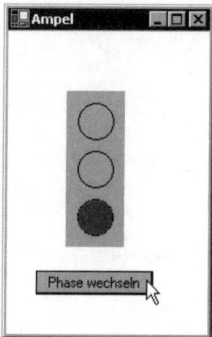

Abb. 8.9: Grafische Ampel mit einem Button für den Phasenwechsel

Wir benötigen dazu folgende Klassen:

▶ die Klasse Start für den Aufruf des Fensters und den Start der Applikation

▶ die Klasse Fenster für die Anzeige der Ampel und des Buttons

▶ die Klasse Ampel für die Funktionalität der Ampel

Die Klasse Start kann unverändert übernommen werden. Gleiches gilt für die Ampel, die sich ja in ihrer Funktionalität nicht ändert. Anpassungen müssen lediglich an der Benutzungsoberfläche vorgenommen werden. Es kommt ein Button hinzu, der zudem noch eine Operation benötigt, um auf das Anklicken durch den Benutzer reagieren zu können. Wir entwickeln die Klasse Fenster in dem folgenden Listing 8.4, das an einigen Stellen durch Erläuterungen unterbrochen wird.

```
1: // Listing 8.4
2: using System;
3: using System.Windows.Forms;
4: using System.Drawing;
```

Die beiden Namensräume Forms und Drawing werden für das Fenster und die Zeichenoperationen benötigt.

```
5: public class Fenster : Forms   {
6:     private Button wechselButton;
7:     private Ampel dieAmpel;
```

In Zeile 7 wird eine Variable (dieAmpel) definiert, über die das Ampel-Objekt nachher zum Phasenwechsel aufgerufen wird.

Es folgt der Konstruktor zum Erzeugen eines Fensters.

```
8:     public Fenster()   {
9:        this.Size = new Size(180,280);
10:       this.BackColor = Color.White;
11:       this.Text = "Ampel";
12:       dieAmpel = new Ampel();
13:       wechselButton = new Button();
14:       wechselButton.Size = new Size(100,20);
15:       wechselButton.Location = new Point(25,200);
16:       wechselButton.Text = "Phase wechseln";
17:       wechselButton.Click +=
18:              new EventHandler(ButtonKlick);
19:       Controls.Add(wechselButton);
20:     }  // Ende Konstruktor
```

Der Konstruktor setzt einige Parameter des Fensters (Größe, Hintergrundfarbe, Text der Titelleiste), erzeugt die benötigten Objekte für den Button und die Ampel und definiert den Event Handler für das Anklicken des Buttons. Wir benötigen weiter unten noch eine Operation ButtonKlick(), die in den Zeilen 17 und 18 bereits „angekündigt" wird.

In der nachfolgenden Operation OnPaint() wird die Ampel gezeichnet. Sie enthält einige zusätzliche Anweisungen.

```
21:     protected override void OnPaint(
22:                      PaintEventArgs pe)   {
23:        Pen umriss = new Pen(Color.Black);
24:        pe.Graphics.FillRectangle(
25:                      Brushes.LightGray,50,50,50,130);
26:        pe.Graphics.DrawEllipse(
27:                      umriss,60,60,30,30);
28:        pe.Graphics.DrawEllipse(
29:                      umriss,60,100,30,30);
30:        pe.Graphics.DrawEllipse(
31:                      umriss,60,140,30,30);
```

In den Zeilen 23 bis 31 wird zunächst ein Objekt für einen schwarzen Stift erzeugt, das den Namen umriss trägt (Zeile 23). Die Zeilen 24 und 25 malen anschließend das Rechteck, ehe in den Zeilen 26 bis 31 an die Stellen, an denen später die Lampen der Ampel gezeichnet werden sollen, schwarze nicht ausgefüllte Kreise (Umrisse) platziert werden. Der Sinn dieser Umrisse besteht darin, die ausgeschalteten Lampen darzustellen. Wenn die Ampel später Rotlicht anzeigt, dann soll in das graue Rechteck nur ein roter Kreis gemalt werden. Der gelbe und der grüne Kreis sollen in diesem Fall nicht erscheinen. Bei Grünlicht entfallen entsprechend der rote und der gelbe Kreis usw.

Der Operation OnPaint() fehlen nun noch die Anweisungen für die eingeschalteten Lampen. Ob ein farbiger ausgefüllter Kreis erscheint, hängt vom Zustand der Ampel ab. Wir müssen daher bedingte Anweisungen einfügen, die in Abhängigkeit von den Werten der Attribute rot, gelb und gruen ausgeführt werden. Dies geschieht in den folgenden Programmzeilen.

```
32:         if(dieAmpel.getRot())
33:             pe.Graphics.FillEllipse(
34:                 Brushes.Red,60,60,30,30);
35:         if(dieAmpel.getGelb())
36:             pe.Graphics.FillEllipse(
37:                 Brushes.Yellow),60,60,30,30);
38:         if(dieAmpel.getGruen())
39:             pe.Graphics.FillEllipse(
40:                 Brushes.Green),60,60,30,30);
41:     } // Ende Operation OnPaint()
```

Schließlich fehlt noch die Operation, die für die Verarbeitung des Klicks sorgt.

```
42:     protected void ButtonKlick(
43:                 object sender, EventArgs e)   {
44:         if(sender == wechselButton)   {
45:             dieAmpel.PhaseWechseln();
46:             this.Refresh();
47:         } // Ende if
48:     } // Ende Operation ButtonKlick()
49: } // Ende Klasse Fenster
```

Mit der Anweisung dieAmpel.PhaseWechseln() wird der Zustand des Ampel-Objekts geändert, sobald der Benutzer auf den Button klickt. Damit werden jedoch nur die Werte der Attribute rot, gelb und gruen des Objekts dieAmpel manipuliert. Die Zeichnung wird dadurch nicht angepasst – dazu müsste *neu gemalt* werden!

Um die Zeichnung dem neuen Zustand der Ampel anzupassen, wird die Zeile 46 des obigen Listings benötigt. Sie bewirkt, dass nach dem Phasenwechsel alle Anweisungen der Operation OnPaint() *erneut ausgeführt* werden. Die Zeichnung wird „aufgefrischt" (Refresh).

Die Ampel zeichnet sich selbst

Im Sinne der Objektorientierung ist diese Lösung nicht ganz „sauber". Laut Definition besitzt ein Objekt alle Informationen zu seinem Zustandsraum und seinem Verhalten. Ihre grafische Darstellung ist aber durchaus eine Eigenschaft der Ampel. Daher sollte die Operation zum Zeichnen der Ampel eigentlich in der Klasse Ampel beschrieben werden. Diese Überlegung wird im Folgenden umgesetzt. Sie werden sehen, dass dazu nur einige kleine Umstellungen nötig sind.

Die Operation OnPaint() kann nicht aus der Klasse Fenster in die Klasse Ampel verschoben werden. Dies liegt zum einen an ihrer Herkunft. Es handelt sich um eine Operation aus der Klasse Form, die an Fenster vererbt wird, da wir letztere als Unterklasse der ersteren definiert haben. Weil OnPaint() in Form zudem abstrakt ist, müssen wir sie in Fenster überschreiben und mit konkreten Anweisungen füllen.

Die Klasse Ampel hingegen ist nicht aus Form abgeleitet und kennt daher keine Operation OnPaint(). Würden wir sie dennoch in Ampel definieren, so fehlten ihr einige Mechanismen, die in der Basisoperation vordefiniert sind.

Von der objektorientierten Struktur her ist es durchaus passend, die Operation in der Klasse Fenster zu belassen. Schließlich ist das Malen an sich eine Eigenschaft des Fensters. *Was* jedoch konkret gezeichnet werden soll, das ist in unserem Beispiel besser in der Klasse `Ampel` aufgehoben.

Wir lassen daher die Methode `OnPaint()` in der Klasse `Fenster`, kürzen sie jedoch auf eine einzige Zeile:

protected override void OnPaint(PaintEventArgs pe) {
    dieAmpel.Zeichnen(pe);
}

Sämtliche Anweisungen, die zuvor in der Operation `OnPaint()` gestanden haben, werden nun in die Klasse `Ampel` ausgelagert – und zwar dort in eine neue Operation `Zeichnen()`. Diese muss darüber informiert sein, in welchem Kontext sie zeichnen soll. Deshalb übergeben wir die Variable pe aus der Operation `OnPaint()` als Parameter an die Operation `Zeichnen()`. Letztere kann dann mit Hilfe der Informationen, die ihre lokale Variable pe besitzt, Zeichenanweisungen ausführen. Der Kontext, in dem gezeichnet werden soll, ist nun auch in der Klasse Ampel (bzw. dem konkreten Ampel-Objekt) bekannt.

public void Zeichnen(PaintEventArgs pe)   {
    // Hier die Anweisungen der Zeilen 23 bis 40
    // aus Listing 8.4 einfügen
}

In der Operation `Zeichnen()` wird der Objektname `dieAmpel` nun nicht mehr für den Aufruf der Get-Operationen benötigt, da wir uns ja bereits in dem „richtigen" Objekt befinden. Außerdem muss die Ampel-Klasse noch die Namensräume `System.Windows.Forms` und `System.Drawing` kennen, um zeichnen zu können.

Das war es schon! Das Programm hat sich nach außen hin für den Benutzer nicht verändert. Der interne Ablauf hingegen schon. Die

Ampel ist nun selbst dafür verantwortlich, wie sie gezeichnet wird. Wenn plötzlich alle Ampeln Blaulicht statt Rotlicht erhalten, dann muss nur die Klasse Ampel angepasst werden. Für den Programmcode des Fensters spielen Modifikationen der Ampel keine Rolle mehr. Die folgende Abbildung stellt den Programmablauf zur Verdeutlichung noch einmal grafisch dar.

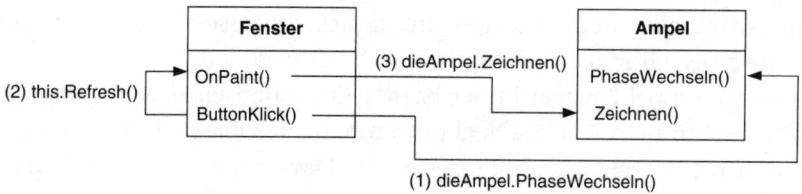

Abb. 8.10: Grafische Darstellung des Programmablaufs

Die Abbildung zeigt eine verkürzte Darstellung der Klassen Fenster und Ampel. In der Operation ButtonKlick() wird bei Betätigung des Buttons durch den Benutzer zunächst die Operation PhaseWechseln() des Ampel-Objekts aufgerufen (1), die den Zustand des Objekts verändert. Anschließend wird innerhalb der Klasse Fenster durch den Befehl this.Refresh() die Operation OnPaint() aktiviert (2). Diese wiederum hat als einzige Anweisung den Befehl dieAmpel.Zeichnen(), woraufhin die entsprechende Operation des Ampel-Objekts ausgeführt wird, welche die Ampel auf den Bildschirm malt (3).

Automatischer Phasenwechsel

Bis hierher haben Sie bereits einige Grafikfunktionen von C# kennen gelernt. Allerdings ist eine Ampel, die nur auf Anforderung (durch das Anklicken eines Buttons) weiterschaltet, nicht sehr befriedigend. Der letzte Abschnitt dieses Kapitels verbindet daher das Zeichnen der Ampel mit einem weiteren Konzept – den so genannten *Threads*.

Eine ausführliche Erläuterung der Threads würde den Rahmen und auch den Schwierigkeitsgrad eines Einsteigerseminars bei weitem übersteigen. Wir wollen Ihnen aber dennoch einen kleinen Einblick in die weitreichenden Möglichkeiten dieses Konzepts geben, indem wir es einsetzen, um unsere Ampel zu einem automatischen Phasenwechsel zu bewegen.

Ein C#-Programm kann als ein Prozess aufgefasst werden, dessen Ablauf in der Main()-Operation festgelegt ist. Dort stehen Anweisungen, die eine nach der anderen abgearbeitet werden. Die Objektorientierung ermöglicht eine weite Verzweigung dieses Prozesses, indem einzelne Objekte verschiedene weitere Teilprozesse anstoßen. So wird etwa in unserem Ampel-Beispiel in der Main()-Operation ein Fenster erzeugt, das wiederum ein Ampel-Objekt erzeugt. Beide Objekte führen wiederum über ihre Operationen Prozesse aus. Dazu zählt z.B. das Zeichnen der Ampel auf dem Bildschirm oder der Phasenwechsel des Ampel-Objekts.

Auch ein Thread ist ein Prozess. Das Besondere dabei ist jedoch, dass er – einmal gestartet – weitgehend unabhängig vom Hauptprozess (dem Programm, aus dem heraus er gestartet wurde) abläuft. Ein Thread kann sogar noch weiter bestehen, wenn das Programm, das ihn initiiert hat, schon beendet ist. Threads werden u.a. immer dann benötigt, wenn parallel zum eigentlichen Programm bestimmte Algorithmen benötigt werden, die weitgehend selbstständig ablaufen sollen.

Die Ampel ist ein passendes Beispiel für solch einen selbstständigen Ablauf. Ihr Phasenwechsel wiederholt sich in immer gleichen Abfolgen. Vier Phasen wechseln in derselben Reihenfolge. Ein Eingriff durch den Benutzer ist somit eigentlich gar nicht notwendig. Alles, was wir benötigen, um die Ampel schalten zu lassen, haben wir bereits implementiert:

- ▶ die Operation Zeichnen(), um die Ampel im Fenster darzustellen;
- ▶ die Operation PhaseWechseln() für das Umschalten der Ampel;
- ▶ die Operation OnPaint() mit dem Aufruf Refresh(), damit der Phasenwechsel sich auch in einer veränderten Grafik äußert.

Diese Elemente müssen nun noch in einen Prozess (Thread) eingebunden werden, der sie in der richtigen Reihenfolge automatisch ausführt. Wir können unsere drei Klassen Start, Ampel und Fenster aus dem letzten Abschnitt wiederverwenden. Die ersten beiden bleiben sogar völlig unverändert. Lediglich die Klasse Fenster erhält einige Ergänzungen.

Um Threads in einem C#-Programm einsetzen zu können, müssen Sie den Namensraum System.Threading importieren. Dort sind alle Klassen mit ihren Attributen und Operationen abgelegt, die bei der Verarbeitung von Threads benötigt werden.

Sie werden es bereits geahnt haben: Auch ein Thread ist in C# ein Objekt. D.h. Sie müssen als Nächstes im Deklarationsteil ein Objekt vom Typ Thread erzeugen. Die ersten Zeilen der modifizierten Klasse Fenster sehen demnach wie in Listing 8.5 aus.

```
1: // Listing 8.5
2: using System.Drawing;
3: using System.Windows.Forms;
4: using System.Therading;
5: public class Fenster : Form   {
6:     private Ampel dieAmpel;
7:     private Thread ampelThread;
```

Der Button wird nicht mehr benötigt, denn die Ampel soll ja nun selbst ihre Phase wechseln. Seine Deklaration fällt folglich aus der Klassendefinition heraus. Damit benötigen wir aber auch die Operation initKomponenten() nicht mehr, die zuletzt ausschließlich für die Initialisierung des Buttons gesorgt hat. Gleiches gilt für die Operation ButtonKlick(). Ein Ereignis durch den Benutzer kann ohne die Existenz des Buttons ebenfalls nicht mehr vorkommen. Im Konstruktor der Klasse Fenster wird nur noch das Fenster selbst in seiner Größe, seiner Hintergrundfarbe und seiner Titelleiste initialisiert. Außerdem wird ein Objekt vom Typ `Ampel` erzeugt und schließlich ein Thread eingerichtet, wie die Fortsetzung des Listings 8.5 zeigt:

```
 8:    public Fenster()   {
 9:        this.Size = new Size(180, 280);
10:        this.BackColor = Color.White;
11:        this.Text = "Ampel";
12:        dieAmpel = new Ampel();
13:        ampelThread = new Thread(
14:             new ThreadStart(threadSteuern));
15:        ampelThread.Start();
16:    }   // Ende Konstruktor
```

Neu hinzugekommen sind die beiden Anweisungen in den Zeilen 13 bis 15. In der ersten Anweisung wird das Thread-Objekt mit dem Namen ampelThread erzeugt. Der Konstruktor der Klasse `Thread` verlangt ein Objekt vom Typ `ThreadStart` als Argument. `ThreadStart` wiederum benötigt eine Operation, in der angegeben ist, was während des Ablaufs des Threads (Prozess) zu tun ist. Die Operation `threadSteuern` nehmen wir in die Klasse `Fenster` auf (vgl. die folgende Fortsetzung des Listings). Dort teilen wir dem Thread mit, welche Anweisungen er durchführen soll. In Zeile 15 wird der Thread dann gestartet.

Aufgabe des Threads soll es sein, die Ampel 20 Phasenwechsel durchführen zu lassen. Anschließend wird der Thread nicht mehr benötigt und kann gestoppt werden. Der entsprechende Programmcode ist relativ kurz:

```
17:    private void threadSteuern()    {
18:        for(int i=0; i<20; i++)    {
19:            dieAmpel.PhaseWechseln();
20:            this.Refresh;
```

```
21:            Thread.Sleep(1000);
22:        }   // Ende for-Schleife
23:    }       // Ende Operation threadSteuern()
```

Die for-Schleife reicht von Zeile 18 bis 22. Sie definiert drei Anweisungen, die jeweils 20-mal wiederholt werden:

- ▶ Zunächst wechselt die Ampel ihre Phase (Zeile 19).
- ▶ Dann wird die Ampel mit ihrem neuen Zustand durch den Befehl Refresh im Fenster neu gezeichnet (Zeile 20).
- ▶ Da die Ausführung der Befehle so schnell erfolgt, dass die geänderte Grafik für das menschliche Auge kaum zu erkennen ist, wird der Thread für eine Sekunde unterbrochen (Zeile 21). Genauer: Der Befehl Thread.Sleep(1000) sorgt dafür, dass der Thread 1000 Millisekunden „schläft", bevor er mit der Ausführung seiner Anweisungen (hier mit dem nächsten Durchlauf der for-Schleife) fortfährt.

Damit das Zeichnen der Ampel überhaupt durchgeführt wird, fehlt nur noch die Operation OnPaint(), die wir unverändert aus dem letzten Abschnitt übernehmen können. Der Vollständigkeit halber ist sie in den folgenden letzten Zeilen des Listings 8.5 noch einmal aufgeführt.

```
24:    protected override void OnPaint(
25:                    PaintEventArgs pe)    {
26:        dieAmpel.Zeichnen(pe);
27:    }   // Ende Operation OnPaint()
28: }      // Ende Klasse Fenster
```

Das war auch schon alles! Wenn Sie das Programm starten, wird die Grafik der Ampel mit 20 Phasenwechseln im Sekundentakt aktualisiert.

> **HINWEIS**
>
> Vorsicht! Wenn Sie das Programm beenden, bleibt der Thread weiter bestehen. Er führt zwar keine Anweisungen mehr aus, belegt aber weiterhin Speicherplatz in Ihrem System. Sollten Sie das Programm mehrfach neu starten, haben Sie entsprechend viele aktive Threads in Ihrem System. Diese werden erst beendet, wenn Sie den Rechner herunterfahren oder die Prozesse direkt über das Betriebssystem terminieren.

Eine Möglichkeit, den Thread über das Programm selbst zu beenden, finden Sie in den Lösungen zu den Übungsaufgaben dieses Kapitels.

Das große Potenzial von Threads wird in diesem Beispiel nur ansatzweise deutlich. Leider sprengt eine ausführliche Behandlung dieses Themas den Rahmen eines Einsteigerseminars. Dennoch haben Sie die Funktionsweise dieses mächtigen Werkzeugs in den Grundzügen kennen gelernt.

Wie bei allen in diesem Buch behandelten Konzepten der Programmiersprache C# gilt auch hier:

Seien Sie kreativ und versuchen Sie, die hier vorgestellten Beispiele und Aufgaben zu erweitern. Die Grundkonzepte kennen Sie. Nun geht es darum, die Basisklassen des .NET Framework näher zu durchdringen und sich weitere Klassen und Operationen zu erarbeiten.

Viel Spaß dabei!

8.3 Zusammenfassung, Fragen und Übungen

Zusammenfassung

▶ Für die Zeichenfunktionen in einer Applikation ist die Operation `OnPaint()` zuständig. Sie wird nach der Erzeugung eines Objekts der Klasse `Form` (bzw. einer daraus abgeleiteten Klasse) automatisch aufgerufen. Der Parameter für die Operation wird ebenfalls automatisch vom System ermittelt und übergeben. Das Programm berechnet selbst, in welcher Umgebung gezeichnet werden soll.

▶ Mit Hilfe eines Objekts der Klasse `Pen` kann u.a. die Farbe und die Breite des „Stifts" definiert werden, mit dem gezeichnet werden soll.

▶ Draw-Anweisungen (z.B. `DrawRectangle`) zeichnen Umrisse grafischer Figuren auf den Bildschirm. Mit Fill-Anweisungen (z.B. `FillEllipse`) lassen sich grafische Figuren farbig ausfüllen.

▶ Farben sind als statische Attribute (Klassenkonstanten) der Basisklasse `Color` vordefiniert.

▶ Die Reihenfolge der Anweisungen ist bei übereinander liegenden grafischen Elementen entscheidend, um das unbeabsichtigte Verdecken von Figuren zu vermeiden.

▶ Ein Thread ist ein Prozess, der weitgehend unabhängig von dem Programm, aus dem heraus er gestartet wurde, abläuft. Threads werden u.a. immer dann benötigt, wenn parallel zum eigentlichen Programm bestimmte Algorithmen benötigt werden, die weitgehend selbstständig ablaufen sollen.

Fragen und Übungen

1. Welche Bedeutung hat der Parameter vom Typ PaintEventArgs in der Operation OnPaint()?

2. Was bewirkt die Anweisung Refresh()?

3. Schreiben Sie ein C#-Programm, das ein weißes Quadrat mit einem schwarzen Rand auf den Bildschirm zeichnet. Die Breite des Rands beträgt 5 Bildschirmpunkte.

Abb. 8.11: Zeichnung zu Übung 3

4. Erweitern Sie das Beispiel des letzten Abschnitts (automatischer Phasenwechsel der Ampel), indem Sie einen Button in die Benutzungsoberfläche integrieren, der den Thread stoppt und das Fenster schließt. Die Anweisung zum Beenden des Thread lautet ampelThread.Abort(). Um das Fenster zu schließen, benötigen Sie die Operation Dispose(), die aus der Klasse Form vererbt wird.

Lösungen

Kapitel 1

1. Die CLR ist für die Steuerung der Kompilation, der Ausführung und des Ressourcenzugriffs der Programme zuständig. Alle .NET-Programme werden in einem gemeinsamen Format gespeichert, das die CLR dann in Maschinencode kompiliert. Außerdem regelt die CLR den Speicherzugriff.

2. Objekte, die in einer Anwendung nicht länger benötigt werden, werden aus dem Speicher entfernt.

3. Um die Verwaltung aller .NET-Programme über die gemeinsame CLR zu ermöglichen, wird ihr Objektcode zunächst in eine „Zwischensprache", die Intermediate Language (IL), übersetzt. Erst zur Laufzeit eines Programms wird dieser IL-Code dann von der CLR in Maschinencode übersetzt.

4. Private Assemblies sind lediglich zur Verwendung in einer einzigen Applikation vorgesehen. Sie müssen in demselben Verzeichnis gespeichert werden, in dem auch die aufrufende Anwendung liegt. Für andere Programme sind Private Assemblies nicht sichtbar. Shared Assemblies sind für den Einsatz in verschiedenen Anwendungen vorgesehen. Demzufolge müssen sie im Gegensatz zu Private Assemblies im gesamten System verfügbar sein. Sie werden daher in einem besonderen Verzeichnis (\Assembly) abgelegt. Unabdingbar ist in diesem Zusammenhang auch, dass der Name eines Shared Assembly systemweit einzigartig ist, um Konflikte zu vermeiden.

5. ASP bedeutet Active Server Pages. ASP.NET löst in der .NET-Plattform das bisherige ASP ab. Es basiert auf dem Prinzip, dass der HTML-Code einer Internetseite zusätzlichen Skript-Code enthält, der bei jedem Aufruf der Seite die entsprechende Ausgabe dyna-

misch generiert. Auf der .NET-Plattform muss der ASP-Code nicht länger in einer Skriptsprache wie VBScript oder JScript geschrieben werden. Hierzu können nun auch andere Programmiersprachen wie C# oder Visual Basic verwendet werden.

Kapitel 2

1. In der ersten Phase (Analyse, OOA) werden Anforderungen an das zu erstellende Programm ermittelt und aus fachlicher Sicht modelliert. Die zweite Phase (Design, OOD) formalisiert und verfeinert das Fachkonzept und erweitert es um technische Details wie eine Datenhaltungskomponente und die Benutzungsschnittstelle. Die dritte Phase (Implementierung, OOP) ist für das Kerngeschäft – die Programmierung – zuständig. Mit Hilfe einer Programmiersprache wie C# überführen Sie den Entwurf in ein ausführbares Programm. Nachdem das Programm im Einsatz ist, fallen in der vierten Phase Wartungs- und Pflegearbeiten an, die sich auf alle Programm- und Modellteile beziehen können.

2. Das .NET Framework enthält keinen Editor, mit dem Quelltexte bearbeitet werden können. Geeignet ist jedoch jeder Texteditor, wie das in jeder Windows-Version enthaltene Notepad. Besser eignen sich speziell auf C# zugeschnittene Editoren wie SharpDevelop und komplexe Entwicklungsumgebungen wie VisualStudio.NET zur Erstellung von Quelltexten.

3. Der C#-Compiler *csc.exe* übersetzt die Quelldateien in die Intermediate Language, die in der Laufzeitumgebung des .NET Framework ausgeführt werden kann. Dabei prüft er die Quelltexte auf die Einhaltung der Syntaxregeln von C#. Eine logische Prüfung ist dem Programmierer selbst vorbehalten, der für die Abläufe in seinem Programm allein verantwortlich ist. Bei der Suche logischer Fehler unterstützt ihn der Debugger, der die internen Abläufe einer Anwendung sichtbar macht.

4. Als Tracing bezeichnet man die Eigenschaft eines Debuggers ein Programm schrittweise auszuführen. Der SDK-Debugger bietet grundsätzlich die Möglichkeit der Einzelschrittausführung und der Gesamtausführung einer Operation. Sollen größere Anweisungsfolgen in einem Schritt ausgeführt werden, definieren Sie codebasierte, funktionsbasierte oder datenbasierte Haltepunkte, die je nach vereinbarten Kriterien den Programmlauf unterbrechen.

5. In einer Watchlist vereinbaren Sie beliebige Ausdrücke, deren Werte während der Ausführung angezeigt werden. Bei jeder Unterbrechung des Programmlaufs durch den Debugger aktualisiert er die angezeigten Werte. Damit eignet sich eine Watchlist insbesondere zur Anzeige von Variablenwerten, Schleifenbedingungen und Ergebnissen von anderen Berechnungen.

6. Ein Programmiereditor sollte in seiner Mindestausstattung die Quelltexte gemäß ihrer Blockstruktur einrücken und Schlüsselwörter farbig kennzeichnen können. Darüber hinaus sollten externe Werkzeuge wie Compiler, Debugger und Klassenbrowser so eingebunden werden können, dass sie über ein Menü des Editors mit den erforderlichen Parametern gestartet werden können.

7. Visual Studio .NET unterstützt als komplexe integrierte Entwicklungsumgebung, die weit mehr als ein einfacher Programmiereditor bietet, den Entwickler bei der Quellcode-Dokumentation durch ein Werkzeug, das die Struktur der erstellten Klassen mit den Dokumentationskommentaren automatisch in eine auf HTML basierende übersichtlich formatierte Dokumentation übernimmt. In diesem Hypertextdokument, das jeder Web-Browser darstellen kann, navigieren Sie komfortabel zwischen Klassen, Attributen und Operationen.

Kapitel 3

1. Operation Aussteigen()

   ```
   1: // Listing Lösung 3.1
   2: public void Aussteigen()   {
   3:     anzahl_Insassen--;
   4: }
   ```

2. Klasse Start

   ```
   1: // Listing Lösung 3.2
   2: class Start   {
   3:     Auto meinAuto = new Auto();
   4:     meinAuto.Einsteigen();
   5:     meinAuto.Aussteigen();
   6: }
   ```

3. Standard-Konstruktoren haben im Unterschied zu Individual-Konstruktoren eine leere Parameterliste. Sie erzeugen jedes Objekt mit denselben Anfangswerten.

4. Ergänzender Programmcode in der Klasse Start:

   ```
   Ampel dritteAmpel = new Ampel (false, true, false);
   dritteAmpel.ausgabe();
   ```

5. In der Klasse Ampel werden zwei Klassenattribute zum Zählen der beiden Konstruktoren benötigt. Außerdem ist eine Operation für die Abfrage der Attribute erforderlich.

   ```
   1: // Listing Lösung 3.3
   2: class Ampel   {
   3:     static byte standard = 0, individual =0;
   4:     public byte GetStandard()   {
   5:         return standard;
   6:     }
   7:     public byte GetIndividual()   {
   ```

```
 8:       return individual;
 9:    }
10: }
```

Die beiden Konstruktoren müssen jeweils um eine Anweisung ergänzt werden, mit der die Anzahl der erzeugten Ampeln erhöht wird. Für den Standard-Konstruktor lautet die Anweisung

`standard++;`

Der Individual-Konstruktor ist um die Anweisung

`individual++;`

zu ergänzen.

Die Klasse `Start` enthält nach jeder Instanzierung folgende Anweisungen:

```
System.Console.WriteLine("Anzahl Individual: " +
                  Ampel.GetStandard());
System.Console.WriteLine("Anzahl Individual: " +
                  Ampel.GetIndividual());
```

Kapitel 4

1. Eine Sequenz beinhaltet eine Folge von Anweisungen, die schrittweise nacheinander ausgeführt werden. Die Alternative führt je nach Bedingungslage alternative Anweisungsfolgen aus. Dabei unterscheidet sich die zweiseitige Alternative von der mehrseitigen Alternative. Die Wiederholung als letzte grundlegende Ablaufstruktur sorgt für die mehrfache Ausführung einer Anweisungsfolge. Dabei unterscheiden sich kopfgesteuerte Schleifen, die vor der Ausführung prüfen, ob die Wiederholungsanweisungen (erneut) ausgeführt werden, von fußgesteuerten Schleifen, die diese Prüfung erst nach der Ausführung vornehmen.

2. Das erstellte Programm nutzt die Klasse Console des Namensraums System zur Realisierung der Ein- und Ausgabe. Die if-Anweisung nimmt die Fallunterscheidung zwischen den Geschlechtern vor.

```
 1: // Listing Lösung 4.2
 2: using System;
 3: class Anrede {
 4:     static void Main(string[] args){
 5:         string name;
 6:         char geschlecht;
 7:
 8:         Console.Write("Name           : ");
 9:         name = Console.ReadLine();
10:         Console.Write("Geschlecht (m/w): ");
11:         geschlecht = (char) Console.Read();
12:
13:         if (geschlecht == 'w') {
14:             Console.Write(
15:                     "Herzlich willkommen Frau ");
16:         }
17:         else{
18:             Console.Write(
19:                     "Herzlich willkommen Herr ");
20:         }
21:         Console.WriteLine(name);
22:     }
23: }
```

3. Das Programm verwendet die for-Schleife, um den Index i von 1 bis 100 zu erhöhen. Die Wiederholungsanweisung gibt den aktuellen Wert der Zählvariablen auf dem Bildschirm aus.

```
1: // Listing Lösung 4.3
2: using System;
3: class Zählen  {
4:     static void Main(string[] args){
5:         for(int i=1; i <= 100; i++ ){
6:             Console.WriteLine(i);
7:         }
8:     }
9: }
```

4. Das Array regal in der Main()-Operation der Start-Klasse enthält Objekte der Klasse Buch, so dass alle Elemente dieser Sammlung von Büchern über die Elementvariable buch der foreach-Schleife mit Aufruf der Operation getDaten() ermittelt und ausgegeben werden.

```
 1: // Listing Lösung 4.4 a
 2: class Buch{
 3:     string autor;
 4:     string titel;
 5:
 6:     public Buch(string autor, string titel){
 7:         this.autor = autor;
 8:         this.titel = titel;
 9:     }
10:     public string GetDaten(){
11:         return autor + ", "+titel;
12:     }
13: }
```

Die Main()-Operation der Startklasse erfragt in einer Zählschleife über die Klasse Console den Autor und den Titel eines Buchs. Anschließend erfolgt die Ausgabe über die foreach-Schleife.

```
 1: // Listing Lösung 4.4 b
 2: using System;
 3: class Start{
 4:     static void Main(string[] args){
 5:         Buch[] regal = new Buch[5];
 6:         string autor, titel;
 7:         for(int i=0; i < regal.Length; i++){
 8:             Console.Write("\nAutor :");
 9:             autor = Console.ReadLine();
10:             Console.Write("Titel :");
11:             titel = Console.ReadLine();
12:             regal[i] = new Buch(autor,titel);
13:         }
14:         foreach(Buch buch in regal){
15:             Console.WriteLine(buch.GetDaten());
16:         }
17:     }
18: }
```

5. Die foreach-Schleife definiert eine Elementvariable, die nacheinander auf alle Elemente verweist, auf die auch die Elemente der Original-Sammlung verweisen. Da somit die Elementvariable eine Kopie des Originalverweises enthält, hätte eine Änderung der Zuordnung keine Auswirkung auf die Original-Sammlung. Folgerichtig verhindert der Compiler eine Veränderung dieser Zuordnung.

6. Bei einer Passwort-Abfrage ist mindestens eine Eingabe erforderlich. Bei einer Falscheingabe muss die Eingabe wiederholt werden. Somit ist der Einsatz der fußgesteuerten do-while-Schleife sinnvoll.

```
1: // Listing Lösung 4.6
2: class Passwort{
3:     public static void Main(){
```

```
4:      string passwort;
5:      do{
6:         Console.Write("Passwort: ");
7:         passwort=Console.ReadLine();
8:      }
9:      while(passwort != "CSharp");
10:    }
11: }
```

7. Die Begrenzung einer Passwort-Abfrage auf maximal drei Eingabeversuche können Sie mit einer Zählschleife sinnvoll umsetzen.

```
1: // Listing Lösung 4.7
2: class Passwort{
3:    public static void Main(){
4:       string passwort;
5:       bool gefunden = false;
6:       for(int i=1; i<=3 && !gefunden; i++){
7:          Console.Write("Passwort: ");
8:          passwort = Console.ReadLine();
9:          gefunden = passwort == "CSharp";
10:      }
11:      Console.Write("Passwort: {0}\n",gefunden);
12:   }
13: }
```

8. Füllen Sie den Inhalt der großen Karaffe (7 Liter Fassungsvermögen) in die kleine Karaffe (5 Liter Fassungsvermögen). Ist die große Karaffe leer, wird sie aufgefüllt. Ist die kleine Karaffe voll, wird sie geleert. Wiederholen Sie das Verfahren so lange, bis eine der beiden Karaffen die geforderte Zielmenge enthält. Beachten Sie, dass nach dem Füllen der großen Karaffe – vor dem nächsten Umfüllen in die kleine Karaffe – geprüft werden muss, ob die Zielmenge erreicht ist, da ansonsten die Zielmenge 7 Liter nicht erreicht werden kann.

Kapitel 5

1. Ein Wert-Typ enthält einen Wert vom vereinbarten Typ, während Verweis-Typen eine Speicheradresse enthalten, an der ein Element vom angegebenen Typ abgelegt ist. Eine Variable eines Wert-Typs besitzt direkt nach ihrer Vereinbarung einen initialen Wert, während eine Variable eines Verweis-Typs nach ihrer Vereinbarung einen Zeiger, der auf null zeigt, besitzt. Bevor die Variable sinnvoll verwendet werden kann, muss das referenzierte Element – in aller Regel mit dem new-Operator – erzeugt werden.

2. Der Datentyp decimal besitzt einen kleineren Wertebereich als der Typ double. Dennoch wandelt der Compiler Werte vom Typ decimal nicht automatisch in Werte vom Typ double um, da diese Umwandlung mit einem Genauigkeitsverlust verbunden ist. Bei der Umwandlung eines Werts vom Typ double in einen Wert vom Typ float ist ein Überlauf möglich, da der Wertebereich des Typs float kleiner als der des Typs double ist.

3. Das Boxing packt eine Kopie eines einfachen Typs in ein Objekt vom Typ object, so dass Werte einfacher Typen dort verwendet werden können, wo Verweis-Typen vom Typ object erwartet werden. Das Unboxing stellt die Rückübertragung eines durch Boxing in einen object-Typ übertragenen Werts in einen Wert-Typ dar.

4. Die Größe eines Arrays wird bei der Vereinbarung offen gelassen und erst zur Laufzeit eines Programms festgelegt. Eine einmal festgelegte Größe ist nachträglich nicht mehr änderbar. Somit besitzt ein Array einen dynamischen Aspekt, die Festlegung der Größe zur Laufzeit, und einen statischen Aspekt, die Konstanz der einmal festgelegten Größe, so dass insgesamt ein Array als semidynamisch bezeichnet wird.

5. Indizierer und Ereignisse vermindern zunächst die Schreibarbeit des Programmierers. Auf der anderen Seite sehen Zugriffe auf Ereignisse wie Attributzugriffe und Indiziererzugriffe wie Zugriffe auf ein Array aus. Intern können die Zugriffe jedoch flexibel, wie bei einem

Einsatz von Operationen gesteuert werden. Da Operationen die gleiche Funktionalität wie Indizierer und Ereignisse bieten, darüber hinaus noch flexibler sind, ziehen wir den Einsatz von Operationen vor.

6. Die Lösung dieser Aufgabe finden Sie im Web unter *www.csharp-info.de*.
7. Die Lösung dieser Aufgabe finden Sie im Web unter *www.csharp-info.de*.
8. Die Lösung dieser Aufgabe finden Sie im Web unter *www.csharp-info.de*.

Kapitel 6

1. Beschreibende Eigenschaften und Beziehungen zu anderen Objekten werden beide in Attributen verankert. Eine beschreibende Eigenschaft ist, ohne eine eigene Identität zu besitzen, an das zu beschreibende Objekt gebunden, das eine Identität besitzt. Eine Beziehung ist dann gegeben, wenn ein Attribut auf ein anderes Objekt verweist, das ebenfalls eine Identität besitzt. Aus konzeptioneller Sicht ist ein Verweis-Typ nicht identisch mit einem Verweis auf ein mit einer Identität behaftetes Objekt.

2. Beziehungen zu anderen Objekten sind nicht flüchtig. Operationen können nur flüchtige Beziehungen aufbauen, während sie aktiv sind. Soll eine in einer Operation aufgebaute Beziehung zu einem anderen Objekt überdauern, so muss ein Attribut den Verweis in das „Gedächtnis" des Objekts aufnehmen.

3. Klassen erben von bestehenden Klassen Attribute, Operationen und Typen. Eine Unterklasse ist durch die Vererbung zunächst funktionsgleich zu ihrer Oberklasse ohne ein Attribut und ohne eine Operation zu vereinbaren. Eine Spezialisierung einer Unterklasse erfolgt durch die Redefinition von Operationen und die Erweiterung durch Neudefinition von Attributen und Operationen. Die Änderung ei-

ner Oberklasse wirkt sich zeitgleich auch auf alle ihre Unterklassen aus, so dass eine solche Veränderung für mehrere Klassen zentral an einer Stelle vorgenommen werden kann.

4. Eine Schnittstelle garantiert, dass die Klasse, die diese Schnittstelle erbt und implementiert, alle in der Schnittstelle vereinbarten Operations-Schnittstellen vollständig implementiert (mit Ausnahme von abstrakten Klassen). Der eigentliche Vorteil liegt darin, dass die Klasse auch alle Typen der Schnittstelle übernimmt. Damit können zugehörige Objekte auch dort verwendet werden, wo der Schnittstellen-Typ erwartet wird.

5. Übertragen Sie die virtuelle oder logische Organisation von Namensräumen auf die physische Organisation von Quelltexten, so enthält jede Quellcode-Datei nur eine Klassendefinition und nimmt den Klassennamen als Dateinamen an. Die Hierarchie der Namensräume entspricht dann der Unterverzeichnisstruktur der Anwendung. Diese Übereinstimmung erleichtert Ihnen die Übersicht, da nicht verschiedene Ordnungsprinzipien vorliegen. Außerdem zeigt Ihnen ein Blick auf die physische Organisation gleichsam die logische Organisation.

6. Ein Objekt sollte exakt die Manipulationen zulassen, die erforderlich sind, aber nicht mehr. Alle darüber hinausgehenden Möglichkeiten des Zugriffs sollten unterbunden werden, damit ungewollte Manipulationen weitgehend vermieden werden.

7. Die Lösung dieser Aufgabe finden Sie im Web unter *www.csharp-info.de*.

Kapitel 7

1. Sie benötigen zwei Klassen: eine Klasse zum Starten der Applikation (Start) und eine Klasse für die Benutzungsoberfläche und die Funktionalität des Programms (Fenster). Hier zunächst die Klasse Start:

```
1: // Listing Lösung 7.1a
2: using System.Windows.Forms;
3: public class Start   {
4:    public static void Main(string[] args)    {
5:       Fenster einFenster = new Fenster();
6:       Application.Run(einFenster);
7:    }
8: }
```

Und hier die Klasse Fenster.

```
 1: // Listing Lösung 7.1b
 2: using System;
 3: using System.Drawing;
 4: using System.Windows.Forms;
 5: public class Fenster : Form   {
 6:    private Label label1;
 7:    private Label label2;
 8:    private Label label3;
 9:    private TextBox textBox1;
10:    private TextBox textBox2;
11:    private TextBox textBox3;
12:    private Button addierenButton;
13:    public Fenster()   {
14:       label1 = new Label();
15:       label2 = new Label();
16:       label3 = new Label();
17:       textBox1 = new TextBox();
18:       textBox2 = new TextBox();
19:       textBox3 = new TextBox();
20:       addierenButton = new Button();
21:       label1.Location = new Point(8, 8);
22:       label1.Name = "label1";
```

```
23:         label1.Size = new Size(40, 23);
24:         label1.TabIndex = 0;
25:         label1.Text = "Zahl 1";
26:         label2.Location = new Point(8, 40);
27:         label2.Name = "label2";
28:         label2.Size = new Size(40, 23);
29:         label2.TabIndex = 1;
30:         label2.Text = "Zahl 2";
31:         label3.Location = new Point(8, 72);
32:         label3.Name = "label3";
33:         label3.Size = new Size(48, 23);
34:         label3.TabIndex = 2;
35:         label3.Text = "Summe";
36:         textBox1.Location = new Point(64, 8);
37:         textBox1.Name = "textBox1";
38:         textBox1.TabIndex = 3;
39:         textBox1.Text = "";
40:         textBox2.Location = new Point(64, 40);
41:         textBox2.Name = "textBox2";
42:         textBox2.TabIndex = 4;
43:         textBox2.Text = "";
44:         textBox3.Location = new Point(64, 72);
45:         textBox3.Name = "textBox3";
46:         textBox3.TabIndex = 5;
47:         textBox3.Text = "";
48:         addierenButton.Location =
49:                     new Point(176, 72);
50:         addierenButton.Name = "addierenButton";
51:         addierenButton.TabIndex = 6;
52:         addierenButton.Text = "Addieren";
53:         addierenButton.Click +=
54:                 new EventHandler(ButtonKlick);
```

```
55:        /*Controls.AddRange(...) ist eine andere
56:        Schreibweise für das Hinzufügen der
57:        einzelnen Komponenten. Sie sparen so
58:        mehrere Controls.Add()-Anweisungen*/
59:        Controls.AddRange(new Control[] {
60:        this.addierenButton, this.textBox3,
61:        this.textBox2, this.textBox1,
62:        this.label3, this.label2,this.label1});
63:        this.Text = "Addieren in Textboxen";
64:    }  // Ende Konstruktor
65:    private void ButtonKlick(object sender,
66:                 EventArgs e)   {
67:        int summe = Convert.ToInt16(textBox1.Text)
68:              + Convert.ToInt16(textBox2.Text);
69:        textBox3.Text = summe.ToString();
70:    }  Ende Operation ButtonKlick
71: }   // Ende Klasse Fenster
```

2. Das Attribut Enabled bestimmt, ob der Anwender die Textbox editieren kann oder nicht. Hat Enabled den Wert true, dann ist der Hintergrund der Textbox weiß, ihr Text kann manipuliert werden (löschen, überschreiben). Wird Enabled hingegen auf false gesetzt, so erscheint die Textbox mit grauem Hintergrund und ist für den Anwender nicht editierbar. Gleichwohl kann der Text nach wie vor durch das Programm selbst geändert werden.

3. Das .NET Framework ist ähnlich strukturiert wie ein Dateisystem. Die einzelnen Namespaces bilden dabei die Verzeichnisse, die zugeordneten Klassen entsprechen den Dateien. Wenn Sie beispielsweise den Namespace System importieren, dann sind in Ihrem Programm auch nur die Klassen bekannt, die auf der Ebene System (also in diesem „Verzeichnis") stehen. Klassen aus „Unterverzeichnissen" werden dabei nicht mit eingebunden. Um etwa zusätzlich auf

die Klassen aus System.Drawing zugreifen zu können, müssen Sie diesen Namespace explizit mit einer using-Anweisung importieren.

4. Für die Lösung der Aufgabe benötigen Sie erneut zwei Klassen. Eine Klasse Start mit der Main()-Operation und eine Klasse, in der die Benutzungsoberfläche beschrieben wird. Letztere ist nachfolgend als Klasse Automat abgedruckt.

```
 1: // Listing Lösung 7.4
 2: using System;
 3: using System.Drawing;
 4: using System.Windows.Forms;
 5: public class Automat : Form {
 6:    private RadioButton radioKaffee, radioTee,
 7:                        radioKakao;
 8:    private Button okButton;
 9:    private TextBox ausgabeBox;
10:    public Automat() {
11:       radioKaffee = new RadioButton();
12:       radioTee = new RadioButton();
13:       radioKakao = new RadioButton();
14:       okButton = new Button();
15:       ausgabeBox = new TextBox();
16:       radioKaffee.Location = new Point(25, 15);
17:       radioKaffee.Text = "Kaffee";
18:       radioKaffee.CheckedChanged +=
19:              new EventHandler(RadioChanged);
20:       radioTee.Location = new Point(25, 55);
21:       radioTee.Text = "Tee";
22:       radioTee.CheckedChanged +=
23:              new EventHandler(RadioChanged);
24:       radioKakao.Location = new Point(25, 95);
```

```
25:        radioKakao.Text = "Kakao";
26:        radioKakao.CheckedChanged +=
27:               new EventHandler(RadioChanged);
28:        okButton.Location = new Point(185, 55);
29:        okButton.Text = "OK";
30:        okButton.Click+= new EventHandler(OkKlick);
31:        ausgabeBox.Enabled = false;
32:        ausgabeBox.Location = new Point(25, 145);
33:        ausgabeBox.Size = new Size(230, 20);
34:        Controls.AddRange(new Control[] {
35:                ausgabeBox, okButton, radioKakao,
36:                radioTee, radioKaffee});
37:        Text = "Kaffee-Automat";
38:    }   // Ende Konstruktor
39:    private void RadioChanged(object sender,
40:                              EventArgs e)    {
41:        ausgabeBox.Text = "Sie haben " +
42:        ((RadioButton) sender).Text + " gewählt.";
43:    }   // Ende Operation RadioChanged
44:    private void OkKlick(object sender,
45:                         EventArgs e)   {
46:        ausgabeBox.Text =
47:            "Ihr Getränk wird zubereitet ...";
48:        radioKaffee.Enabled = false;
49:        radioTee.Enabled = false;
50:        radioKakao.Enabled = false;
51:    }   // Ende Operation OkKlick
52: }  // Ende Klasse Automat
```

Kapitel 8

1. Der Parameter vom Typ PaintEventArgs enthält sämtliche Informationen, die von der Operation OnPaint() über ihre Umgebung benötigt werden. Sie muss wissen, in welchem Umfeld sie ihre Anweisungen ausführen soll. Alle konkreten Befehle für das Zeichnen selbst werden später über diesen Parameter abgewickelt.

2. Durch die Anweisung Refresh() wird der Inhalt des aktuellen Fensters neu gezeichnet. Alle Anweisungen der Operation OnPaint() werden erneut ausgeführt.

3. Zur Lösung der Aufgabe werden zwei Klassen benötigt: eine Klasse Start, in der die Applikation gestartet wird, und eine Klasse Fenster, die das Quadrat malt. Die Operation OnPaint() in der Klasse Fenster enthält die Anweisungen zum Zeichnen. Zwei alternative Lösungen sind möglich:

```
1: // Listing Lösung 8.3a
2: protected override void OnPaint(
3:                     PaintEventArgs pe)   {
4:     Pen stiftBreit = new Pen(Color.Black,5);
5:     pe.Graphics.DrawRectangle(
6:                     striftBreit,10,10,50,50);
7: }
```

```
1: // Listing Lösung 8.3b
2: protected override void OnPaint(
3:                     PaintEventArgs pe)   {
4:     pe.Graphics.FillRectangle(
5:                     Brushes.Black,10,10,50,50);
6:     pe.Graphics.FillRectangle(
7:                     Brushes.White,15,15,40,40);
8: }
```

4. Der Aufruf von ampelThread.Abort() und Dispose() gehört in die Operation, die das Ereignis des Button-Klicks verarbeitet. Die vollständige Klasse Fenster finden Sie nachfolgend abgedruckt. Die Klassen Start und Ampel bleiben wiederum unverändert.

```
 1: // Listing Lösung 8.4
 2: using System.Drawing;
 3: using System.Windows.Forms;
 4: using System.Therading;
 5: public class Fenster : Form   {
 6:     private Button endeButton;
 7:     private Ampel dieAmpel;
 8:     private Thread ampelThread;
 9:     public Fenster()   {
10:        this.Size = new Size(180, 280);
11:        this.BackColor = Color.White;
12:        this.Text = "Ampel";
13:        InitKomponenten();
14:        dieAmpel = new Ampel();
15:        ampelThread = new Thread(
16:                new ThreadStart(ThreadSteuern));
17:        ampelThread.Start();
18:     }   // Ende Konstruktor
19:     private void InitKomponenten()   {
20:        endeButton = new Button();
21:        endeButton.Size = new Size(100,20);
22:        endeButton.Location = new Point(25,200);
23:        endeButton.Text = "Thread beenden";
24:        endeButton.Click +=
25:                new EventHandler(ButtonKlick);
26:        Controls.Add(endeButton);
```

```
27:     }   // Ende Operation InitKomponenten()
28:     private void ThreadSteuern()   {
29:       while(true)   {
30:         dieAmpel.PhaseWechseln();
31:         this.Refresh;
32:         Thread.Sleep(1000);
33:       }   // Ende while-Schleife
34:     }   // Ende Operation ThreadSteuern()
35:     protected override void OnPaint(
36:                       PaintEventArgs pe)   {
37:       dieAmpel.Zeichnen(pe);
38:     }   // Ende Operation OnPaint()
39:     protected void ButtonKlick(
40:                   object sender, EventArgs e)   {
41:       if(sender == endeButton)   {
42:         ampelThread.Abort();
43:         this.Dispose();
44:       }   // Ende if
45:     }   // Ende Operation ButtonKlick()
46: }   // Ende Klasse Fenster
```

Index

.NET 13
.NET Framework 30, 52

A

Ablaufstrukturen 114
abstract 256
Active Server Pages 21
Add 309, 311
AddRange 328
Aggregation 200, 250, 314
Alias 164
Application 304
Array 138, 175, 178, 184, 187
ArrayList 243
ASP .NET 14, 21
Assembly 16, 294
   private 17
   shared 17
Assoziation 234, 249
Assoziationsklasse 250
Attribut 65, 102, 109
   abgeleitet 157

B

BackColor 343
Backtracking 213
base 258, 265
Basisklasse 18
Basistypen 75
Bedingte Anweisung 114, 121, 126
Benutzungsoberfläche 302, 307, 319, 324

Betriebssystem 31, 52
Beziehung 159
Beziehungstyp
   dynamischer 229
Boolean 78
Boxing 188
Brush 355
Button 307, 319
byte 76

C

case 126
Cast-Operator 267
Checkbox 313, 339
Checked 321
class 74
Click 319
CLR 14
CLS 13
Collection 243
Color 343, 349
COM 17, 18
Common Language Runtime (CLR) 14
Common Language Specification (CLS) 13, 17
const 157
Controls 309
Count 244

D

Datenkapselung 68, 110
Debugger 41, 56

default 129
Delegation 142
DLL 17, 18
Dokumentation 59
DrawEllipse 354
Drawing 306, 342
DrawLine 350
DrawRectangle 353
DrawString 356

E

Eigenschaft 192
  beschreibend 159
Ellipse 354, 360
Endlosschleife 133
Entwicklungsumgebung 52, 54
Enumeration 189
Ereignis 312, 322, 323
Event Handler 313, 319, 323, 327, 340, 342, 363
EventArgs 320
Exemplar 71

F

false 79
Fehler
  logischer 40
  syntaktischer 38
Fenster 302
FillEllipse 360
FillRectangle 359
Font 356
foreach 183
Form 302, 305
Forms 304, 309, 331

G

Garbage Collection 14, 162, 354
global declaration space 294
Grafikfunktionen 347

H

Hashtable 248
Hintergrundfarbe 342

I

Identität 159
if-else-Anweisung 121
Indizierer 194, 275
Instanzieren 84
Interface 269
Intermediate Language (IL) 15, 17, 36
internal 294
is-Operator 281
Iteration 114

J

Just In Time Compiler (JITter) 16

K

Kapselung 93, 131, 301
Kardinalität 242
Klasse 70, 81, 110
  Basis- 253
  Klassenattribut 102
  Klassenoperation 102, 106
  Ober- 253
  Sub- 253
  Super- 253

Unter- 253
Kommentar 74
Komposition 250
Konstante 76
Konstruktor 86, 88, 94, 258
 Individual- 89, 93, 117
 Standard- 91, 303
 überladen 93
Konvertierung 172

L

Label 333
Linie 349
Location 309, 344

M

Main() 82
MainMenu 326
Manifest 17
Mehrfach-Alternative 126
Menü 325
MenuItem 326
Methode 16, 67
Modifizierer 294, 298
MonthCalendar 331
MouseEnter 342
MouseLeave 342

N

Namespace 19, 72, 110, 229, 286
Nassi-Shneiderman-Diagramm 120
new 83
Nicht-Operator 133
null 161, 162, 178

O

object 189, 261, 320, 323
Objekt 16, 64, 109
 Name 67
Objektbrowser 56
Objektorientierung 63, 68, 109, 115, 305
OnPaint() 348, 365
Operation 16, 67, 77, 84, 93, 101, 102, 106, 109, 165, 304
 Get 95
 Set 94
Operator 165, 176
 Bit- 172
 Cast- 174, 190
 logischer 168
 Negations- 168
 Vergleichs- 168
 Verknüpfungs- 168
Overloading 264
override 268, 278

P

PaintEventArgs 348
Parameter 88
Pen 349, 355
Point 309
Polymorphie 264
private 296
Programmiertools 25
Property 192
protected 294, 296
protected internal 294
public 79, 294, 296

R

Radio Button 346
Read() 37, 84
Rechteck 352, 359
Reflection 239
Refresh 365
Remove 244
return 96, 124
Run 304
Runtime 14

S

Schleife
  do-while 133
  for 135
  foreach 137
  fußgesteuert 133
  kopfgesteuert 130
  while 130
Schnittstelle 269, 298
Schriftart 356
Sequenz 114, 119
SharpDevelop 25, 28, 32, 53
Sichtbarkeit 294
Size 306
Software-Entwicklungszyklus 26, 28
Sprungmarke 129
static 102, 257
Steuermarke 127
string 175, 177, 187
Struktogramm 120
switch-Anweisung 126

T

Textbox 309
this 108, 306
Thread 367
Trace 43, 120
true 79
Typ
  Aufzählungs- 189
  Dezimal- 164
  Fließkomma- 164
  Integral- 163, 171
  Verweis- 159, 161, 162, 174, 178, 187
  Wahrheits- 168
  Wert- 159, 174, 187

U

Überladen 264
Überschreiben 264
Unboxing 188
Und
  logisches 152
Unified Modeling Language 314
using 287, 294, 304, 342

V

Variable 88
Vererbung 251
Vergleichs-Operator 132
Verhalten 67, 71, 94, 109
Verknüpfung
  logische 170
virtual 268
Visual Studio .NET 25, 28, 53, 54
void 77

W

Wiederholungsanweisung 114, 130
Wiederverwendung 16, 70, 93
WinCV.exe 39
WriteLine() 81

Z

Zustand 65, 71, 109

DAS bhv TASCHENBUCH: DIE PREISWERTE ALTERNATIVE!

Dr. Thomas Erler
Dr. Michael Ricken

In der Praxis der Software-Entwicklung hat sich die Unified Modeling Language (UML) in den letzten Jahren als formale Sprache zur objektorientierten Spezifikation, Visualisierung, Konstruktion und Dokumentation von Software-Systemen und Geschäftsmodellen durchgesetzt. Dieses bhv Taschenbuch macht Sie Schritt für Schritt mit den wesentlichen Konzepten der UML vertraut. Zahlreiche durchgängige Beispiele und mehrere Fallstudien veranschaulichen die vorgestellten Konzepte. Neben den Grundlagen der UML stellt dieses Buch auch wichtige Aspekte des Software Engineering vor und gibt Ihnen Checklisten an die Hand, die Ihnen als Leitfaden bei der praktischen Umsetzung objektorientierter Software-Entwicklungsprojekte dienen.

TEIL I: ÜBERBLICK – VOM OBJEKTORIENTIERTEN DENKEN ZUR UML
Grundlagen der Objektorientierung: Objekte, Klassen, Vererbung, Polymorphie, objektorientierte Systementwicklung; Grundlagen der UML: Motivation, Historie, Spracharchitektur, Diagrammarten

TEIL II: TECHNIKEN – MODELLE DER UML
Ein Überblick; Diagrammarten: Klassen- und Objektdiagramme, Implementierungsdiagramme, Verhaltensdiagramme

TEIL III: KNOW-HOW – UML IM SOFTWARE-ENTWICKLUNGSPROZESS
Wie Software entsteht; ein Fallbeispiel; die Implementierung von UML-Modellen

TEIL IV: PRAXIS – SPEZIALASPEKTE UND WERKZEUGE DER UML
Checklisten für die objektorientierte Analyse; die Modellierung von Geschäftsprozessen; ein Fallbeispiel; Werkzeuge der objektorientierten Modellierung

TEIL V: ANHANG
Die CD-ROM; die Installation der Tools; Internetadressen; Object Constraint Language; ein Überblick über UML-Diagramme; Glossar

768 Seiten
ISBN 3-8266-8066-9

inkl. CD-ROM

* unverbindl. Preisempf.

(D) € 16,95
(A) € 17,50*

verlag moderne industrie Buch AG & Co. KG · Königswinterer Straße 418 · 53227 Bonn · Fax: 02 28 / 970 24 21 · http://www.vmi-Buch.de